高职生就业指导教程

GAOZHISHENG JIUYE
ZHIDAO JIAOCHENG

主　编　邹礼均　李　盟　朱栋国
副主编　杨忠祥　向　往　熊　平　陈妍斌
主　审　张立明

重庆大学出版社

图书在版编目(CIP)数据

高职生就业指导教程 / 邹礼均, 李盟, 朱栋国主编. -- 重庆 : 重庆大学出版社, 2023.10

ISBN 978-7-5689-3797-9

Ⅰ. ①高… Ⅱ. ①邹… ②李… ③朱… Ⅲ. ①职业选择—高等职业教育—教材 Ⅳ. ①G717.38

中国国家版本馆 CIP 数据核字(2023)第 194187 号

高职生就业指导教程

主 编 邹礼均 李 盟 朱栋国

副主编 杨忠祥 向 往 熊 平 陈妍斌

策划编辑:顾丽萍

责任编辑:杨 扬 版式设计:顾丽萍

责任校对:刘志刚 责任印制:张 策

*

重庆大学出版社出版发行

出版人:陈晓阳

社址:重庆市沙坪坝区大学城西路 21 号

邮编:401331

电话:(023) 88617190 88617185(中小学)

传真:(023) 88617186 88617166

网址:http://www.cqup.com.cn

邮箱:fxk@cqup.com.cn (营销中心)

全国新华书店经销

重庆升光电力印务有限公司印刷

*

开本:787mm×1092mm 1/16 印张:12.5 字数:300 千

2023 年 10 月第 1 版 2023 年 10 月第 1 次印刷

印数:1—4 000

ISBN 978-7-5689-3797-9 定价:45.00 元

前 言

就业是民生之本,尤其是大学毕业生能否顺利就业,不但关乎经济社会的平稳快速发展,关乎社会的和谐稳定,而且关系到教育是否成功,关系到每位毕业生的人格尊严。在大学生中有一类学生的就业更引人注目,这类学生就是职业院校的学生。众所周知,职业院校历来倡导以行业为基础、以就业为导向。我们从来都认为,确定这样的办学宗旨是非常明智的,完全合乎中国的国情。教育界的许多专家、学者都有这样的共识:对一个地区来说,拔尖人才完全可以靠引进来解决,但百万高素质技能型人才不可能靠引进,只能靠自己培养。确实如此,在我国这样一个经济增长方式正在发生历史性转变、经济社会正在快速发展的大国,在我们这样一个正在由人力资源大国向人力资源强国迈进的世界上最大的发展中国家,有没有数以亿计的技能型人才源源不断地从学校跨入职场,确实关系到国民的素质、国家的前途、民族的希望。

大学生,特别是高职学生的就业工作的重要性,怎么估计都不会过高。在充分估计了这项工作的重要性之后,我们还应当认识到,大学生就业是一项系统工程,它涉及就业政策、就业程序、求职技巧、就业手续以及学生的就业心态和心理素质、社会形态等诸多因素。同时,这些因素也随着社会的发展进步在不断发生变化。

本书作者长期从事学生就业指导工作,积累了丰富的实践经验。本书以职业、谋业、就业为主线,通过就业政策、就业程序、求职技巧、就业能力等具体环节的论述,并辅以实际案例,同时借鉴国内外大学生就业指导的成功经验和研究成果,对学生在面临就业时可能遇到的问题给予有针对性的指导。本书结构新颖、层次清晰、内容丰富、观点明确,能够对高职学生就业起到指导和启示作用,具有较高的参考价值。

我希望本书的出版能够起到带动的作用。希望有更多的职业院校的管理者关心就业、研究就业、亲自从事学生就业工作,使职业院校学生都能找到适合自己的职业,让学生满意,让家长高兴,让全社会更加和谐、稳定。

编 者

2023 年 8 月

目录

CONTENT

模块一 善于审时度势——夯实就业基础

模块二 不打无准备之仗——完善求职材料

模块三 展现最好的自己——掌握求职技巧

模块四 迈好走稳职场第一步——办理就业手续

模块五 增强就业法律意识——保护就业权益

模块一

善于审时度势——夯实就业基础

学习目标

1. 了解高校毕业生就业的影响因素和形势。
2. 了解高校毕业生就业的趋势和渠道。
3. 了解国家各项就业政策。
4. 了解大学生就业去向，学会合理选择就业方向。

情境导入

一场席卷全球的金融风暴，击碎了许多大学毕业生的“白领”梦，大学生们正在逐步转变观念，寻求新的职业。自由撰稿人、网络编辑、网站设计等“SOHO族”热衷的职业，一时间成了高校毕业生的职业新宠。

“SOHO”意为小型的家庭办公室，“SOHO族”也就是在家办公一族。由于工作方式的自由，加之目前企业裁员，大学生就业压力增加，大批年轻人加入“SOHO”行列。编辑记者、自由撰稿人、软件设计人员、网站设计师、美术等艺术工作者、财务工作者等职业较受“SOHO族”追捧。

小李是大三学生，即将毕业的他经历了几次面试失败后，把目光投向了“SOHO族”。“‘80后’的我们崇尚自由，而且我的专业是财务，很适合在家做兼职会计，虽然工资没有全职的多，但是很符合自己的个性，既是工作也是享受。”面对当前的就业难问题，这名即将毕业的大学生显得比较乐观，并对“SOHO”乐此不疲。

记者了解到，不仅应届毕业生把“SOHO族”作为职业追求，许多曾经的“白领”由于受到裁员的影响，也被迫成为“SOHO族”。“被裁员了，暂时找不到合适的工作，在家开了网店”，网友小朱告诉记者，“不过，趁此机会正好在家考些资格证书，给自己‘充电’，提高自己的竞争力”。

专题一　分析高职学生就业形势

一、高校毕业生就业的影响因素

（一）高校毕业生层次

随着我国高等教育大众化进程的加快，我国高校毕业生数量逐年剧增。往年没有就业的学生和应届毕业生已成为一个非常庞大的需要解决就业问题的社会群体。由于我国产业结构不断调整和完善，社会对高素质技能人才的需求逐年增加，对专科层次人才的需求规模扩大，超过对本科综合性人才的需求。

劳动力市场对不同层次人才的需求，反映了产业经济的技术发展水平和要求。近年来，在各方面的努力下，在劳动力市场对专科层次人才需求的带动下，高职高专毕业生就业率连续数年保持增长。

（二）高校毕业生专业需求程度

根据对接收教育部直属高校和中央其他部委所属高校本科毕业生最多的 10 个省（直辖市）统计，计算机科学与技术、机械设计制造及其自动化、电子信息工程、电气工程及其自动化、土木工程、自动化、通信工程、法学、会计学、英语、工商管理、国际经济与贸易、金融学、软件工程等专业毕业生就业率近年来一直保持较高水平。

（三）高校毕业生就业地区

地方高校毕业生是大学生就业的主体，他们主要在本省范围内就业，因此，各省（自治区、直辖市）的经济社会发展水平、发展规模和发展速度是促进地方高校毕业生就业的基础。东部发达地区仍然是高校毕业生就业的热点地区，同时国家引导和鼓励高校毕业生到西部就业的政策效应也进一步显现。其中，接收教育部直属高校和中央其他部委所属高校本科毕业生数量最多的 10 个省（直辖市）是广东、江苏、湖北、上海、北京、山东、四川、陕西、辽宁、浙江。

（四）高校毕业生就业目标

大学生就业目标主要通过就业待遇、就业岗位、个人发展等方面体现，并影响职业开发和职业决策。

根据对教育部直属高校和中央其他部委所属高校毕业生的流向分析，毕业生就业流向主要为：考取研究生、国有企业及其他企业、出国升学、机关单位、中初级教学单位、科研设计单位等。其中，到机关、高校以及医疗卫生等事业单位就业的毕业生比例在逐年下降。此外，一部分大学毕业生选择了自主创业。

二、高校毕业生就业的特征和现状

（一）高校毕业生就业的特征

高校毕业生就业有一定的时间模式与结构性特征。

（1）毕业时的就业率比实际低，但是半年以后实际就业率会大幅上升。

（2）高校毕业生就业具有如下几个较为明显的结构性特征：

①自主创业型就业极少；

②专业与职业相关占多数，但专业不对口的人数也不容忽视；

③尚未找到工作的人绝大多数仍在寻找工作。

（二）高校毕业生就业的现状

不同类型高校毕业生的就业率不同。高校按办学层次主要分为：985工程高校、211工程高校、省属本科高校和高职高专类院校等。从高校情况来看，985、211工程高校毕业生就业率相对较高，非985、211工程高校其次，高职高专类院校毕业生就业率最低。

从外语类和外贸类的学校来看，其毕业生就业率较高，基本排前10名。从专业来看，毕业生所学专业的专门化程度越高，与国民经济的行业和职业相关性越强，薪水越高。

此外，热门专业毕业生失业情况较严重，冷门专业毕业生就业率较好。就业率最好的主要是两大领域：一是技术领域；二是生命科学领域，包括医学、生物和农学。以下是十个最容易就业的热门专业，包括信息管理与信息系统、汉语言文学、电子信息工程、法学、工商管理等。

从就业单位的类型来看，非公有制就业单位已经成为吸纳高校毕业生的主体。可以看到，民营企业和个体户接收的本科毕业生和高职专科毕业生的人数较多，加上外商和中外合资企业，占了70%左右。最后，值得人们注意的是，高就业率专业的毕业生工薪相对较高，低就业率专业的毕业生工薪形势仍不容乐观。

专题链接

毕业生就业难出于五个原因

2018年世界金融环境动荡，此后全球经济动荡莫测，同时也是风险和机遇并存的时期，对于广大求职者、各类用人单位，对于众多院校，都是一个“危”中寻“机”的非同寻常的一年。大学生就业困难这个话题，我们已经喊了好多年，但眼下社会关注度已上升到如此高的程度是前所未有的，是有背景的。那究竟是什么因素在制约着大学生就业呢？

（一）外部环境使就业难问题凸显

大学生就业难，其实不是现在难，而是难了好几年了，只不过是现今遇上了不好的经济环境，正是因为全球金融危机的影响，所以我国经济形势下滑，进而导致有效需求增长不足，经济增长对就业的拉动作用逐步减弱，许多企业受到其负面影响，造成经营困难、需求减少。据人力资源部统计，受其影响全国有300万个工作岗位流失，致使大的就业环境变差。与此同时，我国正处于就业高峰期，包括下岗失业人员和民工，如此多的就业大军同时涌向一个有限且又低迷的就业市场，在这种背景下大学生就业难问题才更加凸显出来。

（二）毕业生增加，加大供需差距

逐年增加的毕业生与有效需求岗位的供需差距变大。由于我国经济在国际分工中处于底部地位，新增加的劳动就业岗位主要集中在劳动密集型企业，低端岗位和服务业岗位居多。这一状况使我国在就业上表现出“白领需求不足”，所提供的“白领岗位”远不能满足逐年增加的具有“白领技能素质”的毕业生的求职需求，使大批高校毕业生就业“重心”下移，去寻求低端岗位，但适逢金融危机等加大了逐年增加的高校毕业生与有效需求岗位的差距。

(三)地区专业造成结构性矛盾

结构性矛盾的日益突出也是大学生就业难的因素。从地区分布看,由于我国经济发展不均衡,就业区域分布严重失衡,大部分毕业生向往东部,纷纷涌向经济发达城市寻找就业机会,如江苏的毕业生,首选南京和江苏南部城市就业,而经济欠发达的江苏北部城市、西部地区、偏远地区等却少有人问津,形成了"一头热、一头冷"的现象;从学科专业看,工科和应用性较强的学科专业毕业生需求较大,而一些文科专业毕业生需求较少;从性别来看,用人单位对男性毕业生的需求量远多于对女性毕业生的需求量;从学历层次来看,硕士好于本科,本科好于专科,大多数用人单位无论岗位的专业技能需求如何,学历要求基本是"硕士""本科",就连政府出台的"支农、支教"等政策,也只惠及本科生,高职高专毕业生只能望而却步。这种现象造成了人才资源的浪费,也遏制了毕业生就业;从院校知名度看,国家级重点高校由于知名度高最受用人单位青睐,其次是普通的省属高校,高职院校只能排在后面。

(四)用工制度不规范,打击就业积极性

用工制度不规范、不合理。现在有很多企业在用工制度上存在许多不规范和不合理现象,他们在录用毕业生时,常常不和其签订劳动合同,而且没有社会保险、养老金、公积金等一系列社会福利。用人单位常常利用毕业生供不应求的就业现状设置许多门槛,对录用人员起薪较低、试用期过长、发展空间不大,同时会对工作经验、性别有限制性要求,让部分高校毕业生求职无门。

(五)不按市场需求培养人才

培养方向与市场脱节。现在有很多高校在培养大学生方向上没有完全适应社会需求,特别是没有完全适应市场经济的需求。在专业设置上不是以社会需求为本,不是以学生就业和发展为本,不做市场调研分析,而是贪大求全,盲目增加专业,结果造成同层次、专业相同或相似,致使不同学校的毕业生在就业过程中同质竞争,造成市场过剩;在课程和教学内容安排上没有与企业需求衔接,造成理论与实际脱节,使学生在校所学到的理论知识在实际工作中无法运用或不够用,用人单位往往通过对应聘学生再培训、再学习后录用,一方面大量的大学毕业生难以找到能学以致用的工作,另一方面用人单位招不到合适的专业人才;在扩大招生上没有与师资队伍建设同步,现在各高校的规模在扩大,学生人数、专业也在增加,有专业教学经验的教师总量不足,有些任课教师刚从学校毕业或毕业没几年,这些老师由于缺乏专业教学经验、缺乏深厚的专业理论知识和实践经验,以至于无法传授给学生有深度和广度的知识,学生学不到真"功夫",到社会上往往求职困难。

三、高校毕业生就业趋势预测

面对如此严峻的就业形势,大学生就业呈现以下五大趋势。

(一)大学生普遍求稳

据统计,自 2009 年公务员报考人数首次突破百万大关后,公务员报考人数逐年增多。公务员考试的火爆,反映出在经济大环境下,大学生普遍抱有"多一个机会多一条出路"的心态,不少大学生已不考虑职业兴趣,而是尽可能把握所有机会。

（二）经济刺激计划影响人才需求

近几年随着国家经济刺激措施的出台，各地纷纷推出地方经济刺激办法，大批国有重点企业在今后几年都将面临前所未有的发展机遇，在人才需求上更为迫切。一些公共安全和社会服务领域的单位，因受危机影响较小，反而加大了毕业生招聘力度。其他诸如机械制造、桥梁设计等行业也由于发展迅速，对人才需求量正在增加。

（三）快速消费品和零售行业继续发展

食品、烟酒、化妆品等快速消费品与居民日常生活密切相关，百姓即使缩减开支也不会减少快速消费品的使用量，所以金融危机对快速消费品行业的影响相对较小，与之相关的零售批发业在金融危机中也未受到很大影响，就业形势相对较好。

（四）高级研发人才依然"吃香"

虽然金融危机使不少企业减少了人员招聘，但对于顶尖的研发人员，企业还是求贤若渴，如对于高级信息技术研发人才和医药生物类研发人才，企业需求依然较大。

（五）高职生就业率超过本科生

京、沪、渝等城市近几年的统计信息显示，高职生就业率已超过本科生。上海高职生的就业率从 2005 年开始就超过本科生。对于一些岗位来说，录用高职生比录用本科生所花成本更少，能取得更好的用人效果。

四、高校毕业生就业的渠道

（一）明确到基层、中小企业和非公有制单位就业是解决高校毕业生就业的根本出路和主要渠道

随着高校毕业生数量的持续增加，就业形势十分严峻。在社会主义市场经济条件下，中小企业已经开始发挥重要作用。一方面是毕业生人数多，难以全部在国有单位就业；另一方面是中小企业和非公有制单位急需人才，却难以得到满足，所以国家有关部门已经明确提出，扩大就业的主要渠道是中小企业和非公有制单位。因此，高校毕业生就业时，无论是在大企业还是中小企业，是在公有制单位还是非公有制单位，都要采取更加灵活和积极的对策。

（二）今后就业要更加依靠第三产业，同时要提高第三产业的就业增长弹性

我国从农业国向工业国发展，同时在迎接信息化时代的到来，第一产业、第二产业、第三产业的结构正在加速调整，第三产业的发展速度更快。我国实现了第一产业在整个国民经济中的比重降到 50% 以下的目标，今后第三产业比重将会快速增长，第三产业的就业容量是最大的，就业弹性也是最大的。所以，今后高校毕业生的就业领域要更多考虑第三产业。

（三）实施"走出去"的开放战略，使就业机会进一步增加

"走出去"战略是我国对外开放战略的新发展成果，也是当前新的国际条件下提高我国在世界上的地位的一个重要举措。在"走出去"的过程中增加就业机会，不仅要依靠广泛的国际劳务市场和国家之间的劳务合作关系，而且要有组织地开展各类人才劳务输出。

（四）通过实施小城镇建设和城市社区建设战略，加快劳动力的开发利用

城镇化战略从根本上改变了我国城乡差距过大以及长期以来城镇化速度落后于工业化速度的局面。在实施小城镇建设和城市社区建设过程中，我们需要大量的专门技术人才，高校毕业生会有更广阔的用武之地。国家将通过进一步深化改革，包括人事制度、工资制度方面的改革，吸纳更多的高校毕业生投身到小城镇建设和城市社区建设中，鼓励和支持高校毕业生在实施小城镇建设和城市社区建设中发挥更大作用。

（五）就业目标与实施西部大开发战略相结合

在国家宏观政策调控和实施西部大开发战略的背景下，高校毕业生的流向将有所改变。首先，国家将继续加大对西部地区的财政转移支付和建设资金的投入力度，鼓励外商和国内其他地区到西部投资，开展一批技术先进的项目。这不仅对我国西部地区经济的发展具有很强的带动作用，同时给其创造就业机会、缓解当地就业压力。其次，中央和西部地区已经出台或正在出台一系列政策努力留住人才，吸引外部人才到西部"落户"。这会对高校毕业生，特别是我国西部地区的生源，以及我国西部大中城市各高等院校毕业生的就业去向产生重大影响。

（六）实行灵活的就业形式

长期以来，我们的就业政策、毕业生的思想观念都指向只有找到固定工作、正式工作后才算就业。这种政策不能适应社会主义市场经济的需要，这种观念是计划经济思维的原有定式。高校毕业生的观念要转变，要更新，要具有自主就业、自主创业的意识。

专题链接

就业形势日趋严峻，大学生需增强自我推销能力

有两个大学生即将毕业，需要到社会上寻找工作。其中小王的学业成绩在班级名列前茅，小李的学业成绩则处于中等水平。几个月后，小李主动到企业推销自己，终于在一家大型国有石油企业找到了一份不错的工作。小王则一是认为自己学业成绩好，找工作不成问题，二是因为处事不够灵活，缺乏与他人的沟通和交流能力，直到毕业前夕也没有找到一份工作。

从以上例子可以看到，推销自己也是一种能力。在许多人眼中，学习知识的能力、科研能力、思维能力、动手能力、社交能力是大学生不可缺少的，而对推销自己的能力则缺乏应有的认识。有些人书生气十足，对社会现实知之甚少，使自己与社会处于隔离状态，在与别人交往时有些笨嘴拙舌，不善于与人交流。由于缺乏基本的推销自己的能力，有些人尽管有才华，但是他们书生气太重，像"茶壶煮饺子，有嘴倒不出"，不善与人交流，因此难以得到用人单位的赏识，在寻找工作时比较费劲。

在人才匮乏的时代，用人单位求贤若渴，学生一般不用走出校门，最后即被分配到用人单位。而在高等教育由精英化向大众化转变的今天，就业形势不容乐观，自我推销能力就显得非常重要。尤其是那些性格内向、不善于与人沟通的学生更应有目的地提高自己的人际交往能力，扬长补短。毋庸置疑，善于与人沟通的人会获得比他人更多的选择机会。

有些学者认为，现在有些毕业生在制作求职简历时都很精心，有的学生为了吸引招聘者

的眼球,使简历看起来非常精美。但是,求职简历的精美不能说明实际能力,一个人除了要有真才实学,推销自己的能力也不可忽视。这就牵扯到语言表达能力、沟通能力、随机应变能力、谈判能力等。

同时,以社交素养为核心的自我推销能力是现代人应具备的一种基本能力,大学生也不能缺少。大学生应该抓住更多的实践机会,提高自己的人际沟通、团队合作等能力。从目前的情况看,我国大多数毕业生就业后都必须经过用人单位的培训,如果他们在学校就具备了这些能力,不仅求职容易获得成功,而且工作后会很快适应工作环境,找到自己的用武之地。

大学毕业生数量正一年多于一年,在就业形势短期内不可能缓解的情况下,不管是学校还是学生,都要把推销自己的能力列入能力和素质培养计划,通过开设有关公关课程、演讲与口才讲座、模拟招聘面试会等有效措施,引导学生大胆与人交往,帮助学生提高社会交际能力和自我推销能力。

专题二　解读高职学生就业政策

一、国家公务员制度

(一)国家公务员制度

国家公务员是指代表国家从事社会公共事务管理,行使国家行政权力,履行国家公务的人员。各国对公务员的称谓有所不同,英国称“文职人员”,法国称“职员”或“官员”,美国称“政府雇员”。国家公务员制度是指党和国家对国家公务员进行管理的有关法律、法规、政策的统称或总称。

我国国家公务员的范围是指各级国家行政机关中除工勤人员以外的工作人员。考虑到我国机构编制的实际情况,对行使国家行政权力、从事行政管理活动,但使用事业编制的单位中除工勤人员以外的工作人员,也列入国家公务员的范围。

我国公务员的招考对象主要面向全日制普通高等院校优秀应届毕业生(定向培养、委托培养生除外)。同时,也有部分职位面向社会人员。这些对象只要符合以下条件就可报名参加考试:

(1)具有中华人民共和国国籍,享有公民政治权利。

(2)拥护中国共产党的领导,热爱社会主义。

(3)遵纪守法、品行端正,具有为人民服务的精神。

(4)基础理论扎实,学习成绩优良,有较强的分析、解决问题的能力和组织协调能力。

(5)报考省级以上政府工作部门的应具有大专以上学历。

(6)身体健康,年龄在 35 周岁以下。

(7)具备拟报考职位所需资格条件。

(8)录用主管机关规定的其他条件。

(二)国家公务员考试的类别和科目

中央、国家机关公务员录用考试分为 A、B 两类进行。

A 类职位的公共科目为:《行政职业能力测验》(A)、《申论》两科。《行政职业能力测验》(A)包括语言理解与表达、常识判断、数量关系、判断推理和资料分析。《申论》主要通过报考者对给定材料的分析、概括、提炼、加工,测查报考者解决实际问题、阅读理解、综合分析提出问题和文字表达能力。

B 类职位的公共科目为:《行政职业能力测验》(B)一科。《行政职业能力测验》(B)的结构、考试时限与 A 类相同,但题型、题量、难度等与《行政职业能力测验》(A)有所不同。公务员录用考试由考试录用主管机关统一组织,分为制订录用计划、公告、报名、考试、考核和体检、公布拟录用人员名单、审核备案七个步骤。

二、就业准入制度

(一)就业准入制度

就业准入制度是指根据《中华人民共和国劳动法》(以下简称《劳动法》)和《中华人民共和国职业教育法》的有关规定,对从事技术复杂、通用性广,涉及国家财产、人民生命安全和消费者利益的职业(工种)的劳动者,必须经过培训,并取得相应的职业资格证书后方可就业上岗的制度。

《劳动法》第六十九条规定"由经过政府批准的考核鉴定机构负责对劳动者实施职业技能考核鉴定",合格的即可获得职业资格证书。职业技能鉴定是一项基于职业技能水平的考核活动,属于标准参照考试,由考试考核机构对劳动者从事某种职业所应掌握的技术理论知识和实际操作能力做出客观的测量和评价,全国统一鉴定采取笔试方式。职业技能鉴定是国家职业资格证书制度的重要组成部分。

(二)劳动保障部目前确定了 87 个必须持职业资格证书就业的工种(职业)

(1)生产、运输设备操作人员:车工、铣工、磨工、镗工、组合机床操作工、加工中心操作工、铸造工、锻造工、焊工、金属热处理工、冷作钣金工、涂装工、装配钳工、工具钳工、锅炉设备装配工、电机装配工、高低压电器装配工、电子仪器仪表装配工、电工仪器仪表装配工、机修钳工、汽车修理工、摩托车修理工、精密仪器仪表修理工、锅炉设备安装工、变电设备安装工、维修电工、计算机维修工、手工木工、精细木工、音响调音员、贵金属首饰手工制作工、土石方机械操作工、砌筑工、混凝土工、钢筋工、架子工、防水工、装饰装修工、电气设备安装工、管工、汽车驾驶员、起重装卸机械操作工、化学检验工、食品检验工、纺织纤维检验工、贵金属首饰钻石宝玉石检验工、防腐蚀工、农林牧渔生产人员、动物疫病防治员、动物检疫检验员、沼气生产人员。

(2)工商业、服务业人员:营业员、推销员、出版物发行员、中药购销员、鉴定估价师、医药商品购销员、中药调剂员、冷藏工、中式烹调师、中式面点师、西式烹调师、西式面点师、调酒师、营养配餐员、前厅服务员、客户服务员、保健按摩师、职业指导员、物业管理员、锅炉操作工、美容师、美发师、摄影师、眼镜验光员、眼镜定配工、家用电子产品维修工、家用电器新产品维修工、照相器材维修工、钟表维修工、办公设备维修工、养老护理员。

(3)办事人员和有关人员:秘书、公关员、计算机操作员、制图员、话务员、用户通信终端维修员。

(4)全国统一鉴定的职业有:人力资源师、心理咨询师、物业管理师、项目管理师、职业指导师、电子商务师、营销师、企业信息管理师、物流师、秘书、公关员、计算机能力等级考试、职

业英语水平考试（托福英语）及职业汉语能力、创新能力、通用管理能力测试。

三、国家毕业生就业政策

（一）本、专科毕业生就业政策

本、专科毕业生在国家就业方针政策指导下，通过“供需见面、双向选择”在一定范围内自主择业。已落实工作单位的毕业生，国家负责为其办理就业手续；在规定时间内未落实工作单位的毕业生，学校将档案、户口转回其家庭所在地，由当地毕业生就业指导服务机构帮助推荐就业。

（二）定向生的就业政策

定向生原则上按入学时所签订的合同就业。如确因特殊情况不能回原定向单位就业的毕业生，须征得原单位的同意，报就业主管部门批准，并交纳相应的违约金和培养费后，可调整就业单位。

（三）享受国家专业奖学金及享受艰苦行业、地区或特殊岗位定向奖学金的毕业生就业政策

享受师范、农林、民族、体育、航海等国家专业奖学金及享受艰苦行业、地区或特殊岗位定向奖学金的毕业生原则上按国家计划就业，对不服从就业计划自谋职业的，需补缴在校学习期间普通专业的学费并返还定向奖学金、专业奖学金。

（四）结业生的就业政策

结业生就业必须在“就业报到证”上注明“结业生”字样；在规定时间内未联系单位的，其档案、户籍关系转至家庭所在地（家住农村的保留非农业户籍），自谋职业。已被录用的结业生，在国家财政拨款单位就业的，其工资待遇按照国务院有关文件规定，比国家规定的普通高校毕业生工资标准低一级。结业生在一年内补考及格换发毕业证书者，国家承认其毕业资格，工资待遇从补发证书之日起按毕业生对待。

（五）患病毕业生的就业政策

学校应在毕业生毕业前认真负责地对毕业生进行健康检查，不能坚持正常工作的，让其回家休养。一年内治愈的（须经学校指定县级以上医院证明能坚持正常工作）可以随下一届毕业生就业；一年以后仍未痊愈或无用人单位接收的，将其户籍关系和档案材料转至家庭所在地，由其自谋职业。

（六）边远省区毕业生的就业政策

边远省区的本、专科毕业生，只要是边远省区急需的，原则上应回生源省（区）就业。边远省区特指以下 10 个省：内蒙古自治区、黑龙江省、广西壮族自治区、贵州省、云南省、西藏自治区、甘肃省、宁夏回族自治区、青海省、新疆维吾尔自治区。

（七）毕业生自费出国（境）留学政策

毕业生可以申请自费出国（境）留学。申请自费出国留学的毕业生凭国（境）外大学的录取通知书，在学校规定的期限内提出申请，经学校教务和毕业生就业管理部门审核同意后，不列入就业计划。毕业生集中离校时未办妥出国（境）手续的，原则上将其户口转至家庭所在地，继续办理出国（境）手续。

(八)毕业生到军队工作的就业政策

高校毕业生可以到军队工作。1989 年起,军队所需的有关专业毕业生可以直接向有关省(区、市)和高等学校申报、落实。自愿参军的毕业生经学校推荐,可以接受军队有关部门的考核。到军队工作的毕业生必须品学兼优、身体健康并自愿献身于国防事业。入伍后的毕业生在首次评授军衔、评定专业技术职务、确定专业技术等级以及住房分配方面,与同期入伍军队院校的毕业生同等对待。到边远艰苦地区部队的毕业生,不实行见习期;自批准入伍之日起,确定职级和军衔,工资待遇按照军委、总部的有关规定执行。

(九)考取当年研究生的毕业生就业政策

按国家计划从应届毕业生中招收录取的研究生,原则上不再办理就业手续。因特殊情况需要工作的,须征得录取院校(单位)同意,然后向学校提出申请,经学校研究并报省毕业生就业主管部门同意后,方可办理有关手续。

(十)残疾毕业生的就业政策

国家政策规定,学校应帮助残疾毕业生就业,确有困难的,按有关规定由生源所在地民政部安置。必要时,学校可与民政部门联系安排残疾毕业生的工作单位。

(十一)肄业生的就业政策

大学肄业的学生由学校发给肄业证书,国家不负责其就业派遣,并将其档案和户口转回其生源所在地自谋职业。

(十二)对违约毕业生的就业政策

大多数毕业生就业是由学校根据社会需求直接和用人单位见面或是毕业生经“供需见面”和“双向选择”后,以就业协议书的形式固定下来。国家为维护广大毕业生的利益,要求用人单位维护毕业生就业协议的严肃性,就业协议一经形成,用人单位不得拒收毕业生,否则按违约处理,用人单位缴纳违约金,并给毕业生一定的经济赔偿。同样,也要求毕业生不能违约,不能随意更换单位。若有些毕业生由于各方面原因需要单方面违约,必须报经用人单位同意后,才能进行二次择业,否则学校不予办理相关手续,并视情况追究其违约责任。

对于考研(升本)和录用为公务员的毕业生,要向用人单位说明情况,在录取研究生或公务员后要及时通知用人单位。

(十三)志愿服务西部和服务基层的政策

从 2003 年起,在国务院的直接推动下,共青团中央、教育部等联合实施“大学生志愿服务西部计划”,引导大学生到西部去、到基层去、到祖国和人民最需要的地方去建功立业,旨在促进西部贫困地区教育、卫生、农技、扶贫等社会事业的发展;拓展大学生就业、创业的渠道;培养造就一大批既有现代科学文化知识,又有基层工作经验和强烈社会责任感的优秀青年人才;弘扬“奉献、友爱、互助、进步”的志愿精神,推动经济社会的全面发展。

大学生志愿服务西部和基层计划从 2003 年开始,按照公开招募、自愿报名、组织选拔、集中派遣的方式,每年招募一定数量的普通高等学校应届毕业生,到西部贫困县的乡镇从事为期 1~2 年的教育、卫生、农技、扶贫以及青年中心建设和管理等方面的志愿服务工作,志愿者服务期满后,鼓励其扎根基层,或者自主择业和流动就业。

专题三　明确高职学生就业方向

关于毕业生的去向，麦可思研究院将中国高职高专毕业生的毕业状况分为七类：受雇全职工作；受雇半职工作；自主创业；毕业后入伍；毕业后读本科；无工作，继续寻找工作；无工作，其他。其中，受雇全职工作指平均每周工作 32 小时，受雇半职工作指平均每周工作 20 ~ 31 小时。

根据以上分析，我们可以将高校毕业生的毕业去向分为以下五类：企业、事业单位、公务员、专升本、创业。

一、企业

企业单位是提供就业岗位最多的单位，因此，企业成为大学生毕业后的首要就业选择。按照企业组织形式的不同，又可以把企业分为国企、外企、民企。

（一）国企

国企，即国有企业，在国际惯例中仅指一个国家的中央政府或联邦政府投资或参与控制的企业。在中国，国有企业还包括由地方政府投资参与控制的企业。政府的意志和利益决定了国有企业的行为。国有企业作为一种生产经营组织形式同时具有营利法人和公益法人的特点。其营利性体现为追求国有资产的保值和增值。其公益性体现为国有企业的设立通常是为了实现国家调节经济的目标，起着调和国民经济各个方面发展的作用。

在我国，著名的国企有中国核工业集团公司、中国石油化工集团公司、中国铁路工程总公司、中国移动通信集团公司、中国第一汽车集团公司等。

国企以其良好的福利保障和安稳的工作环境备受大学毕业生青睐，但是随着国企的改革以及社会经济的发展，国企虽然依然在大学毕业生中备受青睐，但已经不再是大学毕业生的首选。

国企与其他企业相比，有自己的利弊。

（1）利：收入稳定，有良好的福利保障；有国家做后盾，安全系数高；国企注重员工素质，要求员工为人处世遵循一定规则，可以学到不少东西；有些行业工作相对安逸，心理压力相对较小；国企锻炼人，能够形成良好的就业观。

（2）弊：入门难，不容易进入；论资排辈，想要成功一般需要经过多年的奋斗；人际关系较复杂；中西部的国企大多待遇一般。国企人际关系复杂，初入其中的大学毕业生也许摸不到门路，而按资排辈的现实更让心高气傲的大学生心生不服。当然，国企也正在克服上述缺点。

国企对大学毕业生的学历要求较高，多偏爱名校毕业生，学历一般在本科以上，少数国企也招收高职高专毕业生，因此，高职高专毕业生到国企应聘时，需要多加考虑。

（二）外企

外企就是由外商投资的企业，包括所有含有外资成分的企业，是指依照中华人民共和国法律的规定，在中国境内设立的，由中国投资者和外国投资者共同投资或者仅由外国投资者投资的企业。这里的中国投资者包括中国的公司、企业或者其他经济组织，外国投资者包括外国的公司、企业和其他经济组织或者个人。

外企凭借高薪优势吸引着大学毕业生，但近年来，随着民营企业的崛起，互联网的迅速发展等，外企已经不再像以前一样受欢迎，大学毕业生对外企的需求也相对减少。

相对于国企和民企，外企的利弊主要如下。

(1)利：高薪，福利好，工作环境好；外企有系统的企业文化、管理制度，能够学到更多的东西；强调个性和创造性，有利于培养能力，也有利于构造自己的人脉网络；注重员工发展，给予员工诸多培训机会；实力雄厚，不会出现拖欠工资等现象。

(2)弊：起点高，发展空间不大；工作量大，加班严重；竞争激烈，神经紧绷；进入核心机构难上加难；对外语有很高要求。

外企的高薪酬是很多毕业生所追求的，进入外企感受成熟的企业环境和管理系统，有利于毕业生学到更多的东西，如个人能力、行业观念、企业文化意识。外企能够全方位充实毕业生的头脑。但是，外企竞争激烈，所以有些人会进入外企学习先进的管理经验和技术，然后自己创业。

(三)民企

民企即民营企业，是指所有的非公有制企业，民营企业是民间私人投资、民间私人经营、民间私人享受投资收益、民间私人承担经营风险的法人经济实体。民企是目前数量较多的企业群体，每年为大学毕业生提供大量的工作岗位，也成为当下大学毕业生首要考虑的就业方向。

相对于国企和外企来说，民企有自己独特的优势和劣势。

(1)利：能够充分施展才华，发展空间较大；能够很快学到实用的知识；民企工作内容不单调，需要一职多能，无形中提高了自己的能力；劳有所得，民企老板会按照你的贡献决定你的待遇，形成良性循环；自由度高，升职、积累经验相对快，想跳槽也容易。

(2)弊：风险较大，如经济危机到来，民企一批批倒下；有的公司不能保证福利；企业人文环境参差不齐；竞争相对激烈，工作环境不稳定；有些制度不合理，吃亏也只能忍着。

很多毕业生愿意选择民企，认为民企的门槛较低，更易积累经验，但是，不要形成“直接进入民企”的意识，因为毕业生缺乏经验，很容易被第一份工作定型，错误的观念和不良的职场习惯会限制毕业生的发展。同时，民企也有广阔的发展空间，不会束缚毕业生的才能。

二、事业单位

随着大学生就业形势的日益严峻，事业单位以其稳定的工作环境和薪酬，让很多大学生非常向往，那关于事业单位，大学毕业生在将其视作自己的就业方向时，应该了解一些什么样的基本内容呢？

(一)事业单位的含义

事业单位是指受国家行政机关领导，没有生产收入，所需经费由公共财政支出，不实行经济核算，主要提供教育、科技、文化、卫生等非物质生产活动和劳务服务的社会公共组织，事业单位接受政府领导，表现形式为组织或机构的法人实体。与企业单位相比，事业单位有以下特征：一是不以营利为目的；二是财政及其他单位拨入的资金不以经济利益的获取为主要回报。

事业单位有很多种类，具体可分十八大类：教育事业单位、科技事业单位、文化事业单

位、卫生事业单位、社会福利事业单位、体育事业单位、交通事业单位、城市公用事业单位、农林牧渔水事业单位、信息咨询事业单位、中介服务事业单位、勘察设计事业单位、地震测防事业单位、海洋事业单位、环境保护事业单位、检验检测事业单位、知识产权事业单位、机关后勤服务事业单位。

（二）事业单位考试

事业单位考试又称事业单位公开招聘工作人员考试，这项工作由各用人单位的人事部门委托省、市级和地级市的人事厅局所属人事考试中心（事业单位，考试中心命题和组织报名、考试并交用人单位成绩名单，部分单位自行命题组织实施）。考试的时间各地不一，大部分地区会在每年的6月至8月进行。考试一般先由各用人单位申报用人计划，由各地人事部门审核后，发布招考公告和招考计划，并通过报名（一般规模大的采取网络报名方式，人数少的则采取现场报名方式）、笔试、资格复查、面试、体检、录用等程序，招考公告和每个阶段的成绩以及公告发布在各级人事、人才网站上，笔试和面试成绩基本上各占1/2，也有岗位只需参加笔试。部分地区根据参加考试的笔试情况会设最低分数，同时相关政策和当地的一些条例等，对烈士子女、因公牺牲警察子女、获奖运动员等有笔试加分政策。

（三）事业单位考试流程

1. 报名

报名人员登录指定的报名网站（各地人事考试信息网），如实填写、提交相关个人信息资料。应聘人员在资格初审前多次登录填交报名信息的，后一次填报自动替换前一次填报信息。报名资格一经招聘单位初审通过，不能更改。报考人员不能用新、旧两个身份证号同时报名，报名与考试时使用的身份证必须一致。事业单位考试报名每个人只能报考一个职位。部分地区采取现场报名的方式。

2. 单位初审

招聘单位指定专人负责资格初审工作，在报名期间查看本单位的网上报名情况，根据应聘人员提交的信息资料，对前一天的报名人员进行资格初审，并在网上公布初审结果。如果招聘单位在几个工作日内（各地方规定不同）未对报名人员信息进行处理，则视为初审通过。网上报名期间，招聘单位会公布咨询电话并安排专人值班，提供咨询服务。对通过资格初审的人员，招聘单位应留存应聘人员的报名信息，以供资格审查时参考。

报名人员在网上提交报考信息后，可在第二天至查询时间截止之日前登录网站，查询报名资格初审结果。通过资格初审的人员，要于规定日期前登录当地人事考试信息网，进行网上缴费，逾期不办理网上缴费手续的，视作放弃。缴费成功后，下载打印准考证（准考证一般在考前一周可以打印）。

3. 资格审查

事业单位公开招聘工作人员的资格审查工作贯穿招聘工作的全过程。进入面试的应聘人员，在面试人员名单确定之后，须按招聘信息公布的要求，向招聘单位提交本人相关证明材料。取得面试资格的应聘人员在面试前3天仍未向招聘单位提交有关材料的，则视为弃权。经审查不具备报考条件的，经主管机关核准后，取消其面试资格。因弃权或取消资格造成的空缺，按笔试成绩依次递补。

4. 笔试

笔试采用百分制计算应聘人员的成绩。笔试设定最低合格分数线，由省事业单位公开招聘主管机关根据应聘人数和考试情况确定。

关于笔试的科目，根据各个地域不同，招聘单位不同，考试科目也有不同。

一般情况下，市教育局、农业局、水利局、文化局、粮食局、环保局、卫生局、安监局、劳动局、妇联等部门招聘笔试科目设置为《公共基础知识》《行政职业能力测验》，采用封闭笔试，满分 100 分，考试时间一般为 120 分钟。面试和笔试的比例，笔试占 60%，面试占 40%（有的省市的事业单位笔试、面试的比例各为 50%）。笔试内容为政治、时事、法律、职业道德等公共基础知识和职业能力，题型有客观题和主观题，很多单位只设客观题。有的医院、高校卫生单位等会考《医院基础知识》等科目，具体以单位为准。

《公共基础知识》的考试内容一般包括政治、经济、法律、时事、科技人文、行政管理、公文等，一般包括单选题、多选题、判断题等客观题型，但是目前很多省份的《公共基础知识》的考试形式已不再是单纯的客观题型，多数倾向于公共基础知识和材料写作的形式，湖北、江苏、河北等地的考试中，《公共基础知识》里政治、法律等内容也出现了主观题的形式，比如案例分析、简答题、简析题等题型。《行政职业能力测验》主要包含言语理解与表达、判断推理、数量关系、资料分析、常识判断五个模块。

5. 面试

面试在事业单位公开招聘主管机关的指导下，由招聘单位或其主管部门按备案的面试方案组织实施，面试方案的备案应在面试前一周完成。达到笔试合格分数线的应聘人员，根据招聘计划和招聘岗位由高分到低分按比例依次确定面试人选。笔试合格人数出现空缺的岗位，取消招聘计划；达不到规定招聘比例的，按实有合格人数确定。面试人选确定后，招聘单位张榜公布并通知本人。

面试结束后，按笔试成绩和面试成绩计算应聘人员考试总成绩。笔试成绩、面试成绩、考试总成绩均计算到小数点后两位数，尾数四舍五入。根据考试总成绩，确定进入考核体检范围的人选。

6. 考核、体检

按照招聘岗位，根据应聘人员考试总成绩，由高分到低分确定进入考核、体检范围人选，并依次等额组织进行考核、体检。同一招聘计划应聘人员出现总成绩并列的，则按笔试成绩由高分到低分确定人选。对考核、体检不合格人员造成的空缺，可从其他进入同一岗位考核范围的人员中依次等额递补。根据实际需要，既可先进行考核，也可先组织体检。体检标准参照公务员录用体检通用标准执行，国家另有规定的从其规定。考核小组要实事求是，全面、客观、公正地评价考核对象，并写出书面考核意见。考核、体检工作由招聘单位或其主管部门负责组织实施。

7. 签订合同

经考试、考核、体检合格的拟聘用人员，公示 7 日无异议的，由聘用单位或其主管部门提出聘用意见，报人事厅备案。符合聘用条件的，由人事厅发放《事业单位招聘人员通知书》，凭《事业单位招聘人员通知书》办理调动、派遣等相关手续，双方按规定签订聘用合同，确立

人事关系。受聘人员按规定实行试用期制度，期满合格的正式聘用，不合格的解除聘用合同。试用期一般不超过 3 个月；情况特殊的，可以延长，但最长不得超过 6 个月。受聘人员为大中专应届毕业生（含择业期限内）的，试用期可以延长至 12 个月。

8. 监督检查

为保证招聘工作的公正性，招聘单位要最大限度地实行政务公开，及时面向社会公布招聘工作的进展情况，做到信息公开、过程公开、结果公开，接受社会和群众的监督。事业单位公开招聘主管机关将积极配合纪检、监察部门，加强对公开招聘工作的监督检查，对在公开招聘过程中弄虚作假、营私舞弊的人员要严肃查处，坚决纠正；对违反公开招聘纪律的应聘人员，取消考试或聘用资格；对违反公开招聘纪律的工作人员，视情节轻重给予相应处分。

（四）事业单位的利弊

由于福利好，工作稳定，事业单位是当下大学毕业生争相选择的热门目标。事业单位的优势体现在以下几个方面。

（1）稳定的工作环境，较之企业相对轻松，没有过大的竞争压力。

（2）良好的薪酬福利，收入稳定，福利很多。

（3）社会认可度高。目前，社会整体对事业单位的认可度还是很高的，口碑较好。

但是，事业单位同样具有弊端，事业单位入门较难，进入事业单位要通过激烈竞争，录取率低。同时，事业单位对于大学毕业生来说，进步慢，工作挑战性低，人际关系比较复杂。

三、公务员

（一）公务员的含义

公务员，全称为国家公务员，是各国负责统筹管理经济社会秩序和国家公共资源，维护国家法律规定贯彻执行的公职人员。在中国，公务员是指依法履行公职、纳入国家行政编制、由国家财政负担工资福利的工作人员。公务员职位按职位的性质、特点和管理需要，划分为综合管理类、专业技术类和行政执法类等类别。

（二）公务员报考流程

1. 查看政策

最新政策会在每年报名前公布，届时考生可登录国家公务员考试网、人力资源和社会保障部、国家公务员局等网站查看公告、职位表、报考指南、考试大纲等信息。对所公布的政策有疑问需要咨询时，报考人员直接与招录机关联系，招录机关的咨询电话可以通过上述网站查询。公务员考试分为国考和省考，国考一般在每年的 11 月底举行，省考在每年的 3 月举行。

2. 网上报名

（1）提交报考申请。报考人员可在公告规定的时间内登录考录专题网站，提交报考申请。报考人员只能选择一个部门中的一个职位进行报名，不得用新、旧两个身份证号同时报名，报名与考试时使用的身份证必须一致。报名时，报考人员要仔细阅读诚信承诺书，提交的报考申请材料应当真实、准确。报考人员提供虚假报考申请材料的，一经查实，即取消报考资格。对伪造、变造有关证件、材料、信息，骗取考试资格的，将按照《公务员录用考试违纪违规行为处理办法（试行）》的有关规定予以处理。

高职高专学生在报考公务员时,一定要看招录的职位是否有学历要求,如果上面注明了必须是满足何种学历条件报考的,如本科生或者是研究生,则专科生是不能报考这个职位的。如果没有限制学历,则专科生也是可以报考这个职位的。

(2)查询资格审查结果。报考人员请于公告规定的时间内登录考录专题网站查询是否通过了资格审查。通过资格审查的,不能再报考其他职位。报考申请尚未审查或未通过资格审查的,可以改报其他职位。超过报名时间报考申请未审查或未通过资格审查的,不能再改报其他职位。

(3)查询报名序号。通过资格审查的人员,于公告规定的时间内登录考录专题网站查询报名序号。报名序号是报考人员报名确认和下载打印准考证等事项的重要依据和关键字,务必牢记。

(4)报名确认。通过资格审查的报考人员需要进行报名确认。报名确认采取网上确认的方式进行,报考人员请于公告规定的时间内在所选考区考试机构网站进行网上报名确认及缴费。未按期参加报名确认并缴费者视为自动放弃考试。

(5)打印准考证。报名确认成功后,报考人员于公告规定的时间内登录所选考区考试机构网站下载打印准考证。打印中如遇问题,请与当地公务员考试机构联系解决。

3. 笔试考试

国考笔试时间一般在 11 月底进行,省考笔试时间在 3 月,公共科目包括《行政职业能力测验》(简称《行测》)和《申论》两科,考试范围见考试大纲,部分职位要求专业考试,具体职位表中会有说明。

笔试考点没有明确规定,考生可就近选择,如某考生在杭州,报考的是山东省的职位,该考生可以直接选择杭州考点参加笔试,无须到山东考试。考试会在全国各省会城市、自治区首府、直辖市和个别较大城市设置考场。与国考不同,省考则是你报考哪个省市的职位就需要到哪个省市考试。

4. 成绩查询

成绩查询的时间公告中会有预告,一般在笔试结束后 20 天左右。

5. 申请调剂

成绩公布后没有顺利进入面试的考生也不要放弃,根据要求,部分职位笔试合格人数未达到规定的面试比例时招录机关通过调剂补充人选。一般情况下,国考有调剂,而省考没有。

6. 资格审查

参加面试的考生面试前须向招录机关提供本人身份证件(身份证、学生证、工作证等)原件、所在单位出具的同意报考证明(加盖公章)或所在学校盖章的报名推荐表、报名登记表等材料。资格审查不通过的,取消面试资格。

7. 面试

面试由招录机关单独组织,具体事宜见各部门公告。

8. 体检和考察

体检和考察由招录机关负责。体检标准按照《公务员录用体检通用标准(试行)》《公务

员录用体检操作手册(试行)》《关于修订〈公务员录用体检通用标准(试行)〉及〈公务员录用体检操作手册(试行)〉的通知》《公务员录用体检特殊标准(试行)》等规定组织实施。

9. 拟录公示

拟录用人员由招录机关按规定的程序和标准从考试成绩、考察情况和体检结果合格的人员中综合考虑,择优确定,并在考录专题网站上公示。公示内容包括拟录用人员姓名、性别、准考证号、所在工作单位或毕业院校,同时公布举报电话,接受社会监督,公示期为7天。

公务员主管部门已经建立并开始运行全国联网的“公务员录用考试违纪违规与诚信档案库”,对于录用审批后放弃报到的考生和在招考中发生不诚信行为的,将建档入库。公务员录用后具体入职时间及相关手续由录用单位通知考生,新录用的公务员试用期为1年。

(三)事业单位与公务员的区别及比较

1. 事业单位与公务员的招聘区别

(1)发起机构不同。公务员考试发起机构是国家中组部和人事部,地方省、市委组织部和人事厅,各用人单位上报岗位需求;事业单位考试发起机构是各用人单位的人事部门。

(2)报名方式不同。公务员考试是网络报名,事业单位考试一般规模大的采取网络报名,人数少的则采取现场报名的方式。

(3)举办的统一性不同。公务员考试国家每年1次,各省、市一般每年招考1次,有的2次,个别单位如警察招考可能单独举办;事业单位考试尚无全国招考,多为全省市和县级统一招考,一般是各个单位单独发公告招考。

(4)笔试考试科目不同。北京市公务员考试笔试科目为《行政职业能力测验》和《申论》,个别省份还有公共基础和专业课,警察加心理测验和体能测试;事业单位考试科目一般为《行政能力测验》(多数包含《公共基础知识》)和《申论》,或《行政能力测验》和《公共基础知识》,个别岗位考公文写作,对于专业性要求较高的岗位会增加专业测试。

(5)分数计算方法不同。公务员考试笔试和面试基本上各占一半。一般设置总分最低线,个别设单科最低线;事业单位考试笔试和面试基本上各占一半,有的四六开,一般无最低分数线。

2. 事业单位人员与公务员的区别

公务员是指依法履行公职、纳入国家行政编制、由国家财政负担工资福利的工作人员。国家机关中除工勤人员以外的人员都是公务员身份,都属于公务员编制,包括国家机关、共产党机关、民主党派机关、人大常委会机关、政协机关、检察院和法院等。

事业人员主要指事业单位工作人员。事业单位是指为国家创造或改善生产条件,增进社会福利,满足人民文化、教育、卫生等需要,其经费一般由国家事业费开支的单位,主要有科研单位,教育单位,文化单位,新闻、广播、出版单位,卫生单位,体育单位,勘察设计单位,农业、林业、水利和气象单位,社会福利单位,环境保护单位,交通、城市公用等其他事业单位。

另外,还有一种行政事业单位,指具有行政管理职能的事业单位,其履行的是执法监督和一些社会管理职能,如部门所属的执法监督、监管机构等,其工作人员属于行政事业编制,行政事业单位目前参照公务员法管理,随着事业单位分类改革的推进,将来很多行政事业单位将纳入公务员序列。

3. 事业单位与公务员编制的区别

公务员编制是行政编制，是政府机关的正式人员。按照相关法律规定，国家行政机构（即国务院、各级地方人民政府，以及国务院各职能部门、地方人民政府各职能管理机构）的行政编制人员实行公务员管理，国家权力机构、国家司法机关、党派组织、人民政治机构的人员参照实行公务员管理。事业单位一般不要求实行公务员管理，但也有个别事业单位参照实行公务员管理。

事业编制是辅助编制，按照财政来源又可分为全额事业编制、差额事业编制和自筹自支事业编制三种。全额事业编制即全额财政拨款事业编制，不允许也不能自主创收，完全靠财政拨款的单位，多指一些公益性事业单位和部分具有行政执法职能的事业单位，如公办和义务教育学校、防疫站、海事局、公办干休所、交通局下属交通稽查队、卫生局下属防疫站等。差额事业编制，由财政进行差额拨款，待遇和收入在一定程度上挂钩，如公立医院、公立大学、日报社等。自筹自支事业编制，实际上与企业差不多，待遇和经营状况息息相关，多为一些服务型事业单位，如政府招待所、政府下属培训中心、从事应用性研究和开发的科研单位、政府直属印刷所等，随着事业单位的改革将逐步改制成企业。

现在的政府机关有部分人员是公务员编制，部分人员是事业编制。公务员编制是经过中央编制委审批才有的，一般单位名额是固定的，除了每年报计划，公开招考公务员，不能随意增加。但是，由于政府机关的业务量增加，又没有公务员编制，于是就招聘事业编制人员，在国家人力资源和社会保障部不备案、不挂名，工资由单位自己或者地方财政供养。政府机关所属的事业单位，只有领导（副处以上或者少量正科）是公务员编制，其他人都是事业编制或者合同工。

（四）高职高专学生报考公务员的利弊

高职高专学生可以报考公务员，但是就目前的形势看，高职高专学生报考公务员的限制因素有很多。

首先，职位相对较少，大部分岗位要求本科及以上学历，省级以上岗位甚至要求研究生及以上学历，所以专科生报考市级以上岗位的选择性很小，即使有，专业一般限制得也很严格。但是很多基层岗位，如乡镇政府，是具备专科学历就可以报考的，所以专科生可以把更多精力放在乡镇级政府的岗位上。

其次，专科生一般会有户籍限制。国家公务员考试中一般不会对户籍进行限制，但是省（区、市）公务员一般规定专科只面向本省生源考生，这是为了保证本省就业，也限制了考生只能在本省范围内选择岗位。

最后，公务员考试中的学历要求，一般是国家承认的所有学历，包括成人高考、自考、函授等学历，但是部分岗位可能明确要求有全日制学历，不过这样的岗位不占多数。

总之，公务员工作稳定、待遇较高、压力较小，而人力资源和社会保障部规定，公务员岗位需要通过公务员考试，现在大多数公务员岗位本科及以上学历才有资格报考，通常只有基层和艰苦的工作岗位要求专科学历，因此，大学生在报考公务员时，要慎重考虑公务员的利弊，不要盲目跟风。

专题链接

2019年5月6日起,2019年度国考补录进入报名阶段,符合条件的考生可于5月6日8时至8日18时提交调剂申请。据统计,本次国考补录涉及900余个空缺职位,共计补录3046人。

据了解,2019年度国考共有中央机关75个单位和20个直属机构参加,计划招录1.45万余人。公共科目笔试已于2018年12月2日进行。根据国家公务员局此前发布的数据,共有92万人实际参加考试,参加考试人数与录用计划数比例约为63∶1。

此后,国家公务员局于2019年1月18日公布了中央机关及其直属机构2019年度考试录用公务员笔试成绩,并公布了面试人员名单。

根据本次补录公告,参加本次国考补录,前提条件必须要在本次国考笔试中,公共科目笔试成绩应当同时达到原报考职位的最低合格分数线和拟调剂职位的最低合格分数线。

此外,补录的限制条件还包括:调剂在公共科目考试内容相同(即报考人员应答的是同一类试卷)的职位之间进行;参加调剂的报考人员只能申请一个职位;申请调剂的报考人员应当符合拟调剂职位规定的资格条件和要求;已确定为拟录用人员的报考人员不再具有参加调剂的资格。

5月6日至8日的补录报名结束之后,5月9日和10日,招录机关对报考本级调剂结束后,将形成进入面试和专业能力测试的人选名单,并在考录专题网站统一公布。5月13日之后,报考人员可以访问考录专题网站查询调剂结果。

国考为何还出现这么多空缺岗位?华图教育公考辅导专家李曼卿对记者分析,公务员招录中,职位出现空缺的原因主要有两个方面,有的职位是报名阶段就报名人数较少,甚至零报考;有的则是职位最终未满足招录计划,也就是说,考生最终进入岗位需要笔试、面试、体检等多个环节,有的职位考生即使过了笔试和面试也未必能正式进入岗位,所以部门只能补录。

"近几年来,国考职位要求越来越精细化,对考生学历、基层工作经历、专业背景等要求越来越精确,限制多、门槛高这是出现岗位报名人数较少甚至空缺的一大因素。此外,空缺职位多为基层岗位,有些在偏远地区,报名人数较少,不过,这些职位也受到政策倾斜,对于有投身基层、扎根基层意愿的考生而言,这些岗位值得考虑。"李曼卿表示。

此外,专家还分析,每年国考都有部分考生抱有试试的心态,对报考不够重视,随意报考进行"练手",笔试阶段弃考现象严重。

根据国家公务员局此前发布的数据,在2019年度国考通过报名资格审查的137.93万名考生里,最终有92万人实际参加考试,这意味着超过45万报名考生选择中途放弃考试。

四、专升本

专升本也成为近几年高职高专毕业生的一个重要选择。专升本考试是指大学专科层次学生进入本科层次阶段学习的选拔考试,是中国教育体制大专层次学生升入本科院校的考试制度。

（一）专升本考试的类型

1. 统招专升本

统招专升本考试的选拔工作各省份各有不同，现基本上由各省（区、市）教育考试院主持举办，统一考试。个别省份如上海，从2013年起改由各本科院校出卷选拔。各省（区、市）每年的统招专升本招生计划根据教育部统一下达的普通高等教育分学校分专业招生计划。招生对象仅限于应届优秀普通全日制专科毕业生。各省（区、市）和学校规定不同，某些省份和学校要求英语三级以上（上海为四级）、无不及格记录且所报专业必须与所学专业对口，某些省（区、市）和学校无此要求，具体情况请参照当年各省的政策。统招专升本只限报考本省本科院校，不允许跨省（区、市）报考。教育部政策法规司规定，普通高校统招专升本为国家统招计划普通全日制学历，本科为第一学历。

2. 电大专升本

电大并不是指某一所具体的学校，它是由中央广播电视大学，省级广播电视大学，地市级、县级广播电视大学分校和工作站组成的覆盖中国的远程教育系统。与其他成人高校一样，主要面向高考落榜或其他种种原因丧失学习机会的社会人员和需要提高学历层次的在职人员。与高等教育自学考试类似，宽进严出，学习形式有半脱产（半工半读）、业余。不同的是自考以自学为主，电大通过计算机网络、卫星电视等现代传媒技术进行学习，参加国家安排的统一考试，获得专科或本科学历。

3. 自考专升本

高等教育自学考试，简称自学考试或自考，是中国的一种对自学者进行以学历考试为主的，个人自学、社会助学和国家考试相结合的高等教育考试制度。该制度创立于20世纪80年代初，是新型的开放式的社会化教育形式。参加考试者不受性别、年龄、职业、种族、民族和已受教育程度的限制。

4. 成考专升本

成考专升本即成人高等教育（成人高考），参加国家统一的入学考试，考试通过比较容易，录取率高。成人高考分为专科阶段和专升本阶段，每年有一次报考机会。

（二）统招专升本

1. 招生对象

首先，选拔对象为列入国家普通高校招生计划、经省招生部门按规定程序正式录取的、本省各类普通高校的专科三年级在籍学生（普通全日制统招入学）。

其次，坚持四项基本原则，遵纪守法；具有较高的思想道德修养和文化素质，上进心强，品行端正；在校期间未受记过（含）以上处分，无考试作弊记录。

最后，具有普通高职（专科）毕业学历的退役士兵，经民政系统等有关单位按照规定和程序审核后，可参加普通专升本考试。

2. 统招专升本考试时间

普通专升本一般是应届普通全日制专科毕业生，在专科三年级第二学期考试（各省份考试时间不一，由各省教育考试院制定的当年政策决定）。

3. 统招专升本考试科目

考试科目分统考科目（省考试院命题阅卷）和专业加试科目（各招生院校自主命题阅

卷)两大类。

(1)公共科目(统考)

文史类统考科目为大学英语、大学语文;理工类统考科目为大学英语、高等数学。

艺术、体育专业经省教育考试院同意,可由招生院校组织专业加试,并在报名工作开始前完成。专业加试合格考生才能填报相应院校、专业志愿。

(2)专业科目

基础课和专业课,基础课为省统考,专业课为本科院校出题。

(三)高职高专生专升本的趋势

高职高专生专升本能够提升自己的学历和知识水平,并且本科为第一学历,社会认可度高。同时,无论是考公务员、考证、工资定级,还是考研、就业等其都比高职高专生具有明显优势,但是专升本是一项艰巨的任务,需要学生投入大量的时间和精力,因此,高职高专生在考虑时要全面。

五、创业

当今社会,大学教育已经变成大众教育,随着时代的发展,就业压力与日俱增,为了缓解高校毕业生的就业压力,国家以及各级地方政府想方设法出台了一系列有利于大学生就业的措施,如"三支一扶"、校园招聘以及对困难毕业生的帮扶等。政府的这些举措确实对广大毕业生的就业起到了一定作用,但从长远来看,这对于成千上万大学生的就业而言还远远不够,这期间创业没有发挥其应有作用。

近两年,教育部、人力资源和社会保障部等部门先后出台了多项政策,要求集合各方力量,支持大学毕业生自主创业。从一系列举措中我们可以感受到国家对大学生创业的重视,这也对高校的创业教育提出了更高要求,因此提高大学生的创业能力和提升大学生的创新意识势在必行。

(一)大学毕业生创业的优势

1. 国家鼓励大学毕业生创业并给予政策支持

高校毕业生是我国宝贵的人力资源。国家鼓励高校毕业生到城乡基层、中西部地区和中小型企业就业,鼓励其自主创业,并推出贷款优惠政策、税费减免政策、金融扶持政策以及提供创业培训等措施切实为大学生创业提供舞台。此外,国务院《关于深化高等学校创新创业教育改革的实施意见》中也明确要强化创新创业实践,促进实验教学平台共享,利用各种资源建设大学科技园、大学生创业园、创业孵化基地和微企业创业基地,建好一批大学生校外创新创业实践基地,举办全国大学生创新创业大赛。

2. 大学毕业生具有较好的知识和技术体系

大学生在校期间学到了很多理论性知识,他们有着较强的技术优势,而目前有前景的事业就是开办高科技企业。技术的重要性是不言而喻的,大学生创业一开始就必定走向高科技领域,大学生创业的特色就是用智力换取资本。除此之外,大学期间开设的课程大都有一定的内在关联性,学生从中学到的是理念和思维方法,这对大学生创业有许多帮助。

3. 大学毕业生富有创意和活力

大学生有较强的领悟力,自主学习知识的能力强,善于接受新事物。思维活跃,创意新颖，能将所学的知识很快内化为能力，外化为创造行为。有创意意味着要创新，创新能力来源于创造性思维，一个成功的创业者一定具有独立性、求异性、想象性、新颖性、灵感性、敏锐性等，因此，创新能力影响着创业实践的特质，是促使创业实践活动顺利进行的首要条件，主要包括专业、经营管理等方面的创意，因此是创业基本素质的重要组成部分。

除此之外，大学毕业生是富有活力的群体，他们朝气蓬勃，对未来充满希望，具有青春的气息和活力。

（二）大学毕业生创业的障碍

选择自主创业的高校毕业生越来越多，作为一个没有社会经验的特殊创业群体，其创业面临着各种各样的问题，既有自身的原因，也有家庭、学校以及整个社会环境的原因，主要表现为以下几个方面。

1. 缺乏创业资金

资金的筹集对大学生创业来说是第一步也是最重要的一道关卡，要想创业首先要有资金的支持，而对于大学生创业者来说能够用于创业的资金少之又少。现在社会上创业者的资金主要包括自有资金、亲属借款、银行借贷、企业投资等。银行借贷一般需要质押物，考虑到资金的安全性，大学毕业生想要在银行贷款不是一件容易的事情。而投资者基本上会投资大的项目，大学毕业生创业项目基本以小微企业或者微商为主，很难获得投资者的青睐，所以大部分大学生创业的资金只能靠父母或者亲朋好友，资金有限。针对这种状况，国家已经出台相关政策支持大学生创业，相信在不久的将来，能够有效解决大学生创业资金难的问题。

2. 缺乏良好的创业环境

纵观历史，任何事物的发展都需要一个良好的环境，而我国当前整体仍缺乏创业的大环境，无论是家庭还是毕业生都仍然停留在传统的就业观念中，认为在一个如公务员、事业单位或者好的企业工作是更好的选择，万事以稳为主，对风险较高的创业行为的认可程度不高。虽然也有少数选择创业的人取得成功，但大部分毕业生仍对创业持有胆怯和怀疑的态度，不敢选择创业这条道路。除了家庭和毕业生自身的原因，我国的市场经济大环境还不够完善，市场经济下的企业的诚信意识还有待提高，很多不文明及违法行为层出不穷，这也给大学毕业生的创业带来了许多负面影响，影响了其创业的决心。

3. 创业教育不完善

创业是一项复杂的系统工程，而高校作为大学生创业前的最后一站，其对大学生创业教育的质量直接影响着大学生创业是否成功，其重要性不言而喻。目前，我国的高等教育仍存在一些弊端，特别是创业教育方面无论是理念还是措施都处于发展的初级阶段，问题很多，例如，部分课程教学内容与实际脱钩，授课方式单调，学生缺乏兴趣，教学效果不显著；创业课程体系不健全，很多创业知识学生并不了解；缺乏足够的实践教学支持，学生无法通过实践理解并掌握创业理论知识，从而无法灵活运用等。这些传统教育方式已经远远落后于时代的发展，直接导致了大学生创业意识薄弱，影响了创业能力的提高。

4. 自身专业素质缺乏

首先，创业需要创业者本身具有牢固的专业知识，包括先进的创业理念、丰富的创业经

验等。由于大学生尚未进入社会,对创业的理解多是基于课本上实现的,对社会并没有深刻的理解,对社会各个领域的发展和认识还处于比较模糊的阶段,在创业观念无法跟上社会的发展,从而导致在选择创业项目时比较盲目,创业项目质量不高,从而创业失败。其次,创业者往往缺乏实践经验,无法将专业知识应用到实践中,从而盲目解决问题,失败在所难免。最后,心态成熟对创业者来说也很重要,心态成熟与否对创业者举足轻重。初次创业的大学生一般存在急躁的心理,总想着一夜暴富,因此真正遇到挫折时,不能静下来好好思考如何解决问题。

(三)大学毕业生创业的优点与缺点

1. 大学毕业生创业的

(1)有利于缓解大学生就业压力。创业能缓解大学生的就业压力。创业能力表现为一个人在创业活动中的自我生存、自我发展能力。一名创业能力很强的大学毕业生不但不会增加就业压力,反而会通过自主创业增加就业岗位,缓解社会的就业压力。

(2)有利于大学生谋求生存与实现自我价值。大学毕业生通过自主创业,可以把自己的兴趣与职业紧密结合,做自己感兴趣、愿意做和自己认为值得做的事情,最大限度地发挥自己的才能。

(3)有利于大学生实现致富梦想。开创自己的事业是实现致富目标的有效途径。当前,大学生的就业观念正在发生改变,一个鼓励创业、保护创业、崇尚创业的大环境正在逐步形成。产业结构的调整带来了很多创业机会,大学生自主创业能够实现致富梦想。

(4)有利于中小企业的快速发展。从经验来看,等量资金投资于小企业,它所创造的就业机会是大企业的四倍。因此,大学生自主创业有利于中小企业的快速发展。

(5)有利于培养大学生艰苦奋斗的作风。在大学生自主创业的过程中,困难和挫折在所难免,这就要求自主创业的大学毕业生具备顽强的意志和良好的品格,勇于承担风险,自立自强,艰苦拼搏。

(6)有利于培养大学生的创新精神。创新是一个民族的灵魂,是一个国家兴旺发达的不竭动力。青年大学生作为国家最具活力的群体,如果失去了创新的激情和欲望,那么国家最终将失去发展的动力。大学生创业,有利于培养其勇于开拓的精神,把就业压力转化为创业动力。

2. 大学毕业生创业的缺点

尽管目前有许多创业扶持政策,无论是政府还是各大高校,都极力提倡创新,但其在创业过程中肯定会遇到很多问题。以下为大学生在创业过程中可能出现的问题。

(1)经验不足。对于创业中的挫折和失败,许多创业者十分痛苦,甚至消沉。尽管针对大学生创业有无数扶持政策,但由于大学生社会经验不足,缺乏阅历,常常盲目乐观,没有充足的心理准备,因此在失败时常会手足无措,或者无法正视失败。对于大学生创业者来说,其在创业之初应该看到成功,也应该看到失败。

(2)急于求成。创业毕竟不是一件一朝一夕的事情,许多大学生创业之初就想见成效,加之由于自己缺乏市场意识及商业管理经验,往往会失败。学生虽然掌握了一定的书本知识,但终究缺乏必要的实践能力和经营管理经验。此外,大学生由于对市场营销等缺乏足够的认识,很难胜任企业经理人的角色。

(3)希望太美好。对创业有激情自然是很好,但是如果一味停留在自己的想象中就不是一件好事了。在大学生提交的相当一部分创业计划书中,许多人还试图用一个自认为新奇的创意来吸引投资。现在的投资人看重创业者的创业计划,绝不是三言两语就能说服投资人的。

(4)市场观念淡薄。不少大学生乐于向投资人大谈自己的技术如何领先,却很少涉及这些技术或产品会有多大的市场空间。即使谈到市场话题,他们多半也只计划做广告宣传,而对于诸如目标市场定位与营销手段组合则全然没有概念。这样会限制自己的发展,也会将自己的创业放在一个狭隘的空间内无法得到足够发展。

综上可以看出,大学毕业生创业,能够全方位锻炼自我能力,实现自我价值,缓解就业压力。但是,大学毕业生创业也具有风险,其需要大量的资金、时间和精力,投入成本很高,需要长远规划。

(四)给大学毕业生创业的建议

随着就业形势的日益严峻和国家创业扶持政策的日趋完善,创业已然成为解决大学毕业生就业难的重要途径。"与其给别人打工,不如给自己打工"正成为一种认知潮流,众多成功的典型范例似乎也给了大学生更大的信心,但创业之艰辛绝非耸人听闻,对于刚走出校门的大学生来讲还应慎重抉择,务必全面、系统地分析创业的利弊。

1. 认清大学毕业生创业现状

大学毕业生创业虽能够全面地展示自我,实现梦想,最大限度地实现自我价值,但并非人人适合。相关资料显示,中国大学生创业成功率不到4%,世界大学生创业成功率也未超过20%,其难易程度可见一斑,因此,大学生创业首先应把握自身特点和创业规律,做到心中有数。

从大学生自身看,他们对未来的事业充满希望,正所谓"初生牛犊不怕虎",只要有想法就敢于尝试。有激情、有思想、有意志是其突出的特征,敢创新、积极上进是其明显的标志,但因个人在经验、资源、技术和能力等整体创业素质方面的先天不足,加之创业意识、商业经验不足,市场观念淡薄,往往会以失败告终。

从国家政策来看,为应对"就业难"的形势,一系列创业教育政策、优惠政策为大学毕业生提供了良好的政策环境、法律环境、商业环境,其内容更是涉及学校的创业教育指导、银行的贷款融资、政府的税收减免、社会的创业培训等,一定程度上解决了学生创业的燃眉之急,但是一些高校创业教育制度不健全,地方优惠政策普及度不高、执行力不强也正在成为制约创业的阻碍。

从创业前景看,大多数大学生所从事的创业活动往往是在低端和易退出性的服务业、快速消费品和批发零售业等行业,常以零售、咨询、娱乐等商业服务类为主要表现形式,与社会上传统的行业相似度极高,故难有创新,竞争力不够。对科技含量较高且获利较丰的行业如IT业、新兴产业等少有涉足。

2. 全面考虑四个问题

个人是否需要创业,准备工作是否充分,创业成功概率如何,这是必须面对的现实问题。

正所谓“凡事预则立，不预则废”，大学生创业要回答以下四个问题。

(1)为什么创业。要考虑好“为什么创业”这个前提，拓展思维，提升认知力。对于刚毕业甚至尚未毕业的大学生来讲，很多人都有创业的冲动和想法，但付诸行动的仍是少数，毕竟创业不同于直接就业，其过程充满着艰辛和不确定性，需要勇气、毅力以及更多外在因素的共同作用。为什么创业？创业的动机是什么？绝非满足于自我就业，也不会单是为了赚钱，更多的应是因为自身对成功的渴望而进行的自我挑战。创业的路布满荆棘坎坷，能够坚持下来并获得成功的少之又少，大学生在创业前只有考虑好“为什么”的问题，才能获得事业前行的不竭动力。

(2)靠什么创业。要做好“靠什么创业”这个保障，完善软硬件，做足资质准备。创业就如计算机运行需要软硬件一样，它同样需要具备各种条件。那么，在创业准备阶段该完成哪些工作呢？这里虽没有唯一的标准，但概括地讲首先是拥有必备的创业资金、可行的创业项目、潜在的创业资源、积极的创业团队，同时要注重创业理念和胆识的培养、创业知识经验的积累，以及管理、经营、公关、分析、应变等综合能力的锻造。只有天时、地利、人和，协调把握好各个环节的诸多要素，才有可能实现创业梦想，而这些创业不可或缺的保障往往是大学生不完全具备的，其还要不断摸索、点滴积累，因此，大学生创业之初必须认清创业所要面临的诸多困难，客观评判自己。

(3)创什么业。明确“创什么业”这个核心，把准创业方向，定好目标项目。项目是创业的根本途径，项目的好坏直接关乎创业的成败，无论什么人在创业前都需要确定好具体项目。一个成熟的项目通常要经历项目确定、认识理解、论证评估、孕育实践、修正完善的过程，但如何确定项目和发展方向呢？一方面，大学生创业应突出自身特点，应涉足科技含量较高、大众参与较难、市场前景较广的新兴产业，不宜随大流；另一方面，需从实际出发，在全面分析自身的优势、兴趣爱好以及所涉及专业领域的同时，充分调研市场，规划好发展方向，在做好各类分析预测的基础上制订创业方案。

(4)怎么创业。把握好“怎么创业”这个重点，做长远打算，写好规划书。规划实施问题是创业的核心问题。想得再多再好不付诸实践，只是纸上谈兵。创业者必须有明确和清晰的发展规划，其表现为以下三个特点。

①计划性。大到各个阶段的设计预案，如资金的投入、项目的运作、市场的开拓、产品的研发、团队的管理以及各类突发问题的应对方案，小到人员的责任分工、资金的筹措管理、各类手续的办理完善、与客户的协调沟通等，而绝不能“眉毛胡子一把抓，想起什么干什么”，“脚踩西瓜皮，滑到哪里是哪里”。

②规范性。创业不是过家家，想怎么干就怎么干，每一步都应科学合理。如创业的每个环节、每个步骤、每个流程都要有一定的规矩和标准，必须建立一套细致的制度规范。

③前瞻性。“思维要更新，眼光要长远。”产品的设计、市场的营销、企业的发展到一定阶段都要经历一个攀升过程。

3. 谨言慎行，积聚力量，抢占创业先机

在第十二届全国人民代表大会第三次会议上，李克强同志宣布：“中小微企业大有可为，要扶上马、送一程，使‘草根’创新蔚然成风、遍地开花。”这无疑是给创业者特别是大学生创业者注入的一剂强心针。为此，有志创业的大学毕业生应乘势而上，抓住机遇，有意识地做好各项准备，以期积聚力量，抢占先机。一方面，其要具备足够的知识。作为创业者，仅靠大学所学的基本理论知识是远远不够的，还要具备扎实的商业知识，一定的人事、财务、生产营销知识，相关的法律知识以及投资常识等；另一方面，其需不断提升自身的综合能力，在学习实践能力、组织领导能力、协调沟通能力、理财经营能力上下功夫，及时了解产业信息资讯，把握市场先机。另外，要积累各方资源，把资金、项目、产品等准备好，把一切积极的如理论、人脉、市场等资源因素运作好，把各种可能出现情况的预案做细致，以期在创业过程中游刃有余。总体来看，大学生创业是一种全新的尝试，对增强经济社会的发展活力，提升产品科技创新和市场竞争力起着促进作用。但创业成功率不高的事实也说明，机遇与风险并存，大学生创业务必谨言慎行，且行且思。

专题链接

大学生创业项目计划书的撰写

当代大学生都有独立的思想，还未进入社会就想要自主创业，做出一番事业，但是资金是一个限制，所以找投资人是大学生创业的一个关键点，这时就需要一座桥梁将大学生与投资人联系起来，这座桥梁就是创业计划书。那么，大学生的创业计划书应该怎么写呢？

一份干净、整洁、清晰的创业计划书封面，既让人赏心悦目，又让人迫不及待地想去翻开它。为便于打印和制作，大学生创业计划书的封面忌讳过度装饰，过多装饰会给投资商或其他人以幼稚的感觉，应力求简约而不简单。这里说的封面不仅指外封，也包括文本的第一页及第二页，要对它们进行合理的整体布局。

封面应以简洁的形式进行表述，除了放置公司的标志、公司名称、创业计划书等字样，还可以加上文档编号和条形码，会让人感觉更加专业。此外，封面上可以写上简单的联络信息、完稿时间以及“注意保密”字样。不要试图在封面上放置更多的内容，封面越简洁的创业计划书，越能让人感觉到你的头脑清晰。创业计划书后的第一页是扉页，你可以在扉页上写上公司的企业精神、信念或者致谢语，如“谨以此献给为伟大梦想而追逐的人们”，这将向阅读者传达一种坚强的信念，也可以展现公司的抱负，令人耳目一新；第二页，写上公司管理团队名单和联络方式，如总裁、副总裁、财务总监、秘书等，而且需要指定 1 ~ 2 名联络人，用来提醒阅读者：如果有意向或问题可以与谁联络，谁来接收和解决投资人对大学生创业项目计划书所提出的问题。

整个创业计划书一般由五个部分组成，依次为公司纲要、组织计划、营销计划、财务文件、证明文件，所有的细节都放置在相关类别之下。注意不要过多提产品，而要注重阐述公司的整体运作方式与商业模式。产品只是贯穿其中的一个环节而已，没有良好、成熟的公司运作模式，再好的产品只会“胎死腹中”，根本卖不出去，这是创业者最容易出现的问题。目录要注明页码，清晰地告诉阅读者每一个环节都放置在哪里，以便阅读者依次阅读，或者阅读者能根据自己的时间挑选先要了解的内容进行阅读，对某些重点环节，其可以根据目录指出的页码仔细反复阅读。

公司纲要部分通常只需要 1 ~ 2 页，主要是对公司的简要概述，包括对业务记录、客户数

量、产品特点以及市场情况、下一步的市场拓展计划、主业务的实施、投资资金的需求和资金退出方式等的摘要性说明。需要注意的是，这是对公司市场特征的整体描述，而不是对同类产品未来发展趋势的描述。对市场的选择要非常准确，不管是大的市场还是小的专业级市场，选择都只有一个目标：具有领导地位的市场。比如，你计划开一家园艺公司，专门服务于别墅的庭院布景和除雪，这将使你进入一个专业级市场，并可以轻松地垄断这个市场。不要试图在一个公司、一个品牌之下经营多种产品，你的名下可以出现多家公司，每一家公司经营一个特定的专业市场，向纵深领域发展，当它们都能占据不同的市场领导地位时，这才会让你获得成就感，也会让你的思路打开，扩大经营发展。

组织计划部分的内容主要包括公司概述、使命、规模。这部分是对公司的法律形式、产品及服务、管理与文化（包括公司管理人员、雇员、培训、事业精神、员工责任、员工形象）、会计核算方式、保险、安全等进行概述，可以用简短的文字描述，也可以使用一些图片，以加深阅读者的印象，让他把感觉融入公司。

营销计划部分的内容主要包括目标市场（对客户种类进行划分，列出每一种客户对象及特点、生意推广方式、时间计划）、竞争、服务配送方式、售后服务保障、促销活动及开支计划、公益活动计划、拟单独实施的重点市场推广方案（目标市场、方案目标、锁定的客户对象、销售展开方式、客户名单的收集、客户追踪及订单取得方法、时间安排、衡量标准）等。

财务文件部分的内容主要包括资金需求情况、资金分配方式、投资人加入以后股东结构变化、投资人的资金退出方式以及回报、主要的资金来源和用途、之前的财务报表、未来的财务计划、财务报表数据分析、企业未来计划的财务假设等。

绝大部分创业者在撰写大学生创业计划书时，没有附加过证明文件，因此投资方非常怀疑其已经具备的能力，认为其只是给投资人画了一个大饼，让他们去假想。证明文件主要包括与竞争对手的比较数据、管理团队履历、推荐信、相关资质证书、所受表彰等。最重要的，也是创业者们经常忽略的，大学生创业项目计划书的证明文件中，必须附加两个公司以外人员的推荐信，推荐人最好来自著名的公司或者权威部门、大学教授等，有一定的身份和地位。

一份思路清晰、描述准确的创业计划书，很容易获得投资，而一份市场定位模糊的创业计划书会让投资人难以信任你。很多时候，创业者本人对市场也只是一种模糊认识，其又怎么能让投资商迅速地做出反应？

专题四　找准高职学生就业定位

一个人对社会贡献的大小、收入水平的高低以及社会地位、生活方式等在很大程度上取决于其所从事的职业及在职业活动中的表现。职业的重要性决定了职业选择的严肃性。职业选择不仅是个人挑选职业的过程，也是社会挑选劳动者的过程，只有个人与社会成功结合、相互认可，职业选择才会正确。合理定位是大学生成功就业的起点，人职匹配是职业选择与生涯发展的关键。只有成功就业，将工作转变为职业，抓住职业发展机会，良性循环，职业才能“成长”为事业。

一、职业定位的含义

职业定位是结合个人职业目标以及主客观条件谋求匹配职业的过程，这一过程中要充分考虑性格、兴趣、特长、专业等个人因素与职业的匹配度。

我们经常看到大学生在择业过程中，没有正确地评估自己，用社会的热点给自己定位，一味追求体面就业、高薪就业、稳定就业，在求职时失去了方向，在面试时丧失了信心，以致求职的道路越走越窄。

案例播报

金某，某高职院校2020届电子信息工程技术专业毕业，大三时参加专升本，却因发挥失常与理想学校失之交臂。于是他开始四处寻找工作，曾在网上投递了多份简历，大都是应聘电子技术工程师之类的岗位，但由于缺乏工作经验，很少有面试的机会。虽然一家销售公司给予了他面试机会，但因专业不对口，无销售工作经验，结果以失败告终。后来他进了一家朋友开的公司工作，主要从事简单的计算机操作工作。干了几个月，他觉得长此以往，不仅对自己的职业发展相当不利，而且三年的所学将付诸东流。

彷徨和迷惘使金某迷失了求职的方向，于是学校的就业指导老师耐心地对他进行引导和点拨。经过几次指导，他得到了在某电子公司进行职业实习的机会。通过一个月的实习，他不仅了解了该企业的文化和背景，还学到了书本上没有的知识和技能，也豁然开朗。

从这个案例中可以看出，职业定位不仅是已在职场上的人的事情，大学生的职业定位比已在职场上的人的职业定位更为重要。在职业发展初期，毕业生就应该给自己制定合理的职业规划，并不断加以调整。

金某因为失去升学机会，心情沮丧，所以盲目应聘。由于缺乏对自己职业生涯的合理定位，从而陷入盲目找工作的误区，越是急于到工作，越是找不到。当朋友给予了他就业机会，他就像是抓住了救命稻草。但回过头来，却并非发挥自己的专业优势。当冷静下来，金某发现自己的个性与职业发展不相符时，能及时调整方向，找到知识技能资质与市场需求的契合点，并能降低择业标准，应聘与电子技术相关的操作类岗位。

职业定位是自我定位和社会定位的统一。因此要做到准确定位，就要做到知己知彼，科学决策。做到知己主要是要了解自己能够做什么，面对专业和职业，自己应该如何选择；做到知彼，就要了解企业提供的是什么样的岗位，企业愿意为此支付多大的成本，企业所在的行业是“旭日东升”还是“夕阳西下”等。科学决策是在了解个人和企业的基础上，使个人能力与企业需求达到一个平衡点，使个人的价值量化，建立职业生涯发展的基石。

职业定位应注意：依据客观现实，考虑个人与社会、单位的关系；分析职业的条件、要求、性质与自身条件的匹配情况，选择条件更适合、更符合自己特长、更感兴趣、经过努力能很快胜任、有发展前途的职业；抓主要方面，扬长避短；审时度势，根据情况变化及时调整择业目标，不能固执己见，一成不变。

二、职业定位的益处

（1）求职速度加快。任何一个单位都希望在尽可能短的时间找到最合适的人选。当有

了明确的职业定位时，毕业生就会展示出自己的优势，打动用人单位，使应聘成功。

(2)求职成本降低。如果职业定位明确，就不会漫无目的地求职，浪费人力、物力、财力。

(3)工作稳定性增强。很多人快速离职在很大程度上是因为对工作本身的“不认同”，这种“不认同”很可能是无意识的，当然如果是有意识的“不认同”，那很显然会加快离职速度。正是这种对本身工作的“不认同”，导致当工作环境稍微有些不理想，比如跟老板或是同事稍微有些矛盾，或是经济收入不是所认为的那么理想，外界稍有诱惑，就会容易选择离职，寻求表面上看起来是更好的“发展”。而当有了明确的职业定位时，就会知道为什么现在在这里工作，是为了积累经验还是为了提升技能，还是为了历练些什么，这时候有再多的诱惑、再多的挑战，都难以轻易动摇，对工作的选择自然也会更加慎重。

(4)工作满意度更高。对工作认同、对所从事职业的认同，就会更投入工作，对工作的主动性也会大大增强，自然会取得更高的工作满意度。

(5)提升个人职业竞争力。明确自己的职业定位，就会增强个人发展的目的性与计划性，寻求最佳的发展通道，提升相对竞争的实力。

(6)获得的回报更丰厚。对工作更多地投入，职业竞争力得到的提升更高，自然会给单位和社会创造更多的价值、更多的财富，得到包括名誉上的、物质上的、精神上的丰厚回报。

三、择业的三维度

(一)从自己的角度认识职业选择

职业选择是自己把握自己命运的开始。选择机制要求人们树立自立的精神，以主动者的身份对待职业选择。择己所爱、择己所长、择世所需、择己所利。实践证明，只有这样才能获得较高的职业满意感，从而提高事业的成功率。

(二)从竞争的角度认识双向选择

选择必然有竞争，以个人才能为基础的竞争，是公平选择实现的条件。选择是双向的，当求职者按照自己的意愿选择职业的同时，用人单位也在按照职业的要求选择合格者。一个人如果不具备职业所要求的素质，必然会在竞争中失败。大学生只有树立市场意识和竞争意识，不断地调整和充实自己，才能增强自身的竞争能力。

(三)从创造和发展的角度认识职业选择

选择并不是为我们提供享受的机会，而是为我们提供了把知识转化为物质财富的广阔道路。这就要求学生树立发展的择业观，以创造为动力，以在职业活动中为社会做出更大贡献为目的，适时地调整自身与周围的关系，使个人的潜力得到最大的发挥。

四、大学生的“择业”定位

(一)择业心态定位——不骄不躁、不自卑、不气馁

(1)避免理想主义，及时调整就业期望值，不刻意追求最满意的结果。

(2)避免从众心理，一切从自身的特点、能力和社会需要出发，不与同学攀比。

(3)克服自卑、胆怯的心理，树立自信心，树立敢于竞争的勇气。

(4)不怕挫折，遇到挫折，不消极退缩，要采取积极的态度，勇于向挫折挑战。

(二)自我认识定位——全面认识、评估自我

(1)对自己生理特点的认识。生理特点是指个体所具备的某些解剖特点和生理特性，主

要指神经系统、脑的特性以及感官、运动器官的特性，诸如身高、体重、视力、肺活量、爆发力、速度、耐力、反应的敏捷性、动作的协调性等。生理素质是人们从事职业活动的基础，并制约着其他素质的形成与发展。许多职业都对生理素质有特定的要求，比如色盲者，不能从事绘画工作，也不能从事生物、化学、印染等工作；有严重口吃的人不能从事教师、导游、翻译等工作。

(2)对自己心理特点的认识。心理特点指表现在感知、记忆、思维、想象、情感、意志、态度、爱好、世界观、价值观、气质、性格、能力等方面的特点。其内容非常丰富，几乎涵盖了人的所有稳定的特点，是制约职业适应性的主要因素。

(3)对自身科学文化知识的认识。任何职业对从业者的知识水平和知识结构都有特定的要求，掌握现代知识是适应现代职业不可缺少的条件。只有根据职业的要求认识自己在知识结构和水平方面的优势和差异，才能做到有针对性地积累知识和改善自己的知识结构。

(4)对自己职业观念的认识。这里的职业观念包括自己的职业理想、择业观念、职业道德、现代观念等。职业观念是影响择业行为的重要因素，正确、高尚的职业观念会推动自己选择最能发挥特长、最能为社会作出贡献的职业，而落后、保守的职业观念则会限制个体的发展。选择职业的过程也是认识和提高自己职业观念的过程。

(5)对家庭成员经济状况和个人关系网的认识。每个家庭的经济状况、家庭成员的受教育程度和职业地位、交际范围、家长对子女的要求等情况是完全不同的，不同的家庭背景，对子女的择业观和行为都有不同程度的影响。对于经济条件较差的家庭的毕业生，在择业时必须把就业和改善家庭经济生活结合起来考虑，不宜单纯地追求职业理想。

(三)择业环境定位——从宏观到微观、从主观到客观认识就业环境

(1)要了解国家在就业方面的方针、政策。由于地区之间的经济发展不平衡，从事同一职业人，收入水平、工作条件及个人的发展机会等存在很大差异。为了保证各地区和各行业的平衡发展，保护劳动者和企业的合法权益，国家要制定一系列劳动就业政策，并采取必要的行政措施以规范就业市场，促进人才的合理流动。学生必须在国家法律法规允许的范围内，根据自己的意愿选择职业。

(2)要了解社会对人才的需求情况。社会对人才的需求包括了对人才数量的需求和对人才结构的需求。影响社会需求的因素很多，如国家经济发展状况及发展战略的变化、产业结构、经营形式、科学技术的应用、人口的数量和质量等。

(3)要了解职业的特点。它包括职业的地域特点、职业的行为特点和职业的岗位特点，它影响着从业者对职业的适应程度。同时要了解职业的类型及其相互间的关系，特别要注意了解职业对从业人员素质的要求，如生理素质、心理素质、科学文化素质、思想观念素质，这是有针对性地准备职业的基础。

(4)要了解用人单位的特点和职业岗位的要求。包括用人单位的声誉和形象；用人单位在行业中的地位、发展现状和发展前景；领导人的实力；组织和组织制度；提供的工作岗位；个人待遇提升的空间等。一般认为，现代社会欢迎那些知识面广、具有开拓能力和实践精神并具有一技之长的人。

求职者从自己的实际情况出发，客观地分析和评估自己的文化素质水平、业务技能水

平、性格特点、身体条件水平以及各类职业固有的标准，弄清自己想干什么、能干什么、应该干什么，实事求是地选择自己力所能及的职业，所选的职业也要有利于自己潜能的发挥和事业的发展。

五、大学生的“待业”定位

大学毕业生在选择职业过程中都希望找到一份与自己兴趣、爱好、能力相当的职业，这是可以理解的。然而要实现并非是易事，因为就业是一项关系到社会、经济、文化以及家庭等诸多因素的复杂的系统工程，不是单凭主观愿望就能解决的。

(1)先就业，再择业。改变“一步到位”的就业思想，树立灵活就业的新观念。走一条，先融入社会，再寻求发展的道路。工作一段时间后，有了一段就业和择业经历，各方面的经验和能力得到提高，具备了自信心和“实力”，若认为当前工作不合适，再重新选择职业。

(2)先学习，再就业。首先，淡化“专业对口”观念，在“学以致用”的原则下发挥素质优势，在更加宽泛的择业范围和领域，寻求理想职业。其次，通过择业的亲身经历，总结经验和教训，找出存在的问题和不足，为继续择业做进一步准备。充分利用“待业”时间进行“充电”学习，或参加培训，提高急需又缺少的知识和技能水平等。

(3)先就业，后创业。除合理的职业流动外，不能把自己的前途和命运全部寄托在别人身上，不能把自己的职业生涯交给他人规划，更不能对自己不负责任。要树立自主创业意识，充分发挥自己的专业特长和素质优势，积极做创业准备，进而实现自己的理想和人生价值。

案例播报

毕业即开学

这是美国东部一所规模很大的大学毕业考试的最后一天。在一座教学楼前的阶梯上，有一群机械系的大四学生聚集在一起，讨论着几分钟后就要开始的考试。他们每个人的脸上都表现出非凡的自信，这是最后一场考试了，接下来就只剩下毕业典礼和找工作了。

有几个学生说他们已经找到工作了，其他的人则在讨论着他们理想的工作。怀着对四年大学教育的自信与肯定，他们早已在心理上做好了充分的准备。

他们认为即将开始的考试只是轻而易举的事情。教授说他们可以带需要的教科书、参考书和笔记，只要考试时他们不交头接耳就可以。

他们兴奋地走进教室。教授把考卷发下去，学生们都喜形于色，因为大家注意到这份试卷上只有5道论述题。

3个小时过去了，教授开始收考卷。学生们似乎不再有信心，他们脸上都露出难以描述的表情。没有一个人说话，教授手里拿着考卷，看着全班同学。他看着面前学生们忧郁的脸，问道：

“有几个人把五道问题全答完了?”没有人举手。

“有几个人答完了四道?”仍旧没有动静。

“三道？两道?”学生们在座位上不安起来。

“那么做完一道的呢？一定有人做完了一道吧？”全班学生仍保持沉默。

教授放下手中的考卷说：“这正是我预期的。我只是想给你们一段深刻的记忆，即使你们已完成了四年工程教育，但仍有许多有关工程的问题你们全然不知。这些你们不能回答的问题，事实上在日常操作中是非常常见的。”

于是教授带着微笑说：“这次考试你们都会及格，但要记住，虽然你们是大学毕业生，但你们的教育才刚刚开始。”

六、大学生的“创业”定位

自主创业不仅是大学生成才的重要模式，更是大学生就业的重要途径。联合国教科文组织曾提出，21 世纪的现代人应有 3 本“护照”：一是文凭类“教育护照”；二是技术类“职业资格认证护照”；三是创业知识和技能类“创业护照”。在 20 世纪末，国际教育界做过这样的预测：21 世纪全世界将有过半的中专生和大学生要走自主创业之路。“创业也是一种就业”，“创业还可以为他人创造就业岗位”。

（一）创业条件

（1）个人条件。个人条件包括合理的知识结构（专业知识、管理知识、商业知识、法律知识等）、健全的人格特质（主要指性格和心理承受能力等）、较为杰出的应用能力（学习能力、协调能力、交往能力、洞察力和决断能力等）及较为丰富的社会阅历等。

（2）资金条件。有效筹措资金是自主创业的前提，包括是否有资金来源，筹集资金的可能性等。

（3）团队条件。优势互补的团队是自主创业的基础，创业团队有利于优势互补。自主创业“万事开头难”，要处理的事情面广，只靠一个人的力量很难有效地处理各类情况。组建创业团队则能有效进行技术创新与经济管理的互补。如果实施了有效管理，还能保证创业团队形成合力，那么才能在市场竞争中取胜。一旦确定创业，就应该根据自己的优点、劣势，寻找和自己有共同意向且互补的合作伙伴。

（4）社会关系条件。广泛有效的社会关系是自主创业的保障，一个初期开办的公司，往往需要各方面的帮助才能发展。“天时、地利、人和”，创业者需要在社会环境中调动一切有利因素。对于大学生创业者来说，他们与社会创业者相比，欠缺的是社会关系，竞争中常常处于不利地位。

（二）创业切入点

虽然如今创业市场商机无限，但对资金、能力、经验都有限的大学生创业者来说，却并非“遍地黄金”。在这种情况下，大学生创业者只有根据自身特点，找准“落脚点”，才能闯出一片真正适合自己的新天地。

（1）高科技领域。有意在这一领域创业的大学生，可以积极参加各类创业大赛，获得脱颖而出的机会，同时吸引风险投资。推荐：软件开发、网页制作、网络服务、手机游戏开发等。

（2）智力服务领域。智力是大学生创业的资本，在智力服务领域创业，更容易赚到“第一桶金”。此类智力服务创业项目成本较低，一张桌子、一部电话就可以开业。推荐：培训公司、设计工作室、翻译事务所等。

(3)连锁加盟领域。选择启动资金不多、人员要求不高的加盟项目，从小本经营开始；此外，最好选择运营时间在5年以上、拥有10家以上加盟店的成熟品牌。推荐：快餐业、家政服务、校园小型超市、数码速印店等。

(4)小型店面经营。大学生开店一方面可充分利用高校的学生顾客资源；另一方面由于熟悉同龄人的消费习惯，因此入门较容易。推广工作很重要，需要经常和社团联办活动，店铺才能广为人知。推荐：高校内部或周边地区的餐厅、咖啡屋、美发屋、文具店、书店等。

模块二
不打无准备之仗——完善求职材料

学习目标

1. 掌握收集就业信息的原则和途径，能够对就业信息进行整理和运用。
2. 掌握不同求职材料的撰写原则和技巧。
3. 掌握求职材料的整理技巧和投递技巧。
4. 了解常见的不良就业心理，掌握调试就业心理的方法。
5. 树立正确的就业观。

情境导入

大学生求职材料分析

在个人准备的一系列求职工作中，大学生个人主要完成的工作是关注并收集就业信息、撰写求职资料、筛选目标就业岗位、参与校园招聘会等。目前大学生有一定的求职准备意识，求职准备的侧重点也多种多样。但是，为什么依然存在大学生整体求职准备不充分的状况呢？可能因为高校的专业化指导与服务不足，单凭学生的自我努力难以全面改善其求职准备状况。对大学生开展求职教育的时间越早越好，这样有利于培养他们的求职理念，发展职业能力。相比较而言，大三学生开展的就业指导工作（如自荐信的格式、个人简历的要求等），在一定程度上是针对毕业生就业率暂时采取的措施。

大学生在与用人单位“自主择业、双向选择”的过程中，有一个让用人单位认识自己、了解自己的过程，在众多的毕业生中，用人单位首先是从自荐信、个人简历等材料中认识求职者。可以说，一份优秀的自荐信和求职简历是求职的基础，也是大学生打开工作单位大门的首要因素。

用人单位不仅可以从求职材料中全面了解大学生的学习情况、工作经历、专业特长等，也可以从中了解其文字表达能力、逻辑思维能力、书写能力等。它是大学生在求职择业过程中的基本环节，也是打下良好就业基础的重要环节，因为只有成功的自我推荐，才能获得进一步面试的机会。大学生不仅要精心准备求职材料，还要讲究方法与技巧，每个细节都是大学生不能忽视的。

专题一　搜集就业信息

一、就业信息的特征

就业信息因包含职业和社会分工的特质而具有与其他信息不同的特征，主要包括有以下几个方面。

（一）目的性

就业信息具有明确的目的性，主要表现在就业信息反映了社会经济活动和劳动者的相关信息，直接为人们求职择业服务、为经济发展服务，并且就业信息的发布、加工与传递都是通过专门机构和人员进行的，目的性很强。

（二）变化性

就业是社会政治、经济发展的晴雨表，随着社会经济大环境的变化，我国经济体制改革、产业结构调整、经济增长方式的转变、就业制度的变迁都直接影响就业信息的变化。就业信息的变化在一定程度上反映了国家政治、经济发展的活力。

（三）流动性

就业信息是通过一定载体如报纸、互联网等传递的，这种流动性决定了人们搜集、整理、分析就业信息的方式与渠道，也给有准备的人带来了机遇。

（四）时效性

就业信息的流动性决定了就业信息的时效性，即一旦招到合适的员工，该信息也就失去了价值。因此，大学生必须及时收集、处理就业信息，千万不要在犹豫和拖延中失去就业良机，俗话说得好，机会是留给有准备的人的。

（五）共享性

就业信息可以被多人共同享有，对用人单位而言，可以吸引更多优秀的人才，而对于大学生而言，应尽量优先了解信息渠道，一旦得到招聘信息就立刻投递简历，抓住先机。

二、就业信息的内容

（一）就业制度和就业政策

就业制度和就业政策包括国家的就业方针、原则和政策，也包括地方的用人政策，这是大学生在就业时必须遵守的规章制度。大学生只能在国家就业方针、原则和政策范围内，根据个人的情况选择职业。

（二）就业法律法规

法律法规是国家用来管理、调节和规范组织及个人的活动，排除组织之间的纠纷，制裁

违法行为的重要工具。法律法规不仅赋予了组织和个人进行各项活动的权利，也是其同一切侵犯自己合法权益的行为做斗争的有效手段。大学生必须清楚地了解就业法律法规，学会用法律来保护自己。

（三）行业详情

大学生应提前了解本专业所在行业详情，包括本行业的工作内容、任职要求、职业瓶颈及应对策略、行业结构、社会就业制度与就业政策等。就业前充分了解社会职业情况，可以避免大学生在就业过程中"一窝蜂"地将职业目标投向同一领域的状况，部分大学生因为不了解职业特点和要求而盲目择业。所以，了解职业、行业的详情，不管是对个人还是对社会都是非常必要的。

（四）职业需求信息

即将走上工作岗位的大学生必须提前了解以下信息：本年度全国应届毕业生人数、本年度用人单位需求数量、不同地区的就业形势、自己意向工作地区的人才需要情况等。也就是说，大学生要提前弄清楚要选择的行业对人才的需求是供大于求还是供不应求，弄清楚自己和职位之间的关系，以避免在择业中走弯路。

（五）目标单位情况

一些大学生在择业时存在盲目性，对目标单位和应聘岗位的情况均不了解，因此必须在择业前了解目标单位的一些基本信息，以便更好地为自己的择业提供依据，具体来说有"十了解"。

（1）了解用人单位的准确全称、性质及隶属关系。

（2）了解用人单位的经营业务范围、产品或服务内容与类别。

（3）了解用人单位的组织结构、规划与行政结构。

（4）了解用人单位的发展历史与最新动态、客户类型与规范、竞争对手的类型与规划。

（5）了解用人单位的文化背景、工作环境、单位领导的有关信息、员工的办事方式和思维方式。

（6）了解用人单位的发展目标、实力、远景规划、在整个行业中的思维方式。

（7）了解用人单位的地点、总部及分支机构的业务范围与地理分布。

（8）了解用人单位的财务状况及绩效考核体系、培训体系和薪酬体系（含工资、福利、公积金、社会保险等），以及为员工培训和发展所提供的空间等。

（9）了解用人单位的专业、具体工作岗位及对所需人才的具体要求。

（10）了解用人单位的联系办法，如人事主管部门的联系人、电话、通信地址、邮政编码等。

（六）就业程序

大学生应该了解基本的就业程序，如什么时候开始联系单位、签订就业协议书需要履行哪些手续、在学校规定的时间内没有同用人单位签订就业协议书时户口和档案将转到何处等，以免到了用档案的时候不知所措。

案例播报

个人档案要关注

小侯是某大学的一名毕业生，毕业后不断提高自己的业务能力和学识水平，在毕业3年后如愿考上了区直属某全额拨款事业单位，后该事业单位调阅其个人档案时才发现他的个人档案不知在何处，小侯自己也说，当年毕业的时候没有关注档案的去向，认为个人档案没有太大用处。单位经过从学校、当地人才市场和生源地人才市场多方调查，才发现小侯的档案已经在其毕业后转回其生源地的人才市场，此件事情给小侯和用人单位带来了麻烦。

三、收集就业信息的原则

大学生为了收集适合自己的高质量的就业信息，必须遵循以下五个原则。

（一）准确性、真实性原则

准确、真实是收集就业信息的首要要求，因为就业信息是否准确，是择业人员能否做出正确决策的关键。信息不准确会让大学毕业生在选择工作时产生决策上的失误。大学生在收集就业信息时，必须做到准确无误。只有准确、真实地掌握用人单位对应聘者专业、层次等的具体要求，才能知道该岗位是否适合自己，进行有针对性的准备，否则只会浪费时间、精力和财力。

（二）适用性、针对性原则

21世纪是一个信息爆炸的时代，随着社会的进步、信息技术的普及和人才市场的逐步发展，就业信息越来越多，也越来越丰富。如果收集信息时不注意适用性，就可能在众多的就业信息中把握不住方向，捕捉不到真实的、有价值的信息。为此，大学生应该首先充分认识自我，然后结合自己的专业、兴趣、需要等有针对性地收集信息。

（三）系统性、连续性原则

大多数情况下，大学生获得的就业信息来自不同的渠道，是零散的。而要对当前的就业形势和就业市场有一个整体的认识，就必须对所获得的就业信息进行加工、提炼，形成能客观、系统地反映当前就业市场、就业政策、就业动向的就业信息。

（四）计划性、条理性原则

在收集就业信息的过程中应坚持计划性、条理性原则。在收集就业信息时，首先要根据自己收集信息的目的制订计划，只有这样才能在收集信息的过程中掌握主动权。其次，要明确自己所需的就业信息是有关就业政策的、就业动向的，还是用人单位的，这样才能有的放矢，收集的信息也才能更具条理性。

（五）及时性、时效性原则

收集信息更要突出及时性、时效性，越早下手越容易掌握主动权。一般来说，大学生在毕业前一个学期就应该着手收集信息。只有早做准备，收集的信息才能全面、系统。另外，应注意就业信息的时效性，即要对收集的信息及时进行处理。

四、收集就业信息的途径

大学生收集就业信息时，不能采用单一的方式，而要多种方式并举，选择最适合自己、效

率最高的方式，要善于利用各种渠道、通过各种途径收集信息。

（一）学校毕业生就业指导中心

学校毕业生就业指导中心是毕业生获取就业信息的主要渠道，是高校学生毕业就业工作的行政管理部门，在长期的工作中与各部委或省市的毕业生就业主管部门及用人单位形成密切的联系，就业信息往往集中在这些地方。在毕业生就业的过程中，它们会及时向毕业生发布有关的就业信息，让毕业生大致了解当前社会对人才的需求状况及有关就业的政策规定，毕业生本人也可以就有关问题对其进行咨询。

在每年毕业生的就业阶段，学校毕业生就业指导中心会有针对性地、及时地向各个用人单位发布毕业生资源信息函，并以电话联系和参加各种信息交流活动等方式征集大量的人才需求信息。同时，这些部门一般在每年的 11 月至第二年的 3 月专门组织各种形式的毕业生就业招聘会，在毕业生与用人单位之间架起一座信息桥梁，从而使毕业生获得更多需求信息，这些信息数量大，针对性、准确性和可靠性都较强，是大学生求职过程中最主要的信息。

案例播报

收集就业信息对应聘的重要性

小钱是某高职院校电子商务专业的毕业生，却对 IT 有着浓厚的兴趣，刚上大二他就开始注意有关 IT 行业的招聘信息，并且选修计算机系的部分课程，还报了一个计算机进修班。他坚信：只要功夫深，铁杵磨成针。毕业前的这一年多时间，他经常关注学校网站关于就业的信息，经常利用周末假期参加社会上的招聘会，还经常协助计算机系的老师做一些小的编程工作。就这样，他对 IT 行业的就业信息可以说了然于胸。临近毕业的一段时间，他像平常一样打开了学校网站的就业信息页面，发现一家实力很强的 IT 企业要来学校招聘，于是他开始四处收集这家企业的资料，并准备自己的面试资料。终于，功夫不负有心人，凭借自己扎实的基础知识和对行业信息的充分掌握，他成功应聘成为该企业的工作人员。

学校毕业生就业指导中心是高校毕业生获取用人单位信息的主渠道，它们提供的信息无论是数量还是质量都有明显的优势。

（1）成功率高。学校毕业生就业指导中心发布用人单位招聘信息和组织招聘洽谈会的时间，往往在省、市应届毕业生大型招聘会之前，在这段时间，用人单位的人才需求信息不仅数量大，而且很集中。一般而言，在学校的招聘洽谈会上，只要大学生专业对口，并能在用人单位的考核中有突出的表现，便能顺利地与用人单位签订就业协议书。

（2）时效性强。学校毕业生就业指导中心发布的就业信息往往是最新的、最及时，这种时效性能帮助大学生掌握第一手的求职资料。

（3）信息全面。学校毕业生就业指导中心会根据上级有关部门的精神和指示，发布各种新的就业政策和规定，大学生可以通过学校毕业生就业指导中心了解本年度当地就业的变化情况及各种就业信息。

（4）可靠性强。学校毕业生就业指导中心在向学生公布用人单位的需求信息之前，往往会对用人单位的资质进行审核，很多高校实行了用人单位需求信息登记制度，即用人单位到学校毕业生就业指导中心办理“用人单位需求信息登记”手续，办理时需携带有效的材料，为了确保所登记信息的有效性，用人单位需每年办理一次登记手续。学校毕业生就业指导中心所发布就业信息的准确性和可靠性是其他渠道的信息所不能比的，这能很好地帮助大学生避免掉入求职陷阱。

(5)针对性强。学校毕业生就业指导中心发布的就业信息多是用人单位根据高校的专业设置，向上级人事部门申报了用人计划，然后向学校发布的需求信息，因此，这些信息完全是针对该校应届毕业生的，专业对口性强。而从人才市场、网络、报刊等渠道获取的求职信息，多是面向全社会的，其中很多用人单位都倾向于聘用有工作经验的人。

但学校毕业生就业指导中心只是高校的一个职能部门，其主要任务仍是服务于教育与学生，而并非专业的人才交流机构，它在用人单位的数量和范畴掌握上仍有不足。所以，大学生除了要经常关注学校毕业生就业指导中心的就业信息，还要积极主动地寻找和开辟其他渠道。

(二)人才交流会、供需见面会

人才交流会、供需见面会有的是学校主办的，有的是当地毕业生就业主管部门组织的。因为是供需双方之间见面，所以大学生不仅可以掌握许多用人信息，而且可以当场签订就业协议书，比较简单有效。

(三)社会实践和各种实习

社会实践是大学生收集就业信息的重要途径。很多高校都会在第二学年或第三学年安排社会实践或教学实习活动，有的学校和院系鼓励大学生自己主动联系实习单位，有的院系则有自己的实习基地，这些基地往往跟学校或院系有一定的合作关系或其他形式的联系，实践活动或实习活动的内容也多与大学生所学专业密切相关。校企合作有助于大学生开阔视野、接触社会，从而使大学生在了解职业的同时了解自己。在实习过程中，大学生往往能获得最及时、可靠的单位用人计划和招聘信息。

大学生如果综合素质高，在实习期间表现良好，往往能获得用人单位的好感和信任。因此，一定要把握住实践和实习的机会，而不是抱着懈怠的心理，认为实习不过是出去玩一玩、放松一下而已。

案例播报

小程的求职捷径

小程是某大学机械制造专业的学生，学习成绩处于中等水平，这使他常常为自己的前途感到担忧。为了使自己能顺利就业，小程利用实习机会收集了大量机械制造行业的招聘信息，并主动与各单位用人部门的负责人接触，从中了解了很多用人单位的用人需求。最后，小程选择了一家比较适合自己的单位去面试。由于小程对该公司的用人要求了解得比较透彻，因此在面试时从众多的竞争者中脱颖而出，得到了自己想要的岗位。

(四)网络

随着信息化、大数据时代的到来，网络的应用已经越来越普遍。网络求职对于许多求职者特别是高校毕业生来说已经不再陌生。网络人才交流是通过先进的科技手段，将求职信息及招聘信息在网上公开，用人单位和求职者可以通过网络互相选择、直接交流。网络人才

交流最大的优势在于即使求职者身在异地也能获得大量的招聘信息及就业机会。网络人才交流突破了人才信息与招聘信息沟通的种种限制，跨越了时空界限，打破了单向选择的传统人才交流格局。网络人才交流讲究的是规模效应，因此其信息容量之大是其他人才交流方式所不能比拟的。大学生不仅可以自由地从互联网上取得各种就业信息，而且能利用互联网把自己的简历放到网上。通过网络获得就业信息是最热门也是最快捷地获得就业信息的渠道。需要注意的是，网络信息具有不可过滤性，使用网络信息时需要甄别信息，以免跌入就业陷阱。因此，在网上收集求职信息时，应当注意以下几个问题：

(1)要选择可靠的招聘网站。应尽量选择大型、专业、知名的招聘网站进行浏览、注册，因为这些网站对招聘单位都要进行审核，其信息可信度高。正规的招聘网站会对个人简历的重要信息，如联系方式、电子邮箱、家庭住址等做一定程度的保密处理，只有向网站提供合法资质证明的招聘单位才能看到，安全性高。

(2)注意识别虚假招聘信息。虚假招聘信息一般有以下特点：招聘单位联系地址不详细或根本不留；联系电话为手机号码，没有固定电话号码；招聘条件非常低，工资待遇异常高；以各种理由向求职者收取各种费用；以公司手续正在办理为由，不出具相关资质证明。这些招聘信息很可能是虚假的，要慎之又慎。

(3)要防范面试陷阱。正规招聘单位一般都有固定的办公场所，若招聘单位将面试地点选在宾馆、饭店等场所，要高度注意，谨防上当受骗；若招聘单位将面试时间安排在晚上，为保证人身安全，可以和用人单位商量将面试时间改到白天。

(五)各级毕业生就业管理指导机构

国家、地方各级毕业生就业管理指导机构负责从总体上规划大学生的就业去向，是进行全国性和区域性信息交流与人才配置的政府机构，具有很大的权威性；同时也为大学生提供各种服务，尤其是政策咨询服务。这些管理指导机构主要包括教育部和省教育厅、人事厅及各市的教育局、人事局。其职责是指导大学生的就业，建立就业市场信息库，通过就业信息网，形成就业指导中心、高校及用人单位三者之间的信息共享。大学生可以经常浏览这些机构的网站，以获得准确而可靠的就业信息。

(六)大众传媒

每年大学生毕业之际，报纸上一般都会刊登一些关于大学生就业的指导信息，这些信息从不同侧面和角度反映了当年大学生就业的需求情况。在传媒业高速发展的今天，广播、电视、报纸等新闻媒体受到了招聘机构和求职者的青睐，如《大学生就业》杂志每期都刊载数量不等的招聘信息，还开辟出“择业指导”和“政策咨询”等专栏，为大学生就业提供指导。需要特别注意的是，这些信息虽传播面广、竞争性强、时效性强，但内容不具体，因此大学生需要做进一步的分析与了解。

(七)人才服务机构

随着社会主义市场经济的发展，我国的人才市场中介机构也应运而生。这些机构不仅提供了许多不同的职位信息，还提供了一次极好的锻炼面试技能和增强面试自信心的机会。

(八)人际关系网

在收集就业信息时千万不要忘了自己周围的亲戚、朋友等，也许他们会给你提供一些机会。实际上大多数用人单位更愿意录用经人介绍和推荐的求职者,他们认为这样的人比较可靠。当然,人际关系要靠自己维护。一般而言,可以为我们提供就业信息的主要有以下几类人。

(1)家人。家人提供的就业信息主要来源于其个人的社会关系,相对固定,也有一定的局限性。此类信息一般不反映就业市场的实际供求状况,往往不太适合那些专业比较特殊、学生本人就业个性比较强或具有某些竞争优势的大学生。家长、亲友所提供就业信息的数量和质量有很大的差异性。对有些大学生来说,家人提供的就业信息是其主要的就业信息;而对另一些大学生而言,则可能只是聊胜于无。

(2)学校的教师。学校有不少教师与校外的研究所、企业合作开发科研项目,大学生可以通过专业教师获得有关这些企业的用人信息,从而不断补充自己的信息库。学校的教师作为非正式的就业信息渠道,所提供的就业信息具有来源有限、内容可靠等与家人提供的就业信息相似的特点。

教师比较看重大学生的学习成绩、在校表现及资质、能力、特长,其提供的就业信息是经过筛选传递给大学生的,可靠性比较高。教师在给大学生提供信息时,会考虑大学生的就业意向与职业的匹配度,针对不同大学生提供不同的就业信息。

(3)校友。校友是近似于教师的非正式就业信息提供者。尽可能多地找一些自己的师兄、师姐,了解是否可以在他们单位就业。这并不意味着大学生能够获得一份工作,但至少能使其得到一些有关该企业的信息,从而对其有更深入的了解。

校友提供的就业信息的最大特点是适合本校大学生,尤其是本专业大学生在人才市场上的供求状况及其在具体行业中的实际工作、发展状况,近几年毕业的校有更丰富的就业信息获取、选择经验和体会,因此他们提供的就业信息比其他的就业信息更有参考和利用价值。

五、就业信息的整理

大量就业信息是择业的前提,但这并不是就业的充分条件。由于信息来源和获取方式的局限性,开始得到的信息一般比较杂乱,有的甚至虚假不实,往往不能直接利用。因此,在广泛收集就业信息后,大学生应该结合自己的实际情况,对就业信息加以筛选处理,去粗取精,去伪存真,有目的、有针对性地进行分析、筛选和鉴别。

(一)就业信息的分析

对就业信息的分析包括定性分析、定量分析和定时分析。所谓定性分析,是指对信息进行质的分析,如对就业信息中应聘条件、岗位特点、招聘对象的分析;所谓定量分析,是指从数量关系上对就业信息进行分析,如对某一职业岗位所需人数与应聘人数之间关系的分析;所谓定时分析,是指对一定时间内就业发展趋势进行分析。进行就业信息分析常用的方法有对比分析法、综合归纳法和典型分析法。

(二)就业信息的筛选

对就业信息进行筛选时主要应审核信息的真实性、时效性和价值性。对信息的真实性进行筛查就是要排除虚假信息;对信息的时效性进行筛查就是要排除过期无效的信息;对信息的价值性进行筛查就是要认真分析它们对于自己的不同价值。例如,某些岗位信息符合

自己的职业方向、兴趣爱好、发展要求等，那么这类信息就比较有价值；反之，就是无价值的就业信息。筛选就业信息时应注意以下几点：一是善于对比，二是掌握重点，三是了解透彻，四是适合自己。

（三）就业信息的鉴别

鉴别就业信息的目的主要是辨别其真伪、权威性及适用性等，鉴别的对象主要是前一阶段加工整理的信息。要想弄清信息的真伪，就需要知道其来源于何处、是谁提供的、提供者的依据是什么等。要想辨别信息是否具有权威性，就需要了解其来源与质量，掌握信息提供者的背景，比较同类信息的深度。要鉴别信息是否具有适用性，就需要首先了解自身的需求和特征。

案例播报

信息鉴别不当的后果

即将大学毕业的小张在寒假时参加某市的毕业生供需见面洽谈会，当时有一家国有企业在会场招聘应届毕业生，小张觉得单位位于沿海开放城市，工作环境、工资待遇、发展前景等方面都很有吸引力，而自己也比较符合单位的招聘条件，经过初试和复试，小张与单位正式签订了就业协议书。小张回想起这段经历，脸上还不时浮现出笑容，能在大学生就业形势如此严峻的情况下找到这么中意的工作，算是一个十分幸运的人了。

几天后，小张却愁容满面地来到学校毕业生就业指导中心，向老师咨询毕业生解约的相关问题。老师问他："小张，你签的单位在你同学中算是很好的了，怎么还没有报到就要解除协议呢？是不是和单位之间有什么不愉快？"小张说："其实，我和单位之间并没有什么不愉快，彼此都挺满意的，只是刚接到了单位人力资源部打来的电话，说由于在招聘的时候没有注意到A市人事局关于本年度毕业生引进的相关规定，参照我个人的条件，单位无法为我办理人事关系接收手续。"小张接着向老师详细说明了情况：小张在寒假期间和单位签订就业协议书时双方都没有注意到A市人事局关于人才引进的相关政策，当单位到A市人事局准备为小张办理人事关系接收手续时才发现小张不符合接收条件，原因是A市人事局出台了新的接收高校应届毕业生的政策。新政策规定，外地生源应届高校毕业生到A市工作，需要毕业证、英语等级证、计算机等级证书"三证"齐全才能办理接收手续。小张目前还没有考取计算机等级证书，又是外地生源，所以A市人事局无法为小张办理人事关系接收审批手续。小张只好与原单位解除就业协议，重新寻找工作。前几天小张向学校毕业生就业指导中心提交了省外就业协议书，他已经和深圳的一家企业签订了就业协议书，而且已经完成了人事关系转接的审批手续。回想起这一波三折的就业经历，小张感慨地说："磨刀不误砍柴工，大学生在找工作之前一定要了解清楚各种就业信息，这样才能少走弯路。"

六、就业信息的运用

就业信息的运用过程实际上就是一个将职业与自我进行匹配的过程。要学会合理、充分地利用经过分析而筛选的有效信息，这样才能把信息的无形价值转换成实实在在的成功择业收益。在运用就业信息时要把握好以下几点。

（一）共享信息资源

在自己获取的就业信息中，有的对自己无直接用处，但可能对他人有用。遇到这种情况时，大学生应主动将这些信息提供给他人，避免信息资源的浪费。这样做可以帮助别人，而被帮助的人在获取有益的信息时，也会及时给予自己反馈。从这种角度来看，帮助别人等于帮助自己。

（二）根据就业信息完善自己

在收集了大量的求职信息之后，大学生可以从这些信息中分析、总结出用人单位对人才的整体要求，或者多数用人单位比较看重的素质和能力，然后便能清楚自己的长处和不足，从而扬长避短，参照信息不断发展和完善自己，这会对今后的求职大有帮助。事实上，这项工作要尽早进行，大学生在大学读书期间就要经常浏览学校毕业生就业指导中心的网站，经常与毕业班的学生或已经毕业的校友交流，寻找机会参加一些与专业相关的兼职工作，这样才能对市场需求有更深刻的理解。很多大学生在多次碰壁之后，感叹："原来用人单位都喜欢要有工作经验的人。"不要做一个只会读书、只会考试的人，而要做一个半社会化的人，多与社会接触，为自己积累工作经验。

大学生不能在临近毕业时才去探究、总结招聘信息及社会对人才的素质要求，这样就错失了很多发展和完善自己的机会，最终只能不断的失败、不断的尝试。

（三）灵活应用信息

用人单位虽然对所招聘的人员有专业、能力、生理条件等各方面的要求，但这些要求并不是一成不变的。尤其是有些招聘信息写着"一般需要具备"或"特殊情况下可放宽"等，即使自己不完全符合其招聘条件，也可以尝试投递简历。最好的情况就是，让用人单位相信自己是"特殊"的而不是"一般"的，在个人简历中展示自己"不一般"的才能、经历和水平。在就业信息面前，大学生需要冷静地、认真地分析自己的优势和劣势，不要因其中某个条件达不到用人单位的要求就轻易放弃，头脑要保持灵活，要相信自己的实力，要努力争取。

（四）注意信息的时效性

就业信息一般有时间限制。在收集就业信息时，应特别注意信息是否公布了招聘日期，若有则应该在规定的时间内应聘。一旦看准就业信息就要有所行动，把握良机，找到自己心仪的工作。

（五）把握适度原则

大学生在初次就业时，往往不能正确定位，过分注重就业信息中的薪资与职位，甚至会选择一个薪资较高、压力过大且不适合自己的工作，而放弃一个待遇一般却适合自己并大有发展前景的工作。

把握适度原则有两方面的含义：一方面指的是自己的个性、需求等情况与职业要求相符合，另一方面指的是自己通过努力能够胜任所从事的工作。如果工作难度过高而自己通过努力很难胜任，那么自己在今后的职场生涯中就会力不从心、压力重重，从而产生强烈的挫败感，工作效能很低；如果工作难度过低，自己在步入职场之后就会有一种大材小用、单调乏味、英雄无用武之地的感觉，久而久之，便会失去积极性和热情。

专题二　求职心理准备

就业是每个人所面临的重大难题，尤其是对大学生来说，就业是人生的重大转折点。“双向选择，自主择业”这一制度的建立对大学生的心理素质提出了新的要求，加之高校连续扩招，就业人数急剧增加，就业难度日渐增大，给广大的毕业生带来了巨大的压力。

一、大学生就业心理的特点

大学生就业心理很复杂，不同类型、学校、年级的大学生就业心理会表现出不同的特点。

（一）就业心理倾向方面

就业心理倾向是指对大学生就业有推动与指向作用的那些具有心理动力性的心理因素。它决定着大学生对就业活动的认识、评价与态度，并在很大程度上影响着大学生的就业行为。它主要包括大学生的职业需要、动机、兴趣、价值观等。当前大学生的就业心理倾向表现为以下三个特点：

（1）多元化与一致性。不同的择业标准都得到大学生的一定认可，价值标准的多元化凸显。同时，不同地区、性别、专业的大学生在职业选择标准上也存在一定的一致性，不同类型大学生的总体择业观念差异不大。

（2）务实性。如今，“95 后”大学生已经走向职场，这一代人把“地位”“声望”等东西看得比较轻，而更重视个人发展、经济收入等因素。

（3）变化性。大学生处于特殊的生理阶段，处于即将走向成熟又未成熟的时期，情感丰富但情绪不稳定。刚步入社会，大学生现实就业情况与自身想法有一定差距时，就业心理倾向就容易随着外部环境的变化而波动。

（二）就业心理素质方面

就业心理素质是指对大学生就业有重要影响的心理能力、活动水平及人格特点，它涉及的内容非常广泛，主要包括业务能力、职业成熟度和就业人格特点三个部分。就业心理素质是大学生在大学期间的就业准备及其他活动，如学习、社会实践影响下形成的比较稳定的就业心理特点，是大学生顺利就业、应对就业挫折、实现职业适应及形成各种就业心态的心理基础。具体表现为以下几个方面：

（1）业务能力相对稳定。大学生业务能力提升是一个长期的过程，主要是通过学习、训练与实践而获得，而且一旦形成就比较稳定，它与人的智商、实践能力等因素密切相关。业务能力又可分为专业内的业务能力和专业外的业务能力两个部分。目前，社会要求大学生具有一专多能的业务能力。

（2）职业成熟度有起伏。大学生的职业成熟度主要是指与求职密切相关的职业心理能力和活动发展水平。如果大学生能清楚地认识自己的心理特点，根据自己的心理特点及对职业的要求合理选择职业，并采取可行的措施求职，那么其职业成熟度就高。

（3）就业人格特点表现不同。大学生的就业人格特点是指与大学生就业活动关系密切的人格因素，是大学生的人格特点在就业中的具体表现。它包括职业道德、挫折忍受力、压力应对方式、自信心、人际交往、积极性、竞争性、合作性、进取精神、冒险精神、创新精神等。

这些人格特点会影响大学生的就业情况和心理健康水平。

（三）就业心态方面

就业心态是指大学生在涉及有关就业问题时，特别是在准备就业与寻找职业的过程中形成的具体的心理状态，如焦虑、失落、信心百倍、犹豫不决等。大学生的就业心态既与他们的个性品质、个人能力、职业价值观等较稳定的心理特征有关，也与就业时所遇到的情境有关，如就业顺利或遭受挫折等。就业心态是了解大学生就业心理倾向、就业心理素质的重要渠道。大学生就业心理健康问题常常通过各种不正常的就业心态表现出来。

专题链接

影响大学生就业心理的因素

1. 主观因素

人与人之间存在个体差异，不同的个体具有不同的能力、个性。在大学生择业过程中，这些个体差异均有可能引发心理障碍。具有较强能力的个体在择业中容易表现出自信、积极、勇于竞争的心理状态，但也可能自视甚高，极端自傲；能力较弱的个体有可能表现出消极、等待、退缩的心理状态。有的大学生人格不健全，如抗挫折能力差、意志薄弱、竞争与进取精神不强、团队精神和冒险精神差；有的大学生重功利，轻奉献，重稳定，不敢选择有风险、有挑战性的职业，更不敢自主创业。

2. 社会环境因素

人是社会性动物，生活于社会中的个体难免会受到社会环境的影响。自 20 世纪 90 年代我国就业制度改革以来，大学生获得了更大的择业自主权和更广阔的空间。但随着高等教育由“精英教育”走向“大众教育”，大学毕业生数量在短期内急剧增加，而就业总需求则增长缓慢。大学毕业生人数的激增无疑使已经供大于求的就业市场的供求关系更加失衡。另外，当前就业市场发展尚不完善，社会上还存在不少不规范的就业行为，存在着优秀毕业生不能优先就业、差生凭借关系找到好单位的现象；就业体系不完善，存在不同程度的行业壁垒和地方壁垒。上述社会因素客观上给大学生就业带来了重重压力，他们要找到一份合适的工作实属不易，因此极易产生焦虑、急躁等就业心理障碍。

3. 学校因素

当前大学生在就业过程中产生的心理问题与很多高校教育质量不高、管理体系不完善、就业指导不到位等有密切关系。部分高校的专业设置、学科结构、课程体系、教学方法和培养培训模式相对滞后，不能适应当前市场对人才素质的要求，可以说“适销不对路”是高等教育最大的问题。另外，高校就业指导力度有待加强，就业指导仍然存在政策教育、思想教育唱主角，对大学生职业生涯规划的指导及择业能力的训练较少，对大学生择业心理素质的训练和辅导还停留在表面，一些切实、个性化的指导还未能适应形势发展的需要等。因此，大学生在求职过程中难免会遭遇挫折，出现迷惘、消极、怨天尤人等不良就业心理状态。

4. 家庭因素

家庭是社会的细胞，家长是子女的启蒙教师。家庭的教育方法、家长的价值观念都影响着大学生的心理发展，因此大学生求职择业时会不可避免地受到家庭的影响。一些大学生

的家长在传统思想和观念的支配下，不考虑子女的主观意愿，强行为子女设计自认为最好的发展路线，从而造成了家长与子女之间的矛盾；还有些家长为了使自己的子女找到一份理想的工作，不惜一切代价动用自己的关系为子女就业铺路搭桥，安排工作，这使一些大学生不再为择业而担心，从而助长了他们的依赖心理。

二、大学生就业前的心理准备

求职择业是人生中的重大转折点。为了顺利就业和取得职业生涯的成功，大学生除了要做好知识方面和能力方面的准备，还应保持积极向上的就业心态，及时进行心理调适，勇敢迎接就业挑战。

（一）正确认识和评价自己

大学生选择职业的过程实质就是个人的主观愿望和社会需求的有机结合。每个大学生均应冷静思考自身的条件和就业定位，分析个人的优势与不足，这是大学生择业成功的前提和基础。“世界上没有两片完全相同的树叶”，人的个体差异更是不胜枚举，每个人都有自己特定的气质、性格、兴趣、能力、特长等。借助科学测评手段进行准确的自我评价，有助于做出适合自己的求职决策。

案例播报

莫道英雄无用处，基层做起有道理

大学毕业生小钱来自河北农村，在校期间学习非常刻苦，成绩一直排在班级前5名。毕业时他希望留在杭州，所以当有一家杭州的企业同意录用他时，他兴奋不已，而该企业也求贤若渴，立即与小钱签订了就业协议书，但在就业协议书上备注了以下条款：

（1）试用期3个月，其间必须下车间锻炼。

（2）服务期5年，若5年内提出调动、考研等要求，需向本单位缴纳每年3 000元的违约金。

（3）其他未尽事宜按本单位相关规定执行。

小钱一心只想把留杭州的事定下来，所以毫不犹豫地在就业协议书上“毕业生本人应聘意见”一栏签上了“同意”二字。正式报到后，小钱被通知下生产车间实践3个月。车间“三班倒”的工作渐渐地让小钱心理不平衡，他看到当初学习成绩不如他的同学一个个在机关事业单位、外贸公司落了脚，心里更不是滋味，他认为在车间埋没了他的才华，所以也不认真去做，整天牢骚满腹。3个月试用期满，单位考虑引进一个专业对口的大学生不容易，还是把小钱转到了科研所，企业领导还专门找小钱谈话，告诉他单位对他的重视，希望他能安下心来好好工作。开始几天倒听不见他的牢骚了，可好景不长，他认为像他这样优秀的人才到企业单位本来就屈才，现在自己还干这样的工作。这些牢骚渐渐地传到了企业领导那里，企业领导逐渐对他产生了不脚踏实地、好高骛远的印象。工作了两年多，小钱还在科研所当科研员。这时他萌生了考研的念头，并为之积极准备起来，日常工作他能推则推，科室同事和领导对他意见很大。最后小钱通过缴纳违约金的方式与企业解除了合约，全力准备考研。结果那年，小钱并没有考上研究生，他成了待岗青年。现在小钱回到了老家，准备继续考研。

(二)做好转换角色的心理准备

在大学校园里,绝大多数大学生都过着一种相对单纯且有保障的生活,因为没有经历过社会的磨炼和挫折,所以一部分大学生对问题的看法总是有点理想主义,与社会现实存在一定差距。随着毕业临近,大学生的身份也将发生变化,这就是所谓的角色转换。角色转换需要大学生抛开幻想,面对自主择业这一社会现实及时进行角色调整。只有这样才能有充分的心理准备应对激烈的就业竞争。大学生只有充分认识到这种角色的转换和变化,充分了解社会就业的现实,才能正确地看待自己的身份——就业劳动大军中的普通一员,才能自觉投身择业者的行列,寻找适合自己的位置。

(三)对严峻的就业形势有心理准备

近些年,随着高等教育规模的不断扩大,高校毕业生人数急剧增长。但是,目前这种就业紧张状态只是人才相对过剩造成的。所谓人才相对过剩,是指国家培养的大学生不是多得用不完,而是呈现出需求不平衡的状况。例如,边远地区和基层单位急需人才却"无米下锅"。所以,有理想、有抱负的大学生应该审时度势,做好到边远地区或基层单位工作的心理准备。

(四)做好就业遭遇挫折的准备

求职过程是一个竞争的过程,有竞争就会有失败。当前,受多种因素的影响,大学生的就业理想与现实常会出现一定差距,普通大学生在求职择业过程中遭受一些挫折在所难免。新时代的大学生应该对自己和就业形势有清醒的认识,预想到可能出现的障碍和挫折,不怕失败,及时总结经验和教训,越挫越勇,提高自己应对各种突发事件的能力,用积极的态度、适宜的方法对待挫折,从而培养自己对挫折的良好适应能力,主动调整求职策略,以期成功就业。

(五)克服依赖心理,实现真正自立

在我国,大学生在毕业前大多依赖父母、老师的帮助,没有实现真正意义上的自立。因此,有些大学生在择业过程中缺乏自信,把希望寄托在"拉关系""走后门"上。实际上,大学生应该意识到现实社会是一个竞争激烈的社会,是一个需要每位社会成员积极参与竞争的社会,应该充分认识到自己才是求职的主体,要发挥自身的主动性,树立强烈的主体意识。

总之,面对人生的转折,大学生要充分做好心理准备,顺应社会发展。古人云:"凡事预则立,不预则废。"只有未雨绸缪,才能临阵不乱。

三、大学生常见的不良就业心理

(一)自卑心理

自卑心理多见于自我意识发展不健全的大学生及性格内向或有生理缺陷的大学生。在屡遭挫折之后,一些大学生容易产生强烈的自卑心理,胆小畏缩,觉得自己事事不如人。自卑心理的产生主要有以下几个原因:

1. 缺乏正视现实的心理基础

每个人对未来都有美好的追求,在择业中这种追求和憧憬更为强烈、更为丰富。经过大学生活,大学生的知识羽翼已渐丰满,面对汹涌的市场经济大潮,他们豪情满怀,准备搏击一番。然而,大学生毕竟涉世尚浅,接触社会较少,其理想往往会脱离社会实际。在择业中,他

们并未考虑自己的知识、能力、性格、爱好、气质等是否适合所向往的工作，从而出现了理想的自我膨胀与现实的自我萎缩的矛盾。许多大学生由于对职业的期望太高，面对学校提供的就业信息不及时进行选择，浪费了信息。

2. 缺乏艰苦创业的思想准备

大学生在择业时对自己的人生充满了希望，但往往缺乏艰苦创业的心理准备，不愿到艰苦的地方去，不愿到边远地区去，不愿深入基层。许多大学生幻想生活的道路平坦笔直，只想涉足大城市、大企业、工作条件好的单位。于是边远地区等很少有人问津，而大城市、大公司、沿海地区人满为患。

3. 缺乏竞争的勇气

就业制度为大学生择业提供了公开、公平的竞争环境保障。在这样的大环境中，竞争让一部分大学生感受到了压力，无所适从。的确，出于种种原因，如今理想的竞争环境还没有真正形成，许多大学生往往因自己所学的专业不热门、长相不如别人、成绩不如别人、口才不如别人等而自卑，缺乏竞争的勇气，心理上先打退堂鼓。大学生如果把现阶段就业过程中一些行业和其他原因造成的影响因素视为不公平、不公正，那么势必产生一定的心理障碍，使自己在就业过程中失去勇气。

案例播报

自卑的小李

小李是一名毕业于某高职院校的女大学生，在校期间专业成绩优秀，还担任过校学生会主席。3 年学习下来，其能力得到了很大的提升，无论是语言表达能力还是为人处世能力都得到了较大提高，在就业初期也满怀信心。但由于专业冷门和学校名气不大，她在几家工作单位都碰了壁，结果产生了自卑感，认为自己能力不足、学历不高，处处不如别人。在后来的求职过程中表现越来越差，陷入恶性循环不能自拔，甚至到新的用人单位面试，只能被动地问“我是学某某专业的要不要”，其他什么话都不敢讲，最终在毕业时未找到就业单位。

4. 缺乏把握机遇的勇气

一方面，大学生的自我意识日趋完善，对自我的存在及意义有了较明确的认识，在就业中已经意识到自己将作为人才被社会使用，将为社会贡献自己的聪明才智；同时，要求社会能够认可“自我意识中的我”，并以此为标准进行就业。另一方面，大学生由于人生观、价值观尚未最终定型，加上社会大环境的影响，往往不能客观地分析和评价自我。有的大学生对自己的评价偏高，缺乏承受挫折的心理准备。多数大学生在就业时或者期望值过高，不能较好地把握机遇；或者期望值过低，缺乏主动竞争和把握机遇的勇气。有自卑感的学生可以在求职前进行积极的自我暗示，努力克服自卑心理。

专题链接

你是否心存自卑

自卑是心理问题主要的症结之一。大多数心理障碍产生的原因都可以归结到自卑上。

我们不妨进行一个自我测试，你若有兴趣知道自己是否也心存自卑，就请认真完成以下10道题。答“是”或“否”。

1. 遇到难事，你想寻求帮助，但又不愿开口求人，怕被别人取笑或轻视。

2. 当别人遇到麻烦时，你常会有幸灾乐祸的感觉。

3. 你喜欢向人炫耀自己的能力和“光荣历史”。

4. 你认为学习成绩、工作成绩是很重要的。

5. 你觉得入乡随俗是一件困难的事。

6. 你觉得人的面子最重要，轻易认错是很失面子的行为。

7. 你害怕见陌生人或到陌生的地方。

8. 你常自问“我能行吗？”这类问题。

9. 你常觉得自己是不利处境下的牺牲品。

10. 你是一个爱慕虚荣的人。

评分标准：答“是”得1分，答“否”得0分。

结果分析：

0～2分，你很有自信心，能与人和睦相处。

3～6分，你缺乏自信心，可能行事保守，缺少魄力，但这也许能使你安于现状，生活在一种平静无事的环境中。如果你认真反思一下，把你认为能做的事和想做的事列成表格，你会发现，事实上你能做的事要比你想做的事多一些。

7～10分，你有一种强烈的自卑感，即使你在表面上自信、自负或自傲，但你很可能在自负和自卑之间徘徊。有时这种性格上的矛盾令你感到痛苦或害怕，你要想办法采取行动，消除自己的自卑感。

（二）攀比心理

在就业过程中，由于每个人生活的环境、家庭背景、能力和性格及机遇是不尽相同的，因而在择业目标、职业选择上不具有可比性。而部分大学生争强好胜，虚荣心较强，容易产生攀比心理。不少大学生在就业过程中忽视自身的特点，对自我缺乏客观正确的分析，不从自身实际出发，不考虑所选单位是否适合自己，而是盲目攀比，不屑到基层工作，总想找一份比别人优越的工作，这种攀比心理使得不少大学生迟迟不愿签约。

案例播报

频繁跳槽的原因

小张今年25岁，现就职于一家图书出版公司。2020年毕业的他已经更换了3份工作。对于第一份工作，小张不太满意，当时是因为看到其他同学都已经找到工作，自尊心较强的他碍于面子，草草与一家单位签订了就业协议书。但参加工作1年后，其他的同学或者收入增加，或者升职，而自己却每天重复相同的事情，薪资和职位都没有变化，于是就辞职了。之后也是由于看不到升职加薪的希望而频繁跳槽，徘徊在入职与辞职之间，2年间换了3份工作。他这样评价自己：“我原来的看法是，不要急于给自己的人生定向，应该多和周围的人比较，这样才能有目标。这几年，我一直试图寻找一份使自己满意的工作。我先是在房地产公

司上班，后来又干过保险、公关等工作，最近又进了一家小型的图书出版公司。频繁地跳槽并没有让我升职加薪，而总是从底层做起。有一次同学聚会，看见一些同学已经小有成就，想想自己，又惭愧又不服气，立刻就又想辞职找一份更好的工作。”

(三)从众心理

部分大学生不能客观地分析社会需求，对自己的竞争能力缺乏信心，因而在就业时产生了随波逐流的从众心理。还有的大学生表现出情绪的极端性，心境受到多重就业因素的影响，面对现实缺乏应有的判断能力，求职缺乏计划性。

从众心理主要表现为：在就业过程中，部分大学生容易忽视自身所学专业和特长而盲目从众，在择业单位上，盲目追求物质享受，千方百计进入外资企业和事业单位等。在从众心理的驱使下，很多人共挤独木桥，使得择业面变窄，直接导致求职失败和困难。需要注意的是，工作的好与不好是相对的，只有适合自己的才是最好的。

专题链接

你有没有从众心理

客观上讲，每个人都有不同程度的从众心理。通过下面的测试，看看你的从众心理有多强烈。

1. 你周围有比较多的朋友在谈恋爱，你会有谈恋爱的想法吗？

A. 是　　B. 不确定　　C. 否

2. 在过马路时，明明是红灯，可是除你以外的所有行人都在闯红灯，你会怎么办？

A. 跟着闯红灯　　B. 不确定　　C. 在原位等待

3. 你发现你的很多同学对待学习比较敷衍，你觉得你受到他们的影响了吗？

A. 是　　B. 不确定　　C. 否

4. 如果班上有较多的同学在为考试升学做准备，你会和他们一样也去考吗？

A. 是　　B. 不确定　　C. 否

5. 你走进一间电梯，发现大家都戴着一顶帽子，这时你会觉得怎样？

A. 头上凉飕飕的　　B. 不确定　　C. 他们戴帽子不关我的事情

6. 你觉得自己将来会选择大多数人想从事的那些工作吗？如公务员、医生、教师等。

A. 是　　B. 不确定　　C. 否

7. 在一个讨论上，你的观点和其他人的观点不一样，此时你会怎么做？

A. 放弃自己的观点　　B. 不确定　　C. 坚持自己的观点

8. 如果周围的人都在用一件东西，而你的经济能力不允许，你会想办法得到它吗？

A. 是　　B. 不确定　　C. 否

9. 你是否习惯于做大家都觉得对但不是出于自己意愿的事？

A. 是　　B. 不确定　　C. 否

10. 冬天到了，你并没有觉得很冷，但当大家都穿得很厚时，你会怎么做？

A. 也穿得很厚　　B. 不确定　　C. 按照自己的感觉增减衣服

11. 你习惯于在思考问题前参考主流的看法吗？

A. 是　　B. 不确定　　C. 否

12. 你喜欢大家都喜欢的东西，是因为你害怕别人说你落伍吗？

A. 是　　B. 不确定　　C. 否

13. 天上下着小雨，你拿出伞，发现大街上没有一个人撑伞，你会怎么做？

A. 不撑伞　　B. 再走一段，没人了再撑　　C. 撑伞

14. 你在没有弄清事情的经过时，是否会跟随主流对客观事实产生看法？

A. 是　　B. 不确定　　C. 否

15. 当周围人都在使用某款流行的智能手机时，你是否也想购买？

A. 是　　B. 不确定　　C. 否

16. 坐电梯时，电梯迟迟不来，乘客都走楼梯了，这时你会怎么做？

A. 走楼梯　　B. 不确定　　C. 等到电梯来了坐电梯

17. 你是否觉得跟着大众走，即使错也不会错太多，所以有没有自己的看法也无所谓？

A. 是　　B. 不确定　　C. 否

18. 你是否认可现在的家长给孩子报各种培训班，以让孩子不落后于其他孩子的做法？

A. 是　　B. 不确定　　C. 否

19. 中午大家都想吃麦当劳，你想吃肯德基，此时你会怎么做？

A. 和大家一起吃麦当劳　　B. 买肯德基到麦当劳吃　　C. 自己去吃肯德基

评分标准：每小题选 A 得 3 分，选 B 得 2 分，选 C 得 1 分。

结果分析：

39 ~ 57 分，你具有较强的从众心理，对人对事容易随波逐流。

20 ~ 38 分，你具有中等程度的从众心理，对人对事有时会有自己的主意，有时也会随波逐流。

20 分以下，你具有较弱的从众心理，对人对事有自己的思考，具有较强的独立性。

（四）焦虑心理

焦虑心理是由于意识到就业客观形势与自我主观意愿的矛盾而产生的心理体验。就业前的一段时间，即将毕业的大学生既要完成学业，又要准备升学等，还要不断了解就业信息，奔波于用人单位和学校之间，一部分人在心理上出现紧张、不安、烦躁、忧虑、恐惧等情绪。

一般来说，轻度的焦虑属于正常现象。适度的焦虑会使人产生压力，消除自身的惰性，增强自我的进取心，产生求胜的心理和行为。但是，如果被过度焦虑甚至沮丧的情绪长期困扰，就会产生压抑、抑郁心理，当自己不能及时化解这些情绪时，心理健康水平就会受到影响，进而影响个人主观能动性的发挥，埋没个人的潜能和才华。

案例播报

小罗的苦恼

大学生小罗来自农村，父母是农民，家里还有弟弟在读书，而她由于着急在城市中立足，表现出了强烈的焦虑情绪。

“如果我找不到工作，贷款怎么还？弟弟读书怎么办？”对于自己的苦恼，小罗直言不讳。

想到在家辛苦务农的父母，想到正在读高中的弟弟，想到一毕业就有几万元的助学贷款要还在面试前她的眼泪夺眶而出。

小罗说，她当过学生会的干部，还是班里的文艺骨干，一直对自己充满信心。可一次失败的面试经历，让她对找工作产生了恐惧。她当时应聘一家建筑集团的会计岗位，面试官让她谈谈自己的职业规划。那是她第一次参加面试，根本没想好自己想做什么、能做什么，结果可想而知。在这之后的几次面试，她似乎还没走出第一次面试的阴影，连连碰壁。过年回家，父母问起找工作的事情，小罗总是支支吾吾，后来干脆早早返校。眼见很多同学已经签约了单位，她急得像热锅上的蚂蚁。

(五)自傲心理

某些大学生自恃学有所长，认为“天生我材必有用”，过高评估自己，在就业时往往以个人的主观标准衡量社会需要，结果常常是“高不成、低不就”。自傲心理在大学生身上最为突出。一些大学生受陈旧观念的影响，以“天之骄子”自居，自认为高人一等，过高估计自己的知识水平和能力水平。在就业过程中，有的大学生好高骛远、自命不凡、眼高手低，给用人单位留下浮躁、不踏实的印象，不受用人单位的欢迎；有的大学生则就业期望过高，想法脱离实际，怕吃苦、讲实惠，不愿到基层和艰苦地区等急需人才的地方工作，就业目标与现实之间存在巨大反差；有的大学生不能摆正自己的位置，对自己的劣势和困难估计不足，认为自己具备很多优势，如学习成绩优秀、政治条件好、专业需求多、求职门路广等，把就业目标定得很高，一心一意向寻找高薪工作，结果屡屡受挫。

(六)急功近利心理

不少大学生就业时过分看重经济、地位等，追逐功利，一心想进大城市、大机关，只想去挣钱多、待遇好的单位，甚至为了暂时的功利抛弃所学的专业知识。这种心理虽然能够得到一些眼前的利益，但从长远发展来看，则是不明智的。因为人们在物质需要得到满足之后，会渴望心理需要的满足，当意识到事业才是人生永恒的支柱时，烦恼便产生了。因为贪图享乐而放弃事业，终究要为此付出代价。

(七)患得患失心理

职业的选择往往也是对机遇的一种把握，错过机遇，就会与成功擦肩而过。一些大学生在就业的过程中“吃着碗里的，看着锅里的”“这山望着那山高”，殊不知任何的患得患失都有可能与成功失之交臂。一些大学生“不管三七二十一”，找到一个单位就草草签约，然后又将自己的目光投向待遇好的单位，最终陷入违约的泥沼，丢失诚信，这些都是大学生走入就业误区的心理障碍。这种患得患失的心理使大学生在众多的选择中迷失了方向，当断不断，错失就业良机。有些大学生在上报就业定位计划后，还多次违约、毁约，既影响了自己的个人就业心态，也影响了用人单位的正常录用工作。

案例播报

患得患失不可取

小刘是一名条件相当优秀的大学毕业生，在校期间多次被评为三好学生、优秀学生干部，还经常参加各种社会实践活动，很受学院老师的喜欢。在老师的推荐下，他与一家经济效益很好的单位签约了。在找到工作后，下学期他就在院办公室帮老师处理一些毕业生的事情，因此了解了更多的就业信息，其中有不少信息诱惑性很大，这时他开始动摇了，产生了单方面毁约的念头。他把心思告诉老师后，老师劝他别“这山望着那山高”，并给他分析签约单位的优势及发展前景。于是他便继续安心在办公室帮忙。

可是随着他不断获知其他信息，他安分的心又按捺不住了，最终与签约单位解约，去一家规模较大的单位应聘并签订了就业协议书，尽管新单位给他的待遇与原来单位差不多，“但是毕竟是大公司，瘦死的骆驼比马大，一旦将来有什么变化，大公司也有它的生存优势。”他给自己的毁约找到了合理的借口。在他为入职做准备时，新的诱惑又出现了，一家外企以绝对的优势和诱人的薪资来校园招聘，而他的专业也在需求之列。以他的成绩和在校所拥有的荣誉，进入竞争行列应该有很大优势。这样的诱惑让他决定再搏一次。于是他以种种理由拿到第二份解约函，与签约单位解约，并支付了2 000元的违约金。最后，他进入外企。但不久他就辞职了，理由很简单：工作强度太大，自己无法适应其管理模式，没有自己的生活，感觉太累。

(八)依赖心理

一些大学生缺乏独立意识，在就业上过分依赖他人。一方面过分依赖学校，他们的观念还停留在当初的统招统分阶段，到现在还存在等毕业分配的思想，不主动寻找工作单位，等着学校给他们介绍单位；另一方面过分依赖家人和亲友，在各种人才交流会上总是可以看见有些父母陪同子女在用人单位的展位前徘徊。

有依赖心理的大学生缺乏主动参与意识和竞争意识，信心和勇气不足，在社会为其提供的就业机会面前顾虑重重，不能主动地参与就业市场的竞争，不能积极地向用人单位展示自我、推销自我，不能依靠自身的努力获得竞争和用人单位的青睐，而是寄希望于学校，寄希望于地方毕业生就业主管部门，缺乏就业的主动性，等靠思想和依赖心理严重，使自己在就业中处于劣势地位。

案例播报

谁在参加面试

21岁的大学生小唐在父亲的陪同下去应聘。令招聘人员惊讶的是，小唐一言不发，其父亲却一个劲儿地向招聘人员询问：“你们公司每个月工资多少？工作环境怎么样？中午管不管伙食？”小唐比较羞涩，有时候准备插上一两句却被父亲打断了，便索性玩起手机。

小唐由父亲陪同去应聘，一方面是由于小唐性格上存在一定缺陷，如比较羞涩等，同时折射出其对家长过于依赖；另一方面，小唐的父亲过于强势，凡事都不放心让孩子独自去做。这不是一种好现象。首先，这增加了小唐应聘的失败概率。大多数用人单位对家长过分介入孩子的求职过程是比较反感的，认为这样的孩子独立性不强，心智还不成熟，自然不愿意招聘这样的人入职。其次，小唐即便能应聘成功，但由于是父亲“包办代替”的，也存在相当大的不稳定性，说不定干不了多久就会离职。再者，小唐的应聘都由家长张罗，说明其还没有“断乳”，对家长太过依赖，不利于个人发展。

在这个艰难的求职季，“00后”的大学生还是应该做自己的主人，勇敢地走向社会、亲近

社会，独自去闯一闯人才市场，有挫折才会选择坚强，有失败才会收获成功。家长在孩子的求职应聘方面可当幕后参谋，但不要去冲锋陷阵。

（九）怀才不遇心理

近年来，受多种因素的影响和干扰，大学生就业的期望值普遍较高。绝大多数大学生希望选择效益好、工资高的单位；更多的大学生希望到大城市工作。这说明大学生对自身在社会中的定位没有正确的认识和分析。在进行个人社会定位时，必须认真考虑自身的知识和能力水平、专业的社会适应性、自身的个性特征等。刚毕业的大学生自视较高，在现实的就业过程中就容易碰壁，于是就会产生怀才不遇之感，抱怨自己生不逢时，抱怨没有施展才能的机会，抱怨世上无伯乐，怨天尤人，身心疲惫。走出此误区的方法是学会正视自己。

专题链接

大学生就业心理问题分析

北京青年压力管理服务中心发布的一份调查报告称，巨大的就业压力对大学生生理、心理及行为能力都产生了明显的影响，有52%的大学生“想到毕业找工作就忧心忡忡”。

心理学家认为，求职大学生表现的焦虑、沮丧、烦躁等不良情绪可称为“就业抑郁症”。其生理表现为睡眠不足与食欲不振，心理表现为担心和郁闷，行为能力表现为做事效率低，生活规律紊乱。

调查研究表明，相当多大学生产生了郁闷、焦躁、心灰意冷，主要是因为空前的就业压力：高校毕业生人数年年增加，“僧多粥少”的矛盾进一步加剧。

但另外两方面原因也不可忽视：一是用人单位对求职大学生缺乏应有的尊重，伤了毕业生的自尊和求职热情。许多大学生反映，在人头攒动的招聘会现场，好不容易挤到了展台前，但招聘人员却爱答不理，收下简历一言不发，甚至瞄了几眼后当着大学生的面将简历扔进废纸篓，这一幕令他们伤心。二是多数大学生自身心理脆弱，缺乏信心。

大学生“就业抑郁症”不可忽视，大学生应积极有效地进行自我调适和心理疏导，告诉自己以乐观向上的心态求职，即使暂时没找到工作也不能让希望的明灯熄灭。

四、大学生就业心理调适

健康的就业心理关系着一个人今后的发展，决定着一个人能否在职业生活中展现自己的个性，施展自己的才华，实现事业成功与自我价值。为了避免在就业过程中出现心理障碍与心理压力，大学生应该采取积极的措施调适就业过程中存在的不良心理。

大学生要充分认识心理调适的积极作用，提升自我调适的自觉性，增强承受挫折、化解冲突和矛盾的能力，及时调整自己的心理状态，保持健康的心理。

（一）就业心理调适的途径

1. 正视职业

职业是人们在社会中所从事的稳定、有合法收入的工作，既是人们实现厚积薄发——为社会作出贡献的舞台，也是人们生存、发展的手段。

大学生应该正视职业，以调整好自己的就业心态，只要能够实现自身价值就值得我们去努力。不要轻视普通的工作。大学生再优秀，也不可能一参加工作就当部门主管，当技术总负责人。而必须通过“试用期”“见习期”，先做具体、简单的事情。大学生随着职业经验的增加和贡献的增多，才有可能逐渐接近工作的“中心领域”。每个人只有经过不断学习、不断工作，才能在平凡的岗位上干出不平凡的事业。

2. 培养自信

知人为聪，知己为明；知人不易，知己更难。大学生应该对自己有充分的认识，把主观愿望和客观条件结合起来，强化自信心理。一些大学生在求职过程中，由于怯于出头、羞于表现，常常给人唯唯诺诺、缺乏能力的感觉，不能给自己提供施展才华的机会。面对日益激烈的人才竞争，大学生应该抛弃自卑心理，树立自信意识，在平时注重培养自己良好的品质，培养自信乐观、自强不息、豁达、创新等品质。在求职遇到挫折时，要相信自己的能力，不被一时的挫折打倒，正视现实，放眼未来，对自己抱有合理而坚定的信心，到达理想的彼岸，找到自己满意的工作。对求职的期望要适度，保持实事求是、知足常乐的心理状态。有理想、有抱负的青年大学生更应该怀着一腔热血，到祖国最需要的地方建功立业，奉献青春。

3. 面对社会现实

人是社会之人，是现实之人。积极的心态是正视社会、适应社会；消极的心态是脱离社会、逃避社会。正视社会现实，需要大学生认清社会需求，根据社会需求选择适合自己的工作，而不应好高骛远、脱离实际。人的本质是社会关系的总和，人不能离开社会而生存与发展，每个人自我愿望的实现都离不开他所处的社会环境。就业作为人的一种社会性活动，必然会受到种种社会条件的制约。大学生如果脱离社会需求，就很难被社会接纳，甚至难以生存下去。那种一味追求个人名利、满足自己愿望的就业观是不可取的。

4. 培养独立意识

社会并不会把大学生当作学生看待，社会要求大学生对自己的行为负完责。因此，大学生在校期间有意识地培养自己的独立意识是十分重要的。首先，要培养自己独立生活的能力。从琐碎的日常小事开始，训练独立处理问题、培养各种基本生活技能，学会自立。其次，要注重培养独立处理学习、生活、工作等方面事务的能力。最大限度地发挥自己的创造性，学会主动适应环境。最后，要在思想上和心理上走向独立。思想上认识到要走自己的路，要有自己独立的见解，追求自己的奋斗目标，独立处理面对的各种问题，不断完善自己的思想体系。

5. 正确看待挫折

挫折是试金石，心理健康的人勇于向挫折挑战，百折不挠；心理不健康的人，知难而退，甚至精神崩溃、行为失常。大学生在求职过程中应保持健康稳定的心理状态和积极进取的态度，遇到挫折不要退缩，要认真分析失败的原因——是主观努力不够还是客观要求太高、是主观条件不具备还是客观条件太苛刻，经过认真分析才能心中有数，调整好心态。有的大学生一次求职失败就灰心丧气、一蹶不振，求职失败并不等于择业无望、事业无成。因此，遇到挫折要敢于向挫折挑战，知难而进，百折不挠。因为通向成功的道路不是平坦的，只有坚强不屈、顽强拼搏，才能走向光明，而那些一遇到挫折就退缩的人，永远都不可能成功。对待

挫折不是被动适应和一时忍耐，而是要摆脱等待机遇、怨天尤人、牢骚满腹的心理，增强信心，修订目标，客观分析，积极进取，创造新生活。

专题链接

挫折心理的调适

受挫心理是一种人们普遍存在的心理现象，是个体从事有目的的活动时遇到无法克服的障碍或干扰而产生的紧张状态和情绪反应。人们所说的挫折通常包括挫折情境与挫折感受。消除挫折应该努力做到以下三点：

(1)视挫折为鞭策。大学生应该从心理上对挫折有所准备，并视其为一种鞭策。古今中外多少仁人志士，从坎坷与挫折中走过来的。面对挫折，正确的态度应该是勇对挫折，智对挫折，成为战胜挫折的强者，树立把挫折看作锻炼意志、提高能力的机会的观念。挫折对于理智的求职者来说往往是求职成功的先导，“失败是成功之母”讲的就是这个道理。

(2)调整期望值。期望值是指要获取的工作岗位在物质上、精神上的需要满足程度，如工资收入、福利待遇如何，能力抱负、特长能否得以施展等。挫折感产生的重要原因就是现实与职业期望落差的出现。求职期望值过高，其结果不是因为超越现实而败北，就是侥幸就业后因自身能力不足，无法胜任工作需要而处于被动状态。为此，大学生应放下包袱，从主、客观两个方面进行全面分析，确定适合自身条件的职业，这样就可以应对挫折引起的心理焦虑和恐惧等。

(3)进行心理调节。求职遇到挫折后要运用控制、激励自己的方法和技巧进行心理调节与控制，从而使自己尽快摆脱不良情绪，重新树立信心。进行合理的宣泄是缓解焦虑、愤怒、冲动等情绪的有效方式。受挫折后，心里一定不好受，但是越想就越难受，这时转移注意力是一种有效的策略，如可以到教室、图书馆看书，参加体育活动，跟朋友聊天，看电影等。另外，寻求支持、分担痛苦、汲取力量也是应对挫折的一种重要方式。

6. 挖掘自身的优势

挖掘自身的优势有助于实现成功，盲目从众有可能会走向失败。每个人都有自己的闪光点，将自己的这些优势挖掘出来并与自己的就业联系起来，能够培养自己积极向上的心态。可以定期总结一下过去，与同学、朋友进行比较，做一做能力测试、心理测试习题等，还可以请老师对自己进行评价。

案例播报

快乐的“小盐粒”

小王是会计专业的大学生，进入大三她就经常到人才交流会找工作，但每次都是无果而归。有的用人单位认为她的学历不合适，有的觉得她的专业不对口，有的虽然觉得她专业对口，但由于没有工作经验，仍被拒之门外。由于找工作屡屡受到打击，她对找工作失去了信心，十分苦恼。

一次，在食堂吃饭，菜里的盐放少了，平淡无味。通过这件小事，小王认识到了一小粒盐的重要作用，认识到了每个人都有自己的优势。她从中受到启发，决心让自己也做一颗快乐的"小盐粒"，从小事做起，做好自己的本职工作。

从此，小王变得乐观了，她努力学习英语，通过了大学生英语六级考试，同时把学习英语的方法整理了出来。后来，她加入一家英语培训机构，并把工作干得热火朝天。她提供的学习方法深得学生喜爱，学生的英语成绩得到了明显提升。不久之后，培训机构派小王去新西兰培训学习，进一步深造。

小王说："大学生一定要挖掘自己的优势，只有找准自己的坐标才能充分发挥自己的能动性，让自己快乐工作，快乐生活。"

（二）就业心理调适的方法

大学生要想控制自己的心境，自觉地调整内在的不平衡心理，增强心理素质，保持乐观向上的情绪，就需要不断对自己进行心理调适。

1. 自我激励法

自我激励法主要指用生活中的哲理、楷模或明智的思想观念来激励自己，同各种不良情绪进行斗争，坚信未来是美好的，因为失败、挫折已经成为过去，要勇敢面对，尽可能把不可以预料的事当成预料之中的事，即使有意外事件或受挫，也要鼓励自己不要惊慌失措、冲动、急躁，而是开动脑筋、冷静思考、寻找对策。大学生在就业过程中，要相信自己的实力，通过自我激励增强自信心，消除自卑感，保持良好的情绪和心态。

2. 注意力转移法

注意力转移法即把注意力从消极情绪转移到积极情绪上。当不良情绪出现时，可以采取转移注意力的方法寻找一种新颖的刺激，激活兴奋中心，以抵消或冲淡原来的兴奋中心，使不良情绪逐渐消失。例如，听听音乐、参加体育运动、进行自我娱乐、接受大自然的熏陶、参加有兴趣的活动，等等，使自己没有时间沉浸在各种原因引起的不良情绪中，以便得心理平稳。

3. 适度宣泄法

当遇到各种冲突，产生不良情绪时，应尽早进行调整或适度宣泄，使压抑的情绪得以缓解和平复。宣泄的较好方法是向挚友、师长倾诉自己的忧愁、苦闷，使不良情绪得到缓解。在倾诉烦恼的过程中，我们可以获得更多的情感支持，获得认识和解决问题的新思路，增强克服困难的信心。也可通过打球、爬山等运动量较大的活动消除压抑心理，达到心理平衡，但应注意场合、身份、气氛，宣泄应是无破坏性的。

4. 自我安慰法

自我安慰法又称自我慰藉法，关键是自我忍耐。在就业过程中大学生常常会遇到挫折，当经过主观努力仍无法改变现状时，可适当地进行自我安慰，缓解矛盾，消除焦虑、抑郁、烦恼和失望的情绪，这样有助于保持心理稳定。在受挫折情绪困扰时，可用"亡羊补牢，未为晚矣""塞翁失马，焉知非福"等话语来安慰自己，从烦恼中解脱出来。

5. 合理情绪疗法

合理情绪疗法认为，人们的情绪困扰是由于不正确的认知即非理性信念所造成的，因此

通过纠正认知,以合理的思维方式代替不合理的思维方式,就可以最大限度地减少不合理的信念对人的情绪产生的不良影响。例如,有的大学生就业不顺利就怨天尤人,认为人才市场提供的岗位太少、用人单位要求太高,就在于他只从客观上找原因,认为大学生就业应当是顺利的,社会应该为大学生提供充足的岗位,等等。正是这些不正确的认知信念,造成了大学生的不良情绪,而这种不良情绪恰恰来自大学生。所以,如果能改变这些不合理的观念,调整认知结构,不良情绪就能得到克服。大学生运用合理情绪疗法时要注意三点:第一,要认识到不良情绪不是源于外界,而是自己的非理性信念造成的;第二,情绪困扰得不到缓解是因为自己仍保持过去的非理性信念;第三,只有改变自己的非理性信念,才能消除情绪困扰。

总之,在就业求职过程中,大学生应提高自我调适的自觉性,立足于自身的努力,使自己保持一种良好的心态。同时,社会、学校和家庭也应为大学生提供帮助和引导,帮助大学生面对现实,排除心理困扰,缓解不必要的心理压力,促使他们尽快实现角色转换,顺利走上工作岗位。

专题链接

献给应届毕业生

(1)人生不总是公平的,习惯去接受某些不公平吧。

(2)这个世界不会在乎你的自尊,而是期望你先做出成绩,再去强调自己的感受。

(3)你不会一离开学校就有百万年薪,你不会马上就成为公司的副总裁,两者都必须靠努力赚来。

(4)如果你觉得你的老板很凶,等你当了老板就知道了,老板是没有工作任期保障的。

(5)在快餐店煎汉堡并不是作践自己,可能你的祖父母对煎汉堡有完全不同的定义。

(6)如果你一事无成,不是你父母的错,所以不要只会对自己犯的错发牢骚,要从错误中去学习。

(7)在你出生前,你的父母并不像现在这样忙碌,他们变成这样是因为忙着支付你的开销、洗你的衣服、听你吹嘘你有多了不起。所以,在你拯救被父母这代人破坏的热带雨林前,先整理一下自己的房间吧(怀着感恩的心,从小事做起)。

(8)在学校里可能有赢家、输家,在人生中却还言之过早。学校会不断给你机会去找正确的答案,真实的人生却完全不是这么回事(社会不是学校,社会中竞争激烈)。

(9)人生没有寒暑假,人生不是学期制,没有哪个雇主有兴趣帮你寻找自我,请用自己的时间来做这件事吧(学生与社会接轨的重要性)。

(10)电视上演的并非真实人生。现实生活中每个人都要离开咖啡馆去工作(人生不能太理想化)。

人生就是这样,需要自己去不断努力和拼搏!应届毕业生,自己加油、努力吧,梦想就在不远处闪闪发光,等着你去体验!

专题三　撰写求职材料

对于大学生来说，求职材料如同自己的脸面，清楚地展现着自己的各项特点，是通过面试最有效的“护照”。因此，撰写求职材料并不是简单地找来学长、学姐的求职材料或者从网上下载一套模板，然后自己照葫芦画瓢做一份，这样是对自己的不负责，也是对招聘单位的不尊重。

一、撰写求职材料的原则

要想撰写一份好的求职材料，需要遵循以下几个基本原则。

（一）个性化原则

个性化原则是指制作求职材料必须立足自身，根据自身的特点展现独创性，以吸引用人单位的眼球。

一般来说，好的用人单位会有很多求职者，千篇一律的求职材料很容易使用人单位产生视觉疲劳感。要想让自己从众多求职者中脱颖而出，就要在求职材料中想办法，以引起用人单位对自己的注意。因此，大学生应该精心设计、制作自己的求职材料，首先从外观上赢得用人单位的关注。要制作个性化的求职材料，一是要把自己的核心竞争力凸显出来，二是要把学习本专业的主要课程及最大收获表述出来，三是求职材料的设计要与目标岗位相吻合。但需要注意的是，如果一味地追求个性，把求职材料制作得过分个性是不合适的。

（二）针对性原则

针对性是指在撰写求职材料时一定要根据用人单位的具体情况和招聘要求针对性地撰写。因为不同的用人单位会根据其特有的企业文化、单位性质、职位特征等对求职者的要求有所不同，如有的可能注重团队合作精神、有的注重实干进取精神等。因此，在撰写求职材料时，应根据自身的优点和缺点扬长避短，突出自己的某些特点，把自己的优势转化成用人单位所需要的形式。如果为了省事，只准备一份求职材料经过复制投到不同类型的用人单位，就会显得无的放矢，求职结果一般都不太理想。

案例播报

有针对性的简历受青睐

小许刚开始制作求职简历的时候，参考了许多网上的简历模板，按照简历模板制作了自己的简历，简历投递出去后大多石沉大海。后来，他改变策略，认真思考了自己最有优势的地方、最自信的能力，最能给别人留下的深刻印象。最后他总结出自己有以下的特点：领导能力强和团队合作精神好，作为团队领导参加过很多活动；写作、演讲能力强，获得过很多奖项；学习成绩优异，多次拿到奖学金。针对这几点，他写了简洁的自我评价，重点突出这几方面的优势，为了吸引招聘人员的注意，他将自我评价放在简历第二栏（第一栏是个人资料），紧接着就是所获奖项，然后才是其他社会实践活动和技能，让招聘人员一开始就看到自己的优点，大大增加了简历投递的成功率。所以，好“广告”的作用真的不可小视。

（三）准确性和规范性原则

求职材料的准确性是指求职材料中所涉及的有关数据、概念、结论等一定要准确无误，如对自己的评价，一定要把握尺寸、叙述得当，并尽量不要使用“我觉得”“我想”等带有强烈个人主观色彩的字样，尽量不用“十分”“很”之类的修饰词。此外，要避免使用错误的词语搭配，免得贻笑大方。规范性主要是指在撰写求职材料时要避免出现错别字、书面排版混乱的问题。所以，自己的求职材料一定要通读几遍，或者请同学、老师帮忙看几遍，确保没问题了再将其投给用人单位。

案例播报

如此的简历

某用人单位在一所高校招聘，面试工作结束后即将离开学校，一名本校学生拦住了招聘人员，并指责说：“你们让大家投简历，我跟其他同学一起投的，为什么你们都让他们面试，却不给我面试的机会，何况有很多能参加面试的同学无论是成绩还是综合能力都不如我。”不仅如此，他还说了许多不理解和责问的话，并希望要回简历。为了向他提出心中的疑问，招聘人员将他的简历从一堆材料中找出，发现此同学的简历只有一张纸，上面除姓名、出生年月、性别、专业、联系电话之外什么都没有了，像这样既看不出学历也看不出综合能力的简历，在筛选过程中会直接被招聘人员筛掉。

（四）真实性原则

讲诚信是大学生的美德，但一些大学生为赢得用人单位的青睐，不惜伪造获奖证书、学习成绩、社会经历等，以此来装扮自己。这些“注水”现象已经引起了用人单位的警惕。用人单位一旦发现求职者的求职材料有“注水”情况，一般都会毫不犹豫地拒绝求职者。本来求职者作假装扮自己的求职材料是为了找到一份好工作，结果却事与愿违，这样真的得不偿失。因此，大学生在撰写求职材料时，一定要确保材料的真实性。当然，这并不是要求大学生把自己所有的实际情况都列出来，如在简历中提到个人某方面的能力，许多大学生并没有真实的工作经历，但却可以通过描述自己在校期间所经历过或处理过的某些事情来展现自己的能力。

案例播报

诚信价更高

即将大学毕业的小李，所学专业是财务会计，他从一入学就写了入党申请书，并被学院党支部列为发展对象，但是还没有被发展为党员，他觉得在毕业前自己肯定会入党，于是为了增加应聘筹码，便在自荐信中说自己已经是中共党员。

在一次人才招聘会上，一家民营企业对小李很感兴趣，并通知他到公司面试。小李的专业能力非常强，顺利通过了面试。但当单位向小李所在的学院进行调查核实时发现他还不是中共党员，便取消了他的录用资格。问及不录用小李的原因，财务经理的一番话颇让我们深思：“其实我们并不一定非要聘用党员从事财务工作，但是从事财务工作的人一定要讲诚信，这是财务人员最基本的职业素质。”

每个行业都有其特有的行业要求，但是其有一个共同的要求，那就是“诚信”。小李的应聘经历再次说明了在求职中如实地介绍自己情况的重要性。“诚实、守信”是所有行业共同的职业道德要求，也是对我们每个人最基本的要求。

二、设计求职材料的封面

封面是求职材料的“脸”，封面设计既要美观、有个性，又要突出主要内容，不可过于花哨，成功的设计会给用人单位留下良好的第一印象。

（一）封面的内容

封面的内容一般包括“自荐信”或“求职简历”等字样、学校名称（可附上学校的标志性图案及校徽）、专业名称、个人姓名、联系地址（附上邮编）、联系电话（附上区域号码）、电子邮箱、求职意向（应聘行业、企业、职业）等。

注意：求职时要使用用人单位指定邮箱发送邮件，如发件人姓名全拼。

（二）封面的设计技巧

封面的内容应该把求职者关键的主体信息表现出来，并确保招聘人员能及时联系到求职者。为了不显得单调，可以在封面上设计一些简单的图案，有的求职者把应聘企业的 Logo 醒目地放在封面上，充分表达自己对企业的了解和热爱，更容易打动招聘人员。但切不可把图案当成封面的主体，否则就会喧宾夺主。求职材料的封面要符合自己的目标职位风格。

三、撰写自荐信

自荐信是一种针对应聘单位特定个体的介绍性、自我推荐性信件，它通过对求职意向和自身能力的概述，引起对方的重视和兴趣。自荐信的写作质量直接关系到大学生择业的成败。一般来说，阅读者打开求职材料，首先看到的便是自荐信。正是有了自荐信，阅读者才会对简历上所写的经历与业绩感兴趣。所以，自荐信无论在文字上还是内容上都必须给阅读者留下好印象。因此，自荐信被称为大学生求职的“敲门砖”。

（一）自荐信的内容

从结构上来讲，自荐信一般由三部分构成，即开头部分、主体部分和结尾部分。

1. 开头部分

开头部分包括称呼和引言。称呼要求严肃谨慎、有礼貌。既不能随随便便，又不能过分亲昵，以免给人以唐突之嫌。一般不直呼“某某同志”，而是称呼其职务、职称或官衔。若不清楚对方身份，则可用“尊敬的领导”一语代替。称呼后的问候语一般应为“您好”而非“你好”，更不能用“您们好”。引言的作用有两点：一是吸引阅读者看完材料，二是引导对方进入你所设计的主题而不感到突然。所以，开头虽然简单，要写好它却不容易。一般情况下，引言表达应力求简洁，开宗明义，直截了当地说明求职意图，使自荐信的主旨明确、醒目。切忌客套问候，离题万里，让对方产生厌恶情绪。

2. 主体部分

主体部分是自荐信的重点，构成了信的核心内容，其形式多样，要简洁而有针对性地概括简历的内容，突出自己的特点，使对方感觉求职者各方面的情况与他们的招聘条件相符。

一般来说，这部分先简述个人基本情况，写明求职的理由及目标，要合乎情理、合乎实际，做到充足、可信。接着要重点突出自己的主要成绩、特长、优势适合所应聘的岗位，可以多提一些有代表性的工作经历，使之具有吸引力和新鲜感，要表明自己诚恳的求职态度和敬业精神，并附带说明对未来的设想等。注意不要复述简历的内容，而是作为对简历的一个引介和提升，可挑选简历中的一两点突出之处，或是对受简历格式限制而没能在简历中体现做更详细的说明。

3. 结尾部分

结尾部分主要是进一步强调求职愿望，可以恰当地表达求职的迫切心情，恳请用人单位考虑自己的求职请求，期望得到用人单位的认可。最后要写上敬语，落款要写清楚姓名和日期。

（二）撰写自荐信的技巧

撰写自荐信要讲究技巧，只有这样写出的自荐信才能吸引阅读者的兴趣，有助于求职成功。

1. 态度真诚、摆正位置

诚实是每个招聘单位、每位面试人员都非常重视的。自荐信应该实事求是、扬长避短。在自荐信中，对自己的优点应充分展示，但绝不要说大话、假话，也不能有过多的套话，不能让人感觉到是自我吹嘘。最好的办法是用具体的事实和成绩恰如其分地介绍自己，不要用华而不实的辞藻。例如，可以说明自己从事过什么工作、担任过什么职务、组织过什么活动、取得过什么业绩，让阅读者从事实中看到你的组织能力、管理能力，而不要在自荐信上出现“有很强的组织能力”之类的空洞的自我表扬性言辞。又如，可以介绍自己利用业余时间进修了什么课程、取得了哪些证书，但不要使用“有远大理想”“好学上进”之类的修饰语，要让阅读者从事实中得到结论。对自己的缺点、弱点当然不必写，但不能用与此缺点相反的优点来欺骗用人单位。此外，要有谦虚的态度，摆正自己的位置，不应该写自己需要什么、获得该职位对自己有什么好处，而应该写自己能为单位做些什么。

2. 富有个性、有的放矢

自荐信的重要目的是吸引对方，使对方感兴趣。在开头应尽量避免许多客套话、空话，可用一句简单的“您好”直接切入主题。自荐信要针对具体用人单位的岗位及情况而写，信中最好有对该用人单位和相关岗位的描述，会让对方产生亲切感。不少人事经理反映，现在的自荐信中常见的问题是“千人一面”。的确，网络给求职者提供了更多的方便之处，但面对互联网上成千上万的职位，有的求职者采用了“天女散花”式发自荐信的方式，事实上它的命中率很低，结果“广种薄收”甚至“广种无收”。自荐信的核心部分是自己胜任工作的条件，这并非多多益善，而是要有针对性，有的放矢。所以，在动笔之前要着眼于现实，对用人单位的情况有所了解，以事实与成绩恰如其分、有针对性地介绍和突出自己的特长。

3. 整洁美观、言简意赅

自荐信整洁美观很容易让用人单位对求职者产生好感，相反，如果字迹潦草、龙飞凤舞，则会给用人单位留下不好的印象。现在有很大一部分大学生的自荐信是打印的，但如果本人的毛笔字或钢笔字写得很好，可以工工整整地书写，这样能给人以亲切之感，同时向用人单位展示了书法特长。不管打印还是手写，都应注意言简意赅。在写自荐信时应打草稿，反复推敲意思是否清楚，用词是否得当，内容是否简练完美。

4. 表达准确、流畅真诚

撰写自荐信时要注意把握语言表达的方式和分寸。如果写得一手好字，就要认真写，并在署名后注明“亲笔敬上”等；如果字写得不好，就用打印机打印。书写时最好使用钢笔，圆珠笔也可以，但不能使用红笔和铅笔。书写完毕后要仔细检查几遍，避免出现错别字、错句，以免使用人单位对自己的能力产生怀疑。

5. 文字简练、重点突出

自荐信要简洁明快、清楚准确。简洁是指用尽量少的文字表达丰富的内容；准确是指用词恰当和表意精确，即自荐信中固定的内容要叙述准确，一些提法要符合规范和实际。撰写自荐信时要重点突出，对自己的知识、技术、能力、特长、个性和经验有所取舍，应主要写自己从事某工作的条件和潜力，与职位无关的内容不要写。例如，应聘档案管理员岗位时，在自荐信中就不应包含“活泼好动、性格开朗、能歌善舞”，因为这些特点与档案管理工作的要求是相反的，容易使用人单位认为求职者不适合这个岗位。

6. 涉外单位使用外文

到外资企业、合资企业求职，最好用中文、外文各写一份自荐信，这既可表现自己的外语能力，又能表达自己对用人单位的尊重。外文自荐信的撰写可以参考有关书籍。如果出现语法和拼写错误，则会影响录用，所以写完之后，最好请专业人士把把关。

专题链接

自荐信例文

尊敬的领导：

您好！非常感谢您在百忙之中翻阅我的自荐信，为即将参加工作的我打开一扇通往成功的希望之门！

我是××大学××系即将毕业的一名会计专业的学生。获悉贵公司要招聘会计人员。我对会计这个工作岗位抱有极大的兴趣，并且一心想向会计方向发展，十分乐意为贵公司的发展尽一份微薄之力。我很荣幸向您呈上我的个人资料。

3 年的大学生活，我并没有荒废，我将所有的精力都用在了学习上。在刚开始学习会计知识时我深刻体会到了会计职位极强的专业性，这个职位是我想为之奋斗一生的。因为它需要专业的知识和技能及认真负责的态度，这些在性格方面都与我极其相符，所以我考取了会计从业资格证，今年也通过了初级职称考试。

在 3 年的大学生活里，我认真对待学习，专业课成绩平均分为 80 分，思想品德良好，在校期间为了充实自己的大学生活，我取得了计算机一级证书，通过了英语四级考试。

生活中的风雨让我学会了吃苦耐劳，诚实守信也是我的品格，我深知对待账目是不能马虎的，更不能做假账，应当对本职工作认真负责。我的性格属于中向型性格，我有上进心，做事认真，吃苦耐劳；遇事冷静，具备一定的沟通协调能力、团队合作能力、抗压能力。

“良禽择木而栖，贤臣择主而事。”尊敬的领导，雄鹰展翅急需一片天空，良马驰骋尚待一

方路径。贵公司所取得的业绩和发展前景让我仰慕已久。我会用自己的汗水与同人一道为贵公司的锦绣前程奋斗不息,奉献我的热忱和才智！我真诚地希望成为其中一员。

此致

敬礼

求职人:××

××××年××月××日

四、填写毕业生就业推荐表

(一)毕业生就业推荐表的主要内容

毕业生就业推荐表是学校向用人单位推荐大学毕业生的书面材料。表中所填内容主要包括毕业生的个人信息、学习成绩、奖惩情况、社会实践经历、个人择业意向、毕业生及所在院系联系方式、班集体鉴定、系(院)鉴定及推荐意见、毕业生综合能力评价、学校毕业生就业主管部门意见等内容。

(二)毕业生就业推荐表填写格式

现就需注意的填写方面的格式进行介绍。

(1)姓名。姓名栏与学籍信息姓名一致,用字要规范,不得用同音字代替。

(2)出生日期。出生日期应按公历时间,用阿拉伯数字填写,如 1994 年 5 月,不能简写成“94 年 5 月”“1994.5”等。

(3)民族。民族栏填写民族的全称,如汉族、蒙古族、朝鲜族等,不能简称“汉”“蒙”“朝”等。

(4)生源地。生源地为现户籍所在地,入学时户口迁入学校的,填写家庭户籍所在地信息。

(5)健康状况。健康状况无异常者在健康状况栏填写“健康”。

(6)在校期间获奖情况。该栏按时间先后顺序填写,如“××××到××××年曾获××××奖”。建议填写大学期间获得的院级及以上奖励情况,若没有则填写“无”。

(7)个人经历。大学毕业生要实事求是地填写自己的个人经历,不得弄虚作假。

(8)毕业生自述。大学毕业生要真实客观地填写自我评价(不少于 150 个字),要求能较全面地评价自己在校期间的表现。

(三)撰写毕业生就业推荐表的注意事项

毕业生就业推荐表是由相关教育主管部门统一颁发的正式就业推荐资料,可以说是一个“官方的认证”,具有极高的权威性,大学生在填写毕业生就业推荐表时一定要注意以下几个方面的事项:

(1)必须用黑色签字笔填写,字迹工整、清晰,所有内容一律不准涂改。

(2)毕业生凭毕业生就业推荐表、学生证可参加省毕业生就业指导中心举办的招聘会。

(3)照片必须是近期的免冠一寸(二寸)彩色照片。

(4)每名毕业生只能有一份毕业生就业推荐表原件。求职时,毕业生要同时携带毕业生就业推荐表的原件和复印件。

(5)填表日期要早于学校意见栏的日期。

(6)实事求是,严禁弄虚作假。必须如实填写毕业生就业推荐表内容,严禁伪造证件证书、篡改成绩和履历等危害学校声誉和用人单位利益的行为。

(7)灵活使用,避免刻板重复。由于毕业生就业推荐表是统一印制的,填写的项目均相同,往往缺乏个性,内容不够全面,在组织编写其他内容时不仅要避免重复,更重要的是要进行必要补充。

专题链接

毕业生就业推荐表

<table>
<tr><td>姓名</td><td></td><td>院系</td><td></td><td rowspan="6">照片</td></tr>
<tr><td>性别</td><td></td><td>专业</td><td></td></tr>
<tr><td>出生日期</td><td></td><td>学历</td><td></td></tr>
<tr><td>政治面貌</td><td></td><td>外语种类及水平</td><td></td></tr>
<tr><td>民族</td><td></td><td>计算机水平</td><td></td></tr>
<tr><td>生源地</td><td></td><td>健康状况</td><td></td></tr>
<tr><td>通信地址</td><td colspan="2"></td><td>邮编</td><td></td></tr>
<tr><td>联系方式</td><td colspan="4"></td></tr>
<tr><td>在校期间
获奖情况</td><td colspan="4"></td></tr>
<tr><td>个人经历</td><td colspan="4"></td></tr>
<tr><td>毕业生自述</td><td colspan="4"></td></tr>
<tr><td>院系意见</td><td colspan="4">公章
年 月 日</td></tr>
<tr><td>学校意见</td><td colspan="4">公章
年 月 日</td></tr>
</table>

五、撰写个人简历

个人简历可以说是求职材料的核心内容。成功的个人简历是一种营销武器，它可以向用人单位证明你能够解决它的问题或者满足它的特定需要，从而获得就业机会。

专题链接

受欢迎的简历的五大特征

1. 具有明确的职业定位及求职目标，强调核心竞争力

求职前应明确自己的职业定位及求职目标，同时对目标求职企业的背景、工作内容、企业文化进行前期了解，并将自己在教育背景、经验或技能等方面吸引用人单位的核心优势突显出来。在自己的教育背景、社团经验或工作历练、荣誉、特殊技能与训练、参与过的活动等经历上，强调符合用人单位需求的个人优点、成就与能力等。

2. 简洁明了，以“数”服人

在制作简历时，应该以表格、粗体字及副标题等方式，让招聘者能够快速及清楚地了解你的资料，在每个要点前加着重号。对于先前的工作经历，最好用具体的数字来佐证；将取得的奖励悉数列举出来，并且将证书的相关复印件放在附件中。

3. 重点突出近几年的经历

简历中的重点为个人基本资料、优势简介、学历背景、社团经验与经历、荣誉、特殊技能与训练、参与过的社会活动等。这些一般指的是大学学习期间的经历，有的大学生为了更多地列举材料，把自己高中时的经历和成绩也列举出来，这样无法突出自己的专业特点，也让自己的简历变得华而不实。

4. 个性化的求职信

在简历的最前页，附上一页求职信，表达自己对该用人单位某一职位的兴趣，然后简单地介绍自己的学历背景与工作经验，并简单地列出职业生涯乃至人生规划的重点。这样可以让招聘者在浏览简历时快速了解自己，同时容易记住你的优势及对自己职业生涯的定位与思考。

5. 强化未来目标与人生规划

个人的未来职业生涯规划与用人单位未来的发展趋势是否相符，是用人单位在招聘时非常关心和重视的问题。越来越多的用人单位不仅重视求职者的经历，更注意求职者是否对自己有一个明确的职业规划和定位。

简历是求职的一块敲门砖，这块“砖”需要优化，但更重要的是内涵，在投递简历前一定要有明确的职业方向，这才是应聘成功的关键。

(一)个人简历的内容

个人简历一般应包括以下几个方面内容：

1. 个人信息

个人信息包括姓名、性别、出生年月、籍贯、政治面貌、婚姻状况、身体状况、兴趣爱好、性

格及联系方式等。通常来说，个人信息应相对详细，但是没必要画蛇添足，一种内容要素用一两个关键词简明扼要地说明一下即可。

2. 求职意向

这部分主要表明本人对哪些行业、岗位感兴趣及相关要求，语气要坚定有力，不要让人产生怀疑。

3. 教育背景

这部分要列出毕业学校、所学专业、主要课程成绩、外语和计算机掌握的程度等。高中阶段一般不列入教育背景，除非有值得一提的经历。如果用人单位对大学成绩感兴趣，可以提供大学几年的成绩单，而无须在求职简历中过多描述。如果自己成绩比较出色，如 GPA 在专业前五，也不妨加以说明，因为相对数字要比绝对数字更有说服力。对于所学课程，要有重点、有针对性地将与所谋求的职位有关的教育科目、专业知识列出，而无须面面俱到。

4. 奖励和荣誉

这部分可以列出的奖励和荣誉包括三好学生、优秀团员、优秀学生干部及奖学金等荣誉。这一项在简历中是非常醒目的部分。

5. 工作(实习)经历

在这一部分，要重点突出两项内容，即职责和结果(在过去的经历中承担了哪些职责，做了哪些工作，结果如何，有什么收获)，主要表现大学阶段所承担的社会工作、担任的职务等。

6. 本人的能力、性格评价

这部分要尽可能使自己的专长、兴趣、性格与所谋求的职业特点、要求相吻合。例如，可以写上长跑和骑行的爱好，因为它能告诉用人单位，自己有坚强的毅力和严格的纪律性。

专题链接

表格式个人简历模板

姓名		性别		出生年月		
籍贯		民族		身体状况		
政治面貌		身高		体重		(照片)
毕业院校				学历		
专业				毕业时间		
联系电话				E-mail		
爱好特长						
主修课程						

续表

求职意向		
能力与专长	个人技能	
	个人专长	
	计算机水平	英语水平
教育经历		
社会实践与实习经历		
奖励与证书		
自我评价		

（二）撰写个人简历的要求

无论选择哪种类型的个人简历，都应当做到以下六点：

1. 整洁美观

简历一定要注意内容整洁和格式美观，以便于阅读，从而使用人单位对自己产生良好的印象。为此，简历应打印出来，需要强调的部分可以采用粗体字，但是不要用太多花哨的字体或斜体字，因为它们会分散对方对于重点信息的注意力。如果是影印本，效果会更好。简历在投递之前，一定要认真检查。

2. 内容真实，评价客观

简历最基本的要求就是真实。诚实地记录和描述，能够使阅读者对求职者产生信任感，诚实是用人单位对求职者最基本的要求。简历中通常会涉及"评价"内容，自我评价应当力求客观公正，行文中所表现的语气应当谦虚诚恳。总体来说，既不能妄自尊大，也不能妄自菲薄，分寸的把握非常重要。特别要避免夸夸其谈，适当阐述自己的某些不足，反而能赢得好感。写简历不可以撒谎、不可以掺假，但可以进行优化处理。优化不等于掺假，优化的目的是突出强项、忽略弱势。例如，一个应届大学毕业生可以重点突出在校时的学生会工作和实习、志愿者、支教等工作经历，不单单是陈述这些经历本身，更重要的是提炼自己从中获得了的经验，这些收获会在今后持续发挥作用。如此一来，招聘者便不会以"应届生没有工作经验"为由而拒人于千里之外了。

3. 详略得当，突出重点

简历就是求职者推销自己的“广告”，广告最主要的目的就是用自己的独特之处吸引别人的目光。对于不同的用人单位、不同的职位、不同的要求，应当事先进行必要的分析，有针对性地准备简历。盲目地将一份标准版本大量复制，效果会大打折扣。要把最有价值的信息放在简历中，无关痛痒的内容不需要浪费篇幅，语言要平实、客观和精练。要根据用人单位和职位要求，巧妙地突出自己的优势，给人留下深刻的印象，但注意不能简单重复，这是整份简历的点睛之笔，也是最能表现个性的地方，应当深思熟虑、不落俗套、有说服力，而又要合乎情理。要详细写出自己的特长，不能模糊和笼统，要说明到底“特”在哪里、“长”在何处，让用人单位做出准确判断。对于自己的闪光点可以点到为止，不要过于详细，面试时再详细展开。

4. 精心构思，不拘一格

要组织好个人简历的结构，不能在个人简历中出现重复的内容。在结构严谨的前提下，要使自己的个人简历富有创造性，使阅读者产生强烈的阅读兴趣。简历格式设计也是一个非常重要的因素，是真正的“第一印象”。要标识明晰，段落不要过长，字体大小适中，排版端庄美观，疏密得当。还要注意版面不要太花哨，要有类似公函的风格，这能体现出求职者的基本素养。

5. 文字简洁，用词准确

许多人以为简历越长越好，越长说明经历越丰富，能力越强。实际并非如此，一份简历只能得到一个招聘者几十秒的关注，过于繁杂的内容只会起到相反的作用。因此，简历写作要惜墨如金，避免出现过长的段落；多用动词，省略第一人称“我”。用词力求精确，阐述自己的技巧、能力、经验时要尽可能准确，不夸大也不误导，所填写的内容应与自己的实际能力及工作水平相同。不要使用拗口的语句和生僻的字词，更不要有病句、错别字。简历中如果有外国文字要特别注意不要出现拼写和语法错误，一般招聘者考查求职者的外语能力就是从一份简历开始的。

6. 纸质优良

使用优质纸张，用激光打印机打印求职材料尽量不用复印件。因为在面试阶段，用人单位完全可能会复印求职材料，如果在复印件的基础上复印，就会不清楚。虽然不同的用人单位对简历的格式有不同的要求，但是大多数用人单位都不喜欢格式花哨、字迹不清的简历。一般而言，不要选用彩色蜡笔、颜色鲜亮的纸，尤其不要选用荧光纸，除非应聘的是高级媒体或设计工作。

专题链接

毕业生简历“九不要”

（1）不要长篇累牍。那种又厚又长的简历用人单位一般是不会看的。

（2）不要说自己无所不能。对自身能力的虚夸，会让用人单位对求职者产生不诚实的印象，实事求是非常重要。

（3）不要到处抒情。用人单位关注的是真才实学，而不是激情口才。

(4)不要使用劣质的纸张,要注意检查基本的拼写和排版问题。

(5)不要过分压缩字符和版面。用人单位不会仔细地分辨那些难以分辨的小字到底讲了什么。

(6)不要在填写工作经历时虚构日期和职位或者赘述频繁更换的工作,诚实是基本原则。

(7)不要简单抄袭别人的简历,最好把自己的长处写出来。

(8)不要在简历中有成绩单、荣誉证书等附件。

(9)不要陈述个人隐私和信息,如宗教信仰和爱好。

专题四　投递求职材料

一、整理求职材料

为了集中反映自己的求职愿望和各方面素质,同时为了更方便让用人单位了解自己,在制作求职材料时,应按一定的标准和规划进行集中整理,一般来说主要注意以下两个方面。

(一)求职材料整理的顺序

在整理时,求职信和简历可以手写,也可以用计算机打印,若字写得漂亮,最好用笔书写,以便展示自己的特长。求职材料不宜过厚,一般以6~8页为宜。附加材料最好按统一规格的纸张复印,一般以A4纸为宜,然后按照求职信、简历、毕业生就业推荐表、附加材料的顺序装订。这里需要注意的是,求职材料中一定要附上自己的联系地址和电话。

(二)求职材料中的照片要求

求职材料是否要附上个人照片,不能一概而论,而是根据具体情况而定。有的工作如公关、涉外、秘书、高铁乘务等比较注意相貌的职位,一般来说应当贴上照片;有的工作如公司会计、计算机等,对相貌没有特殊要求,申请这方面的职位,一般可以不贴照片。若要附上照片,应选免冠、正面的照片。不同的职业,审美的要求不同,应根据自己所选择职业的特点和要求,选择合适的照片。

二、投递求职材料

一些大学生向很多用人单位投递了求职材料,可是很少得到面试的机会。要知道,投递求职材料时必须掌握一定的技巧。

(一)有的放矢

一些刚毕业的大学生急于找到一份工作,于是就漫无目的地乱投简历,不管什么单位、什么职位,也不管自己适不适合都投,以致求职的成功率很低。

为了提高求职的成功率,必须仔细浏览用人单位的简介、招聘介绍、信息发布的时间、有效期等,必要时可登录该用人单位网站的主页了解更多相关信息。要留意对方的用人计划及招聘要求,在全面详细了解招聘职位的信息后根据自己的实际情况投递简历。

案例播报

突出重点，有的放矢

小韦是一名会计专业的大学毕业生，他的职业首选是金融行业的会计人员，其次是营销行业的销售员，最后是大型公司的客服人员。因此，他设计了3份简历，应聘金融行业的会计人员，注重介绍自己在学习期间的课程也有金融企业，同时侧重介绍会计专业所得到的奖励；针对营销行业，他主要介绍自己在学校参加市场策略创新大赛和社会实践成果；针对大型公司的客服人员，他重点介绍自己在学校组织的社会实践中所学会的团队合作精神。用小韦的话说，写3份不同的简历投到不同的岗位，才是真正做到了有的放矢。

（二）第一时间投简历

在当今就业竞争如此严峻的形势下，大学生掌握招聘信息后，第一时间做出反应就显得非常重要，尤其是一些网络招聘会，举办的期限一般很短，所以一定要争取在第一时间寻找中意的用人单位，并投递简历，以便抢占先机。

（三）不要向同一家用人单位申请多个职位

目前，向同一家用人单位同时申请多个职位的大学生不在少数。其实，向一家用人单位同时申请多个职位，并不能表明你的能力超常，相反，用人单位会认为你非常盲目，没有明确的目标，缺乏主见。因此，向同一家用人单位申请多个职位的做法并不可取。

（四）及时更新简历

所谓更新简历，并不是指无目的地更新。这里提出的更新是要针对不同的用人单位和职位发出有针对性内容的简历。要根据新的用人单位和职位更新简历。简历发出后并非百发百中，当向另一家用人单位投递简历时，要注意简历是否适合用人单位招聘职位的特点。

实践应用

设定你是一名即将毕业的大学生，面临外出实习并找工作的情况。为了获得广泛、丰富、可靠的就业信息，你需要从四面八方挖掘就业信息。请你从以下几个方面对自己进行一个环境模拟测试，收集各方面的就业信息，了解自己在哪方面获得的就业信息更适合自己。

（1）从学校层面入手，有哪些信息资源可以利用。

（2）从政府层面入手，有哪些渠道可以获取就业信息。

（3）充分利用身边所有人的人际关系资源，获取就业信息。

（4）从实习、社会实践的单位寻找就业信息。

（5）利用网络资源寻找就业信息。

要求：记下所有渠道及其攻略，并逐步付诸实施，记下自己的成功经验，反省自己的不足，并与同学们进行交流分享。

模块三

展现最好的自己——掌握求职技巧

学习目标

1. 了解自荐的途径和技巧。
2. 掌握基本的求职礼仪。
3. 熟悉笔试的类型和技巧。
4. 了解面试的类型和面试考察的内容。
5. 熟悉参加面试需要准备的工作，掌握参加面试的技巧。

情境导入

2019年，小张刚到深圳，就兴冲冲地抱着简历去参加人才交流会。整个会场人如潮涌，唯有沃尔玛公司的展台前冷冷清清，与会场的气氛形成了鲜明的对比。

他好奇地走了过去，一看沃尔玛公司招聘启事上的内容，当即吓了一跳，招聘20名业务代表，却指明要名校毕业生，并且还得有3年以上从事零售业的工作经验。条件这么苛刻，难怪没人敢贸然应聘。

他暗自揣摩了一番，虽然没有一条标准符合，但沃尔玛公司业务代表的工作对他却很有吸引力，他心一横，决定试一试，真要被拒绝，就当是对自己的一次锻炼罢了。

小张径自走到应聘席前坐下，那位中年主管看了他一眼，面无表情地指了指那招聘启事问："看过了吗？"他点点头说："我看过，不过很遗憾，我既不是名校毕业生，也没从事过零售工作，只有大专文凭，还是电大。"

那位主管看了他好半天，才说："那你还敢来应聘。"

小张微微一笑："我之所以还敢来应聘，是因为我喜欢这份工作，而且相信自己有能力胜任这份工作。”停了停，他又说：“如果求职者真要具备启事上所有的条件，那他肯定不会应聘业务代表，至少是公司主管了。”

说完，他把自己的简历递了过去，那位主管竟然没有拒绝，而是微笑着收下了。第二天，他接到通知，自己被录用了。后来才知道，那些苛刻的条件只不过是公司故意设置的门槛罢了，其实当他和主管谈完那些话之后，他就已经通过了公司的两项测试：具有勇于挑战条款的信心和勇气以及分析问题的能力。

作为一名业务代表，每天都得与形形色色的商家打交道，如果那天小张没勇气去敲开沃尔玛公司的门，又岂能有勇气去敲那一个个商家的大门？

专题一　自我推销的途径

一、自荐的概念

自荐即自我推荐，就是求职者利用各种方法与途径正确地宣传、展示、推销自己，让用人单位认识、了解、选择自己。有人推销商品，有人推销技术，也有人推销自己，从一定意义上讲，大学生求职择业的过程，就是推销自己的过程。大学生在求职择业过程中，要让用人单位认识自己、了解自己，就必须通过多种途径和方法恰当地宣传自己、展示自己、推荐自己，把自己的能力、特长等充分地展示在用人单位面前，使用人单位感觉到自己有能力和潜力，从而选择你。自荐在很大程度上决定了自己是否能够获得进一步面试的机会，只有成功地自荐，才能获得面试的机会。这就要求大学毕业生在选择求职信息、决定应聘之前，一定要做好自荐的准备。

二、自荐的种类

（一）口头自荐

口头自荐是指求职者亲自到用人单位或招聘现场，直接面对招聘人员，自我介绍、自我评价、自我推销的自荐形式。其优点是便于展示自己的风度和才华，容易给用人单位留下深刻印象，如果自己表现出色，可能会被用人单位现场录用。其缺点是涉及面有限，尤其对路程较远的单位难以奏效。口头自荐更容易使那些英俊潇洒、谈吐自如、反应敏捷的求职者发挥自己的优势，新闻、外贸、外事、旅游、教育等用人单位适合用这种方式考查求职者。

（二）书面自荐

书面自荐是指求职者通过邮寄或呈送求职材料的形式向用人单位推销自己的自荐形式。书面自荐覆盖面较宽、范围广、不受限制，有助于求职者展示自己严谨、认真的工作态度，那些学习成绩优秀又有较好文笔的毕业生多采取此种方式，科研、出版、金融单位和工矿企业等注重实际的用人单位大多乐于接受这种自荐方式。

（三）电话自荐

电话自荐是指通过使用电话这种方便、快捷的通信工具来推荐自己的一种求职方式。电话自荐一般适用于看到用人单位发布的招聘广告后，根据其提供的联系电话和联系人咨询有关招聘情况。另外，有的求职者在根据自己的判断确定了应聘目标单位后，通过电话了

解该单位的人才需求情况，从而实现自荐目的。

(四)广告自荐

广告自荐是借助报刊、电视等新闻传播媒介自我推销的自荐形式，广告自荐覆盖面广、时效性强，部分重点热门专业研究生和一些有专长的毕业生往往乐于采用这种自荐形式。

(五)网络自荐

网络推荐是近几年来新出现的一种自荐方式，是借助互联网来推荐自己。通过网络自荐，不仅方便快捷、成本低，而且便于抓住先机，同时可以更直观地向用人单位展示自己的计算机操作技术，比其他求职者又多了一种竞争手段和就业渠道，是今后自荐发展的方向。

案例播报

求职自荐成功案例

当今职场，毛遂自荐这一求职方式越来越被人们所运用，有人如愿以偿，有人屡屡碰壁。除主客观因素外，自荐者所采取的策略、方法是否得当决定求职的成败。所以，在运用毛遂自荐这一招时，最好能独具匠心、别具一格。

(一)引吭高歌

世界歌王帕瓦罗蒂到北京音乐学院参观访问，很多家长都想让这位歌王听听自己子女唱歌，目的就是想拜他为师。帕瓦罗蒂出于礼节，只得耐着性子听，一直没有表态。

黑海涛是农民的儿子，凭着自己的努力考入这所著名的音乐学院，他也想得到帕瓦罗蒂的指点，但他知道自己没有背景。难道白白浪费这么好的机会吗？黑海涛不甘心，灵机一动，就在窗外引吭高歌世界名曲《今夜无人入睡》。一直茫然的帕瓦罗蒂立即有了反应："这个年轻人的声音像我！他叫什么名字？愿意做我的学生吗？"黑海涛就这样幸运地成为这位世界歌王的学生。1998 年，意大利举行世界声乐大赛，黑海涛取得了第二名的优异成绩，由此成为奥地利皇家剧院的首席歌唱家，名扬世界。

这个成功案例说明：要取得成功，至少应具备三大要素：胆大心细，适时果断出去；表现手段能立刻吸引考官注意；要有真才实学。如果黑海涛没有真功夫，他就是唱破了嗓子，也没人理会。所以，胆量是前提、技巧是关键、水平是保证，三者缺一不可。

(二)反客为主

阿毛应聘一家广告公司的策划主管职位。由于待遇丰厚，接待大厅被应聘者挤得水泄不通。阿毛灵机一动，走到入口处高声喊道："请大家自觉遵守秩序！前来应聘的人排成三排。"应聘者看到阿毛与公司的工作人员站在一起，以为他也是考官，便很快排好了队。阿毛又把大家的简历收在一起，把自己的简历放在最上面，这样阿毛便得到了第一个面试的机会。考官已将阿毛刚才的行为看在眼里，看了他的简历和作品后，便说："你被录用了。"

毛遂自荐的形式多种多样，像阿毛这样在考官面试前的行为也可被列入毛遂自荐范畴。因此，应聘者根据各种环境、具体情况，采取不同的方式，往往能够抢先一步取得成功。当然，阿毛的行为并不值得推崇。

(三)吹毛求疵

前世界首富比尔·盖茨上高中时，曾到一家软件公司应聘，因为年纪太小而遭拒绝。他没有气馁,半夜跑到那家公司的垃圾堆里,找到了公司废弃的程序资料,并逐一修正,然后毛遂自荐。公司老板被他小小年纪就有这样的才华所折服,破例给他安排了一个重要职位。

点评:想方设法找到自己心仪公司的"软肋",并依靠自己的实力修正完善之,以此成果作为毛遂自荐的"见面礼",这样的毛遂自荐可说十拿九稳。

专题二　自我推销的策略

只有成功自荐,才能获得进一步面试的机会。但很多毕业生却不知道怎样自荐,以致失去了择业的机会。由此看来,大学生在自我推荐过程中,要想找到理想的职业,除了靠知识、技能等"硬实力",还必须重视"软包装",重视非智力因素的表现,依靠灵活的方法和技巧取胜。

一、从自己的实际情况出发，选择恰当的自荐方式

选择恰当的自荐方式,在自荐中无疑是重要的。就每一个求职择业的大学生而言,究竟采用哪种自荐方式,首先应当从自己的实际情况出发,例如:善于用语言表达且有一口流利标准普通话的求职者,采用口头自荐似乎更能打动人心;如果能写一手好字或文采出众,则选择书面自荐更能显示出求职者的魅力。其次,选择哪种自荐方式还要看用人单位的需要,例如:对招聘播音员、节目主持人的用人单位来说,口头自荐显然更受重视;文秘职员的用人单位,则可能让求职者先呈递书面的求职材料;而对于那些远程应聘跨省、跨国公司的求职者,网络求职则更明智。

二、精心设计、包装自荐材料

(一)设计美观，杜绝错误

准备求职自荐材料的直接目的就是让用人单位对自己感兴趣,并最终被录用,而用人单位出于节约人力和时间的考虑,大多不采用直接面试的形式,而是通过某种方式收集求职材料,对这些材料进行初步比较、筛选后,再通知部分求职者参加面试。因此,求职自荐材料的设计相当重要,整套材料无论是手写还是电脑打印,都要注重大方、整洁和美观,让人看上去舒服。最好使用优质的纸张,统一设计排版。但最重要的一点是要杜绝错误,无论是语法错误、错别字、标点符号错误,还是印刷错误,都应尽量避免。

(二)内容翔实，格式规范

自荐材料是大学毕业生对自己整个大学生活的全面总结,自荐信、个人简历、推荐信、学校推荐表及其证明材料要齐全、完整,要精心准备,不可以有疏漏。内容翔实,但要言简意赅,突出重点,既要全面反映自身的基本情况,又要反映自己的特长、爱好;不仅要突出自己的优点、成绩,也要说明自身存在的问题和缺点;不仅要说明自己对目标岗位感兴趣的原因,还要表达自己努力工作的决心。切忌长篇累牍、废话连篇、弄虚作假。另外,各种自荐材料都应遵循各自相应的格式。

(三)富有个性，针对性强

由于用人单位性质不同,对求职者的要求也不尽相同,所以在准备自荐材料时,要根据

不同的需求而有所变化。欲到旅游公司、“三资”企业应聘，最好要准备一份中英文对照的材料；欲去少数民族地区择业，能用民族文字撰写求职材料则效果会更佳；欲到广告、建筑设计类公司应聘，则应提供个人的绘画、版面设计或电脑设计作品，自荐材料最好能体现你的个性和创意。

（四）准备详细，精心包装

自荐材料的准备必须详细，不可遗漏。当把自荐材料的主体部分在原始材料基础上准备好之后，就要完成封面（主题）设计和自荐材料的装订工作。封面的设计是丰富的，但其基本原则是美观、大方、醒目、整洁。封面设计要有一个主题（标题）。一个好的主题，往往能够一下子把用人单位吸引住，促使招聘者想进一步了解自荐材料的具体内容。封面的设计风格与自荐材料内部的主体内容风格要一致，具有统一性、整体性。同时，在封面设计中最好能体现出择业者的姓名、专业、年级、学校等基本内容。对自荐材料的装订最好采用 A4 标准纸打印，不要用繁体字（有特殊要求除外），装帧不要太华丽，整洁明快是最重要的。

三、采取恰当的投寄方式

在竞争激烈的就业市场，必须注意自荐材料的投寄方式。投寄自荐材料一般有两种方式，一种是直接投递，另一种是间接投递（包括转交或以信函、电子邮件等方式投寄等）。无论采取哪种形式，都要求准确、便利、快捷，要在用人单位规定的时间内寄到。一般来说，邮寄的自荐材料可能不易引起用人单位的注意和重视。求职者亲自登门至用人单位或在招聘现场当面呈递自荐材料，则易于加深用人单位对自己的印象，从而提高求职者成功的概率。

投寄自荐材料要先明确投递对象，做到有的放矢；要逐一检查自荐材料，不要有遗漏与错误，特别是材料内容是否与投递对象一致，千万不要出现张冠李戴的现象，这是对用人单位的不尊重，对择业者也是个遗憾和损失；要注明双方联系方式。如果以信函方式投寄，要把投递地址写清楚，接收方若是具体人，则要把姓名写清楚、写正确，同时，有关职务称谓、单位地址、名称等不要写简称。此外，在自荐材料的明显位置必须有联系方式，以方便用人单位与自荐人联系。另外，要用标准信封，在信封上也可写上联系方式。注意上述几点然后再确认简历内容，就可以把一份精心准备的自荐材料投递出去了。

四、灵活掌握自我介绍的方法和技巧

自荐离不开向应聘单位进行必要的自我介绍，灵活掌握自我介绍的一些基本方法技巧，有助于顺利打开求职的大门。

（一）自我介绍要积极主动

自荐是求职者的主动行为，任何消极的态度都是不可取的。因此，自我介绍时，一定要积极主动，不等对方索要自荐材料要主动递交；不等对方提问，要主动向对方介绍；不消极等待对方回信，要主动询问。这样，往往会给人一种态度积极、求职心切、胸有成竹的感觉。

（二）自我介绍要突出重点

在介绍自己时，应突出自己的重点，对自己的基本情况和家庭情况作简单介绍即可；而对于自己的知识、专长、经验、能力、兴趣等，要详细介绍；为了取得对方的信任，有时还应举例说明，例如：大学期间发表过的论文、获得的奖励、承担的社会工作或某些工作经验、社会阅历等;要突出自己的优势和闪光点,因为与众不同的东西可能就是你的魅力所在,平铺直叙,过分谦虚,不利于用人单位对自己进行全面客观的评价,容易把自己埋没在庞大的求职大军。

(三)自我介绍要真实全面

自我介绍既要突出重点、闪光点,也要实事求是、客观全面,不能吹嘘或夸大,尤其是在介绍自己以往学习、工作中所取得的成果时,一定要恰如其分,否则会适得其反。同时,自我介绍材料要全面、完整,切忌丢三落四,个人基本情况、社会关系、工作简历、学习成绩、业务特长及爱好,缺少其中任何一项都会给人一种不全面的感觉。自荐信、推荐表、个人简历、证明材料一应俱全,才能给人以系统全面的整体印象。

(四)自我介绍要有针对性

专业特长加上广泛的知识面和兴趣爱好往往会更受用人单位的青睐。因此在做自我介绍时,要针对用人单位的具体要求,强调自己的社会经验和专业所长,这样才能使招聘者相信你就是理想的应聘者。例如:用人单位招聘文秘人员,你就应该介绍自己的文史哲等方面的知识水平及写作才能;用人单位招聘管理人员,学生干部经历及组织管理才能可能更受重视。

(五)在做自我介绍时要注意礼仪

一定的礼仪是在做自我介绍时自荐人应该具备的,也是赢得用人单位好感的应有态度。诚恳、谦虚、礼貌是为人处世的基本要素,也是大学生在做自我介绍时最起码的礼仪。大学生应以诚信为本,在介绍自己时,要讲真话,有诚意,给对方以信任感。无论是一个表情,还是一句称呼、一声感谢、一个动作,都能反映一个人的内在修养和素质,都会被招聘单位看在眼里,作为评价的依据。因此,在做自我介绍时要以礼待人,不要不拘小节。即使对方当场回绝或对你冷淡时也要表现冷静,给对方留下好的印象。

案例播报

一个曾给迪士尼公司发了两封求职信但均遭到回绝的年轻人给迪士尼公司发了第三封求职信,求职信的单词是从报纸上剪下的字母拼成的,随信寄来的还有卡通鼠的一只耳朵。信是这样说的:"你搞清楚,耗子在我手里,用一份工作来换。"这回,这个年轻人终于得到了梦寐以求的工作机会,他别出心裁的创意吸引了迪士尼公式。

专题三　求职礼仪

常说"面试,前 3 分钟定乾坤"。在这短短的 3 分钟里,面试者的礼仪往往左右着面试官对面试者的第一印象。作为初涉社会的应届毕业生,还没有从校园人完全转变为社会人,所以难免会把日常生活中的习惯带到面试中。应届毕业生在面试时需注意礼仪细节。

一、着装

应根据不同的职位选择服饰。不少应届毕业生认为找工作穿职业套装才显得正式,实则不然,不同专业、不同职位可配不同的打扮。例如艺术类职位,面试官会考查面试者的艺

术气质，这时一身休闲、随意的装扮恰恰能起到意想不到的效果。

（一）女生着装

1. 选择庄重典雅的套装

女生的服装比较灵活，每位女生都应准备一至两套较正规的套服，以备去不同单位面试之需。尽可能独树一帜，穿出自己的风格，突出个人的气质和个人的魅力。参考的法则是：针对不同背景的用人单位选择适合的套装，必须与准上班族的身份相符；要以内在素质取胜，先从严肃的服装入手。不管什么年龄，得体的西装套裙，色彩相宜的衬衫和半截裙都会使人显得稳重、自信、大方、干练，给人"信得过"的印象。裙子长度应长及膝盖或以下，太短有失庄重。服装颜色以淡雅或同色系的搭配为宜，穿着应有职业女性的气质。端庄得体的服装应在首选之列，颜色鲜艳的服饰会使人显得活泼、有朝气。但T恤衫、迷你裙、牛仔裤、紧身裤、宽松服等，虽然街面上到处都是，但都不适合在面试时穿，以免给考官留下随便的印象。

2. 鞋子

中高跟皮鞋使你步履坚定从容，展现出一种职业女性的气质，很适合在求职面试时穿。相比之下，穿高跟鞋容易步态不稳，穿平跟鞋显得步态拖拉，穿中、高筒靴子，裙摆下沿应盖住靴口，以保持形体垂直线条的流畅。同样，裙摆应盖过长筒丝袜袜口；夏日最好不要穿露出脚趾的凉鞋，更不宜将脚指甲涂抹成红色或其他颜色。

3. 袜子

穿裙装时袜子很重要，丝袜以肤色为雅致。拉得不直和不正的丝袜缝，会给人邋遢的感觉。切忌穿着蛇纹花袜去应聘。

4. 画龙点睛的装饰品

当今社会是一个追求和谐美的社会，适当地搭配一些饰品无疑会使你的形象锦上添花，但搭配饰品也应讲求少而精，一条丝巾或者是一枚胸花，又或是一条项链，就能恰到好处地体现你的气质和神韵。应避免佩戴过多、过于夸张或有碍工作的饰物，让饰品真正有画龙点睛之妙。否则，容易分散考官的注意力，有时会给面试官留下不成熟的印象。

5. 皮包

皮包大大方方背在肩上，不要过于精美、高档，但也不要太破旧。

6. 化妆

女生可以适当地化点淡妆，以更显靓丽。用薄而透明的粉底"打造"健康的肤色，用浅色口红增加自然美感，用棕色眉笔调整眉形，用睫毛膏让眼睛更加有神。浓妆艳抹过于妖娆，香气扑鼻过分夸张，显然不符合大学生的形象与身份。越淡雅自然、不露痕迹越好。

7. 发型

不管长发还是短发，一定要洗得干净、梳得整齐，以增添青春的活力。发型可根据衣服正确搭配。要善于利用视觉错觉来改善形貌，脸型稍长的人可留较长的刘海，尽量使两侧头发蓬松，这样脸型看起来就不太明显；脖颈过短的人，则可选择干净利落的短发来拉长脖子的视觉长度；脸型太圆或者太方的人，一般不适合留齐耳的发型，也不适合头发中分，应该适当增加头顶的发量，使额头部分显得饱满，在视觉上减弱下半部分脸型的宽度。根据应聘的职业不同,发型也应有所差异。

提示:服装及饰品是求职者留给面试官的第一印象,得体的穿着打扮能为自己加分,使自己更加自信,在面试中发挥得更好。要达到这个目的,需要研究着装风格,注意细节修饰。

(二)男生着装

1. 领带

领带的色调、图案如何配合衬衣和西装是一门很大的学问,也与个人的品位有关,同学们平时应该多注意观察成功人士、知名公司领导人的着装,看看他们如何选择领带,同时大家可以多交流各自的心得体会。

有一点需要特别指出,不要使用领带夹。因为使用领带夹只是亚洲少数国家的习惯,具有很强的地区色彩,并非国际惯例。至于领带的长短,以刚刚超过腰际为宜。

2. 裤子

裤子除了要与上身西装保持色调一致,还应该不要太窄,要保留一定的宽松度,也不要太短,以恰好可以盖住皮鞋的鞋面为宜。另外,无论运动裤、牛仔裤不适宜在面试时候穿。

3. 皮带

皮带以黑色为最好,皮带头不宜过大、过亮,也不要有很多花纹和图案。

4. 袜子

袜子以深色为好。深色的袜子应该没有明显的图案、花纹,另外不应该穿透明的丝袜。

5. 皮鞋

皮鞋的颜色要选黑色,这与白衬衣、深色西装一样属于稳重的色调。要注意经常擦鞋,保持鞋面的清洁光亮。有的同学尽管买的皮鞋很高档,但不注意擦拭,面试时皮鞋看上去“灰头土脸”,与笔挺的西装很不协调,这会让招聘经理觉得应聘者粗心大意。另外需要注意的是,千万不要把新皮鞋留到面试那天才穿,因为新皮鞋第一次穿可能不合脚,走起路来一瘸一拐的。

6. 公文包

男生随身携带不装电脑的电脑包再合适不过了,但要注意电脑包不宜过大。如不使用电脑就没必把电脑放到包里一起带着,因为背着沉重的电脑整个人都会显得不灵活、不精干。

二、举止

举止是无声的语言,通过人的表情、姿势、动作表现出来的。它是一个人是否具有修养的表现。面试时应注意以下几方面。

(一)进门要敲门

轮到你面试时,应在面试室外轻轻敲门(面试室的门一般是关着的),得到许可后方可进入面试室。注意敲门不可用力太大,也不可未进门先将头伸进去张望一下再进去,更不可大大咧咧地直接推门而入。进门后,应转过身去轻轻关上门。

(二)进门时应先打招呼

进门时可点头微笑,也可问候,如“上午好”或“下午好”“各位领导好”。在对方没有请你坐下时,不要急于坐下,应等对方邀请后表示感谢再坐下。若面试官没有主动与你握手,

你也不要主动去与面试官握手。有礼貌地告诉主考官自己是谁。要举止大方神态自然。

（三）精神集中

回答问题时精神要集中，力求给对方以诚恳、沉稳、自信的印象。诚恳地告知自己能做什么，不能做什么，切忌含糊其词。根据听者的反应适时调整自己的语言表达方式，冷静地保持不卑不亢的气度。

在语言方面，毕业生谈话的内容和说话的方式同等重要。只要说话条理清楚，并配合适当的表情、语调、声音，表现出自己真诚、乐观、热情、大方的态度，就会收到良好的效果。

（四）微笑待人

微笑是一种无言的答语，它表示欣赏对方，表示歉意，也表示赞同等。微笑待人是礼貌之花，是友谊之桥。初次见面，微微一笑可以缓解精神和身体的紧张情绪，给人以亲切自然的感觉。微笑是自信的象征，真诚的微笑是心理健康的标志。面对消极防御和排斥他人的面试官，微微一笑可以使其放下戒备心理，使双方的心理距离迅速缩短。所以，求职时面带微笑会提高你求职的成功率。

（五）面试时的姿势

在面试时，良好的坐姿也是给主考官留下好印象的重要因素之一。正确的坐姿是：坐椅子时最好只坐三分之二，两腿自然并拢，手放在膝上，上身挺直，身体不要靠椅背。正确的坐姿让人见后觉得面试者精神振奋，朝气蓬勃。注意不要有小动作，如下意识看手表（让主面试觉得你对面试或提问有些不耐烦）；或坐着时双腿叉开，摇晃不停；或跷二郎腿乱抖；或说话时摇头晃脑；或不时用手掩口；或挠头摸耳；或不停地玩弄随身携带的小物件等。这些小动作很有可能会引起主考官的反感，毕竟一个人的肢体语言处处透露出这个人的修养和品行。

（六）注意目光的交流

眼睛是心灵的窗户，恰当的眼神能体现出面试者的智慧、自信和对公司的向往与热情。面试者应礼貌地正视面试官，但不要一直盯着对方，否则易让人产生压迫感。正确的方法是把目光放在对方额头或鼻梁上，保持目光的自然轻松、柔和，传达出你的真实思想，这样会让对方觉得你是在聚精会神地和他交流。当然，注视的时间也不可过长，目光可以 3 秒钟移动一下。但要注意细节，比如同时有几位面试官时，要均匀扫视，不能只看一位。

（七）认真倾听

在面试过程中，不要轻易打断主考官的讲话，一定要认真倾听。如果有不清楚的地方，应有礼貌地说：“对不起，有个问题我还不太清楚，您可以再详细讲讲吗？谢谢！”在自己介绍和听别人介绍的过程中，千万不要玩弄东西。

（八）适当记笔记

面试时，随身携带一个小笔记本。在面试官进行介绍、回答面试者的问题以及强调某些事情时，面试者可以记一些笔记。记笔记不仅表明面试者在认真听，而且表明面试者对面试官的尊重和对面试的重视。

（九）留意面试官的反应

面试中很重要的一点是把握谈话的气氛和时机，这就需要应试者随时注意观察主考官的反应。如果面试官的眼神或表情显示出对某个话题失去了兴趣,面试者应该马上结束这个话题。

(十)语言方面还应注意的问题

(1)说话时不可有太多的手势语或口头禅,让人看了或听了不舒服。

(2)说话时普通话应力求标准,不可念错音,方言最好不用,以不疾不徐的语速,清晰而沉着地表达自己的意见。若是涉外单位,还应做好用英语交谈的准备。

(3)不要以自负的方式和语气说话,即话不能说得太满,当然也不必过于谦虚。

(十一)面试结束

当主考官示意面试结束时,应微笑起立,感谢用人单位给予面试机会,然后道声“再见”,没有必要握手(除非面试官主动伸出手来)。如果你进入面试室时有人接待或引导你,离开时也应一并向其致谢、告辞。

三、接听面试通知电话或直接面试电话

许多应届毕业生都会忽视这一环节,其实单位对面试者的第一印象往往是在第一次的通话中,因为从电话的接听过程就可以反映一个人的基本素质。一般首先说“你好”,如是面试单位更要语气热情,接着问对方贵姓,对单位的面试通知表示感谢。然后要确认面试的时间、地点和联系电话等,并等对方先挂断电话。

如果直接是电话面试,就一定要注意“四对”:

(一)用“对”语言

接电话用“你好”,挂电话用“再见”,这是最基本的问候语。当我们拿起电话时不应只是生硬地说“喂”,应注意语气热情礼貌,语言表达流畅。在结束电话前,一定要记得感谢对方来电,并让对方先挂断电话,显示你的职业修养。

(二)选“对”地方

招聘单位来电话时,你不方便回答对方的问题或询问相关事项,或者正在坐车有噪声干扰,则应及早说明“对不起,我现在有事(或听不清楚),能不能换个时间我给您打电话”等。切忌在嘈杂或不适宜的环境中接听电话,这样只会适得其反,给对方留下不好的印象。

(三)做“对”细节

求职者一般会投出很多简历,为了避免忘记和混淆,可准备一个小本子记录已投递简历单位的情况。当接到电话时,若一下子想不起来是哪家单位,可翻看求职记录,对单位名称、招聘岗位等进行回忆,防止张冠李戴、答非所问。

(四)答“对”问题

在接到通知面试的电话时一般只需了解面试时间、地点及需要准备的东西,也可以请教面试时的注意事项。例如,可以问一下对方主要想了解自己哪些方面,并告诉对方自己是个认真对待每一件事的人,会做一个有针对性的计划。

如果是电话面试,单位会在电话中直接询问一些问题,这时就需要你反应,并简洁精练地回答问题。例如,当问到离职原因时,你可以简略讲述自己在原来工作中存在的一些问题,并说明经历这种事情后自己。若谈到薪酬,则可非常诚恳而自信地回答,总之,一定要在接电话之前就充分做好准备,以有效回答问题。

若在接到面试通知电话时，你已经有了新的选择，则应及时告诉对方；若你想要再考虑一下，则可以在答应面试前询问诸如待遇、职位、培训等，并做出是否面试的选择；若你决定参加面试，应详细询问对方面试时间、地点、联系人、需携带的材料等。

四、面试禁忌

面试时应注意以下禁忌：

（一）迟到

迟到会影响自身的形象。面试时最好是提前 10 分钟到，给用人单位留下好印象。

（二）完全被动

被动主要表现为默不作声，面试官再三引导也只回答“是”或“不是”，这样的求职者会让用人单位失望。

（三）骄傲自大

有些求职者三番五次询问用人单位的规模、升级制度、在职培训情况，问他们能让自己担任什么职务或准备给多少薪水等，而对用人单位提出的问题不屑一顾，或是随意打断面试官的问话，未经同意就大声说话。

（四）不当反问

例如，面试官问：“关于工资，你的期望值是多少？”应聘者反问：“你们打算出多少？”这样的反问很不礼貌，好像在谈判，很容易引起面试官的不快。

（五）急于套近乎

具备一定专业素质的面试官是忌讳面试者套近乎的，因为面试中双方关系过于随便或过于紧张都会影响面试官的评判。面试中，不顾场合地说“我认识你们单位的某某”“我和你们单位的某某是同学，关系很不错”等，都会使面试官反感。

（六）超出范围

在面试快要结束时，面试官问求职者：“请问你有什么问题要问我吗？”若应聘者反客为主地询问：“请问你们公司的规模有多大？中外方的占资比各是多少？请问你们董事会成员里中外方各有几位？你们未来 5 年的发展规划如何？”一系列的问题会让面试官哑口无言，结局自然会不好。

（七）盲目应试

应试者择业意向不明确或对用人单位及招聘岗位的要求不清楚，“有病乱投医”，盲目应试赶场，结果可想而知。

五、面试后续礼仪

当面试结束以后，什么时候是询问对方面试结果的最佳时机，什么样的礼仪会使双方都愉快，是面试者需要注意的问题。

（一）感谢主考官

感谢对方的方式有打电话或写感谢信。这可以给面试官留下好的印象。你的提醒会给对方留下深刻印象。不要在感谢信中提及能否被录用的问题，因为感谢信的用意是感谢面试官在你的面试上花费了时间，而非增加对方的困扰。

（二）打电话或发邮件询问

如果面试官曾告知有问题可以打电话或发邮件的话，你就可以打电话或发邮件询问是否还有面试以及自己是否能被录用等问题。

（三）写感谢信给被你拒绝的公司

当自己表现出色，被许多家公司同时录用，每家公司都希望你的加入时，你该怎么办呢？此时，若你已决定接受其中一个，也必须寄感谢信给被你拒绝的公司。

专题四　笔试应具备的技巧

笔试是一种与面试对应的测试，是用以考核求职者特定的知识、专业技术水平和文字运用能力的书面考试形式。这种方法可以有效地测试求职者的基础知识、专业知识、管理知识、综合分析能力和文字表达能力等。

笔试在员工招聘中有相当重要的作用，尤其是在大规模的员工招聘中，公司可以较快地把求职者的基本情况了解清楚，然后可以确定一个基本符合需要的录用界线。笔试适用面广，费用较少，可以大规模运用。但是分析结果需要较多的人，有时求职者会投其所好，尤其是在个性测试中更加明显。

一、笔试的类型

笔试的题型主要有选择题、是非题、匹配题、填空题、简答题、论述题、小论文 7 种，每种笔试形式都有它的优缺点。例如，小论文以长篇文章表达对某一问题的看法，并表达自己所具有的知识、才能和观念等；该方式的优点是易于编制试题，能测验求职者的书面表达能力，易于观察求职者的推理能力、创造力及材料概括能力；同时它也存在缺点，即评分缺乏客观标准，无法测出求职者的记忆能力。其他笔试形式的优点：评分公正、抽样较广、免除模棱两可及取巧的答案，可以测出求职者的记忆力，试卷易于评阅；但也有一些缺点，如不能测出求职者的推理能力、创造力及语言组织能力，试题不易编制，答案可以猜测。

常见的笔试类型如下。

（一）专业考试

专业考试考核的是专业知识，与学校的课程考试不同，它是根据用人单位用人需要来组织考试内容的。

（二）心理和智商测试

也有不少用人单位在笔试时会采用一些心理或智力量表，如 METI 量表就被不少大公司所使用。他们的目的是测试求职者的心理水平。因为在他们看来，情商在很大程度上决定着一个人在职场的成败。而智力测试往往是针对需要极大创造性的岗位而设的。

（三）综合能力测试

该测试主要测验一个人的综合素质，特别是其分析判断能力。例如，公务员考试中的行政能力测试有不少综合知识问题，而申论考的是分析问题、解决问题的能力。

案例播报

令人深思的测试

下文是一家公司在招收新职员时设置的一道测试题。

在一个暴风雨的晚上，你开着一辆车经过一个车站，有3个人正在等公交车。一个是生命垂危的老人，很可怜；一个是医生，他曾救过你的命，是你的大恩人，你做梦都想报答他；还有一个女人/男人，她/他是你做梦都想娶/嫁的人，也许错过这个机会以后就再也没有了。但你的车只能坐一个人，你会如何选择呢？请解释一下你的理由。

下面是一些求职者给出的答案：有的人认为老人生命垂危，应该先救他；有的人认为每个老人最后都只能把死作为他们的终点站，因此，应该先让那个医生上车，因为这是报答他的好机会；也有些人认为，可以在将来某个时候去报答医生，但是一旦错过了这个机会，就可能永远失去心爱的人。

在众多的求职者中，只有一个人被聘用了，他并没有说出理由，他只是说了以下的话："给医生车钥匙，让他带着老人去医院，而我则留下来陪我心爱的人一起等公交车！"

笔试的特点是求职者通过解答试题，让招聘人员了解自己的知识深度和知识广度，众多求职者同时临场，有统一的、较客观的评判标准，省时高效，经济易行。但笔试也有很大的局限性：求职者不能直观地向用人单位展示自己，只能通过卷面展示自己。

二、笔试前的准备

从某种角度来说，笔试能更深入地考查求职者的综合素质。求职者平时的知识积累程度和心理素质通过笔试能得到较好体现。因此，在笔试之前，大学生应在心理方面和知识方面做好准备。

（一）心理方面的准备

一部分大学生因为缺乏信心，参加笔试时怯场。但笔试毕竟不同于学校时的考试，因此笔试前要做好充足的心理准备。

（1）自我调节，减轻心理压力。有的大学生把笔试看得过重，对笔试的结果忧心忡忡，从而产生紧张情绪，临进考场时脑子一片空白。对于这种情况，大学生应该有足够的自控力，可怀着"豁出去"的心理投入笔试中，要树立"胜败乃兵家常事""这次不成还有下次""这个单位不用我还会有更好的单位等着我"的思想，不能总想着笔试结果会怎么样，要把注意力放在回答问题上，这样就会大大缓解紧张和怯场情绪。

（2）多参加体育运动。平常或者参加笔试前适当进行体育运动，从而使高度紧张的大脑得到放松和休息，以充沛的精力去参加笔试。

（3）保证充足的睡眠。参加笔试的前一天要注意休息，避免笔试时因精神不振而影响正常思考。

（二）知识方面的准备

对于测试综合能力的笔试，求职者需要具备很广的知识面，但不需要很强的专业能力，因此应做到以下几点：

提高快速答题能力。为了适应笔试中的题量,应该尽快培养自己快速阅读、快速思考和快速答题的能力。因为现代阅读观念不仅在于信息的获取,而且重视速度。所以,在准备笔试时一定要提高答题速度。

注意积累,理论联系实际。现在的笔试越来越强调用学过的知识解决实际问题,具有很强的实用性。换句话说,现在的笔试主要考查求职者对知识的运用能力。因此,大学生必须始终突出一个"用"字,平常注意积累,通过各种实践,把学得的知识运用到工作实际中,解决各种具体问题。

系统掌握知识。掌握知识的一个有效方法就是把零散的知识系统化。笔试往往范围大、内容广,存在一定的随意性和盲目性,因此凡是与求职有关的知识,如文史知识、科学知识、经济学知识、法律知识和一般的计算机知识,均要系统地复习一遍。

多读多练,提高阅读能力。提高阅读能力对拓展知识面和回答笔试的各类问题很有益处。要提高阅读能力,首先要坚持进行阅读。知识的获得主要依靠传授,能力的提高则必须通过实践。经常进行阅读训练有助于阅读能力的提高。在做阅读训练时,一定要做到眼到和心到,特别是心到,即对每个问题都仔细揣摩、认真思考、分析比较、综合归纳,努力提高自己的阅读能力。

专业类的笔试主要考查基础知识、基本技能,因此需要坚实的专业基础知识。首先,考前应该结合具体职位看相关资料,了解笔试内容,做到心中有数。其次,要了解笔试重点,认真复习。每个学科都有一两门概念性课程,参加笔试要之前多看看这方面的教材。如果以前学过这方面知识且有笔记或复习提纲,可把主要考试内容的看看,不用看得太细。

求职者参加的笔试,不仅是考查其专业知识,而且考查其办事效率、工作态度、修辞水平、思维方法等。所以,大学生在参加笔试时,要认真审题,将自己的认知能力、知识水平充分发挥出来。

三、笔试的技巧

(一)了解阅卷者的心理

考试前一般都要专门制订评分标准,包括标准答案或有关评分要点及各解答步骤的分数分配方案等。评分标准是阅卷者评分的依据,它要求阅卷者按评分标准严格评分,以保证评分的一致性。从理论上讲,评分标准应该是合理的、科学的,这样才能保证评分结果和考试结果的可靠性。然而,由于阅卷者有各自不同的评分原则,因此,往往不同的人心中又有不同的评分标准。有人做过这样的调查,用"你给试题分配分数的原则是什么"的问题分别询问 24 位阅卷者,结果竟有 10 多种答案。可见,在给试题分配分数上,阅卷者之间的差异是很大的。

阅卷中的认识过程就是阅卷者知觉和思维的过程,这里的知觉主要是指对求职者答卷的知觉。阅卷中的思维主要是比较、判断、分析和综合等。

从心理学的角度来说,知觉是人脑对直接作用于它的客观事物的整体反映。人们在知觉过程中要遵循知觉的整体性、选择性、理解性、恒常性规律,当客观事物只有部分作用于感官时,人就根据已有的知识经验加以补充,知识经验不同的人对同一事物的知觉存在差异。在阅卷时,阅卷者对考卷的知觉有知觉者主体经验作为参考,知觉的结果与客观现实中答卷

的好坏并非完全一致。因此，知觉对阅卷时评分的客观性有一定影响。

从阅卷者主观的角度来看，他们的知觉是以观察为主的，而这种观察是一种有目的、有计划并伴有积极思维活动的，阅卷（评分）就是要根据标准对求职者每道题答案的对错进行判断和评估，并赋予其相应分值，其中包含分析、综合、比较和判断等。分析是指把事物的个别属性分离出来，如在给作文评分时，既要把作文分成若干段来思考，又要对作文的卷面、词句、内容、特点等分别进行考查；综合则是把事物的各种属性结合起来，如对作文评分时，经过对作文的分析后，要把作文各部分、各种属性综合起来看，形成对作文的整体认识；比较是把事物的某些属性加以对比并确定它们之间的差异，如将求职者的答案与评分标准比较，在求职者的答案之间作比较；判断就是对事物进行最后定论，对试卷有何意见，评多少分。

目前，全国各类公开考试的试题类型主要有客观性试题和主观性试题两类。前者比较简单，如判断题，阅卷者只需将求职者答案与标准答案对照一下便打分，即使是外行人也能完成，一般不容易出现差错，有偶然性的差错也很容易纠正，这类试题现在大多采[illegible]阅卷的方式。对于后者，阅卷者的心理过程就复杂多了，上面所说的分析、综合、[illegible]在阅卷中都可能存在，环节越多，过程越复杂，阅卷者的差异就越大，阅卷者情感[illegible]好或厌恶、心境、美感、理智感和意志过程中的自制力及个性心理等都能产生影[illegible]的是在评作文题时，阅卷者需要对卷面、立意、意境、结构、层次、语言及文字作出判断，不同的阅卷者所给的分数就必然有差异。

（二）根据阅卷者的心理形成应试策略

1. 卷面务必整洁，字迹力求工整

由于阅卷者对求职者是陌生的，求职者只是通过一张试卷初步了解求职者，因此求职者在试卷上要下一番功夫。在答题时，求职者应按照规范格式书写，不乱涂乱画，字要写得认真且清晰，这样阅卷者看起来才会既省力又省心。工整的字体首先给阅卷者留下了良好的第一印象。这样可能产生光环效应，对提高自己的成绩是有利的。另外，阅卷是一种脑力劳动，长时间的评阅工作必然使阅卷者身心疲惫，效率下降，如果求职者字写得潦草，乱涂乱画且不按照规定格式答题，不能引起阅卷者的反感，影响评分的结果。因此，只要时间允许，一定要认真书写，字体未必像书法艺术那样给人以美的感觉，但至少应清晰明了。

2. 答案简明扼要，切忌画蛇添足

一般情况下，标准答案是以要点或纲目的形式出现的，否则试卷和试题评定就会因人而异失去统一的标准。由于阅卷者是顺从评分标准的，标准答案之外的观点除非确属高见，得到大多数阅卷者的认可，否则很难得分。实际上，由于每位阅卷者在个性上的差异和认识上的差别，标准答案之外的观点得到一致认可概率并不大。因此，求职者答题一定要简明扼要，能表达自己的意思即可。对要点的解释要准确。

3. 做题先易后难，以求得到鼓舞

实践表明，成功的经验可以使人的心理需要和期望得到满足与实现，产生愉悦感，使人得到鼓舞和激励，从而增强信心，提高人的活动能力，进入积极主动的心理活动状态。反之，会使人灰心丧气，产生一种挫折感，降低人的活动能力，难以进入积极的心理活动状态。因此，求职者在答题时，先要通看一遍试卷，心中有数后，按先易后难的顺序作答，力争在不断满足、不断激励中愉快地完成全部试题。如果遇到一时不会的题目，暂时跳过，等完成其他题目后再做。

4. 要准确，力争一次成功

由于人的心理活动具有定式性倾向，先前所进行的心理活动往往影响同类后继心理活动的方向，使人习惯于按照已形成的思路去思考问题。如果已经出现了错误，往往难以发现和纠正。因此，在答题时，要把求准放在第一位，在求准的基础上求快。如果抱着"反正后面还要检查"的态度草率完事，不但难以保证答案的准确性，而且浪费了许多时间，可谓欲速则不达。

5. 尽量做到最后检查一遍

参加考试是一种紧张、复杂的智力劳动，免不了犯错误，最后检查一遍是避免错误很有效的办法。答完试卷之后，头脑因相对放松而较为清醒，因而更容易发现答题过程中注意不到、考虑不周的问题。在检查时，要把注意力集中在自己的解答思路上，避免思维定式，故多采用逆向检查法和变换方式检查法，前者指不从其正面按部就班、循老路前进，而是从其反面一步一步地进行反证；后者则是用与原来不同的方式解答同一问题，如能殊途同归，也可以确定答案是正确的。

6. 学会答卷策略

在考试过程中，如果的确因知识或能力所限，对试卷上的题没有思路（或从未学过，或没能力做完），不妨采取一些小策略。

（1）增加一分也好，绝不留下空白。由于参加笔试的人较多，求职者也许因一分之差而名落孙山。其实在考场上多得几分并不难。因为许多试题的评分标准不仅看最终答案，而且看整个答题过程。求职者即使对问题一知半解，也应尽力作答，不留空白。一些主观性试题在评分时有变通的可能，如果求职者一字不答，便一分也得不到。一定要尽力答题，能走一步算一步，试题本身往往就有暗示作用，按照题目的意思进行一些讨论，阅卷者在评分时很可能就从中"挖掘"出一些符合答案的观点，尤其是一些文史类题目。

（2）只要不倒扣分，不妨尝试回答。选择题一类的题目适合尝试着解决，一般情况下，答错了不扣分。越来越多的教育和心理学家相信，猜测和估算也是人的一种不可缺少的能力。许多研究证明，在标准化考试中，"勇于猜测的人"比"谨慎小心的人"更容易得较好的分数。曾有人做过这样的试验：让 400 名求职者回答两份等值的标准化测验题，第一次不鼓励猜测，第二次鼓励猜测，结果发现，第一次平均分数 22.5 分，而第二次则上升到 46.2 分，差距很大。从理论上讲，是非判断题猜对的可能性是 50%，四选一的试题，猜对的可能性是 25%，而实际猜测所得分数往往要高，猜测大多有一定线索，况且，求职者对试题一无所知的情况并不多。凭常识也可排除一些不正确的选项。另外，在解答阅读理解性质的选择题时，题与题之间往往有一定关联，求职者可以根据其中一题推论其他各题的答案。

7. 自始至终保持必胜的信念

自信对求职者来说非常重要。一个人有了自信才能生存在世上，应对各种挑战，克服障碍，处事决断，坚守自己的信仰；反之，便会轻视自己的人生价值，无法发挥自己的能力而受制于人。所以，人们常说，有了自信便能成功。自信为什么这样么重要，原因有二：其一，自

信能消除恐惧、不安等不必要的烦恼，使人能运用清晰的头脑创造新的意念，以及获得一切良机；其二，自信会让别人对自己产生信心，成功多半落在一个具有自信心的人身上。对于参加笔试的求职者来说，建立自信心是获胜的保证。因此，求职者在整个笔试过程中必须保持自信心。

专题链接

参加笔试应注意的细节问题

1. 听从安排

应当在监考人员的安排下就座，而不要选择座位，更不要抢座位。如果因特殊情况，座位确实有碍自己考试需要调整时，一定要有礼貌地向监考人员讲清楚并求得谅解；若实在不能调换，也应理解其工作上的难处。

2. 遵守规则

在落笔之前，一定要听清楚监考人员对试卷的说明，不要仓促作答，不要跑题、漏题或文不对题；更不能有不顾考场纪律、我行我素的行为，如未经许可携带手机、擅自翻阅字典等。

3. 写好姓名

做题前一定要先将自己的姓名等个人情况写清楚，白白地做一回“无名英雄”。

4. 卷面整洁

答题时应注意卷面整洁、字迹清晰、行距有序、段落齐整、版面适度。因为求职过程中的笔试不同于在校时的考试，“醉翁之意不在酒”，有时用人单位并不在意求职者考分的高低，而是从中观察求职者是否有认真的态度、细致的作风，从而决定是否录用。

5. 诚信礼貌

防止一些可能被视为作弊的行为或干扰考试的现象出现，如瞄别人的试卷、藏匿被禁止携带的参考材料、与旁人交流等。另外，口中念念有词、试卷翻得哗哗作响、用笔敲打桌面、唉声叹气、抓耳挠腮、经常移动身体或椅子等举动是不会为自己带来任何好处的。

6. 关闭手机等通信工具

参加笔试，一定要注意对手机等通信工具的处理，按照监考人员的要求，将手机关掉放在包里或直接交给监考人员保管。

7. 没有必要提前离场

许多大学生在大学里养成了考试的时候提前交卷的习惯，在求职过程中笔试中，这样做并不是明智之举。笔试提前离场并不能说明你的实力，毕竟考试的结果是最终成绩，而不只是答题速度。有时用人单位会认为求职者在笔试中提前离场的行为表明了其对此次笔试的不重视。因此，大学生即使提前把题答完也没必要提前离开，剩下的时间可以进行检查，这样一来可以提高成绩，二来可以给用人单位留下一个认真、务实、严谨的好形象。

参加完笔试，不论个人感觉如何，都应继续关注后续的招聘进程，提前做好进入下一轮竞争的准备。万一失败了，则需分析原因、总结经验教训。

专题五　面试应具备的技巧

面试是指通过书面或面谈的形式考查一个人的工作能力，是一种经过组织者精心策划的招聘活动。物以类聚，通过面试可以初步判断求职者是否可以融入自己的团队。面试可以在特定的场景下，以面试官对求职者面对面交谈与观察为主要手段，由表及里地查看求职者的知识、能力、经验等有关素质。

面试是所有用人单位招聘人才时都会有的一项，毕竟"百闻不如一见"。用人单位通过面试，对求职者有最直接的印象和评价，从而决定是否录用这个人。

一、面试的类型

（一）标准化面试

标准化面试是指面试的所有内容和程序都是固定的，按同样的顺序问同样的问题。用人单位会根据既定的评价标准对求职者进行评价。这种面试一般用在初级面试阶段，类似笔试的性质与功能。

（二）非标准化面试

非标准化面试又称非结构化面试，即面试的内容和流程都不是事前固定的，有着极大的即兴色彩。其优点在于面试人员可以根据求职者的具体情况有针对性地跟进。

（三）无领导小组讨论

无领导小组讨论是很多用人单位的人事部门喜欢采取的一种面试方式，特别是针对营销、管理或培训生岗位。方式是一组求职者（通过控制在5～10人）围绕圆桌，企业提供讨论主题（如一件时事或一个假设性的故事），不指定领导，由在座的求职者自由讨论，而用人单位代表只是坐在一旁观察，不参与、不干预讨论。这种面试能很好地测验求职者的组织能力、领导能力、问题分析及解决能力等。

专题链接

无领导小组讨论试题

现在发生海难，一艘游艇上有8名游客等待救援，但是现在直升机每次只能够救一个人。游艇已坏，不停漏水。目前是寒冷的冬天，海水刺骨。游客情况如下：

（1）将军，男，69岁，身经百战。

（2）外科医生，女，41岁，医术高明，医德高尚。

（3）大学生，男，19岁，家境贫寒，参加过国际奥数竞赛并获得了第一名。

（4）大学教授，50岁，正主持一个科学领域的研究项目。

（5）运动员，女，23岁，奥运会金牌获得者。

（6）经理人，35岁，擅长管理，曾使一个大型企业扭亏为盈。

（7）小学校长，男，53岁，劳动模范，五一劳动奖章获得者。

（8）中学教师，女，47岁，桃李满天下，教学经验丰富。

请将这8名游客按照营救的先后顺序排序(3分钟阅题时间,1分钟自我观点陈述,15分钟小组讨论,1分钟总结陈词)。

(四)情境面试

情境面试是指设置一定的情境,让求职者在情境中解决问题,类似角色扮演。情境面试主要考查求职者解决问题的思维及能力。

专题链接

情境面试试题

一家外企招聘员工时,要求求职者冒雨到附近指定地点然后返回,但只有一半的求职者发到伞。求职者在这场面试中出现这样的情况:发到伞的求职者主动与无伞的求职者搭档,风雨共伞;无伞的求职者与有伞的求职者协商合用一把伞;有的有伞的求职者只顾自己不顾别人,独自撑一把伞。结果独自撑一把伞者被淘汰,而风雨同伞者则被录用。

(五)压力面试

对一些具有高压力的岗位(如营销、管理类),用人单位还会在面试中设置压力面试的环节,即他们会通过问尖刻的问题(如"我认为你不合适这个岗位,你有什么要说的吗?"),观察求职者在高压力的情况下如何应对,从而对其抗压能力、意志力及逻辑能力进行考查。因此,在面试中,一定要自始至终自信沉着。

专题链接

压力面试试题

(1)面试官:"你的学习成绩并不是很优秀,这是怎么回事?"

你可以坦然地承认这点,然后以分析原因的方式带出你另外的优点。例如,"在校期间学习成绩之所以不很优秀,是因为我担任社团负责人,投入到社团活动上的精力太多。虽然我花在社团的心血也带给我不少的收获,但是学习成绩不是最优秀,这一点一直让我耿耿于怀。当意识到这一点后,我一直在设法纠正自己的偏差。"

(2)面试官:"你性格过于内向,这恐怕与我们的职业不适合。"

你可以微笑着回答:"据说内向的人往往具有专心致志、锲而不舍的品质,另外我善于倾听,因为我感到应把发言机会留给别人。"

(3)面试官:"你的专业与所应聘的职位不对口。"

你可以巧妙地回答:"据说,21世纪最抢手的就是复合型人才,而外行的灵感也许会超过内行,因为他们没有思维定式,没有条条框框。"

(4)面试官:"我们需要名牌院校的毕业生,你并非毕业于名牌院校。"

你可以幽默地说:"听说比尔·盖茨也未毕业于哈佛大学。"

二、面试考查的内容

从理论上讲,面试可以测评求职者的素质,但在人员甄选实践中,并不是以面试去测评一个人的所有素质,而是有选择地用面试去测评它最可能考查的内容。面试考查的主要内容有以下几个方面。

(一)工作态度与求职动机

该项一是了解求职者对过去学习、工作的态度,二是了解其对应聘职位的态度与愿望。通过了解求职者对过去学习或工作的态度,就可以预测其在新的工作岗位上的表现。如果过去做事不认真、不负责,很难说以后就会勤勤恳恳、认真负责。通过了解求职者为何希望来本单位工作,对哪类工作最感兴趣,在工作中追求什么,就可以判断其求职动机。如果是被工作所吸引,为了施展才干来应聘该岗位,对单位文化的认同度较高,则一般不会轻易离职;如果仅是为了福利待遇和高工资来应聘该岗位,工作一段时间后离职率则往往偏高。

(二)口头表达能力

该项考查的具体内容包括表达的逻辑性、准确性、感染力和音质、音色、音量、音调等。用人单位一般会考查求职者能否将要表达的内容有条理、完整、准确地传达给对方;引例、用语是否确切;发音是否准确,语气是否柔和;说话时的姿势、表情如何;能否将自己的思想、观点、意见或建议顺畅地用语言表达出来。求职者在面试时应注意谈话是否前后连贯、主题是否突出、思路是否清晰、说话是否有说服力。

(三)工作实践经验

一般来说,面试人员在查阅求职者的个人简历或求职登记表的基础上,会做些相关的提问。例如,会查询求职者的有关背景及过去工作的情况,以补充、证实其所具有的实践经验;通过对工作经历与实践经验的了解,考查求职者的责任感、主动性、思维能力、口头表达能力等。

(四)仪表风度

仪表风度是指求职者的体型、外貌、气色、衣着举止、精神状态等。一个人的言行举止与外表往往能够反映一个人的综合素质,如国家公务员、教师、公关人员、企业经理人员等,对仪表的要求较高。实践证明,仪表端庄、衣着整洁、举止文明的人,一般做事有规律,注重自我约束,责任心强。求职者应该注意着装得体,举止文雅、大方,表情丰富,回答问题时要认真、诚实。

案例播报

仪表风度的重要性

一天下来,美国的约瑟先生对于对手——中国某医疗器械公司的范经理,既恼火又钦佩。这个范经理对即将引进的“大输液管”生产线行情非常熟悉。不仅对设备的技术指数要求高,而且将价格压得很低。在中国,约瑟似乎没有遇到过这样难缠而又有实力的谈判对手。他断定,今后和务实的范经理合作,事业能顺利。于是信服地接受了范经理那个偏低的报价。双方约定第二天正式签订协议。

天色尚早,范经理邀请约瑟到车间看一看。车间井然有序,约瑟边看边赞许地点头。走着走着,突然范经理觉得嗓子里有条小虫在爬,不由得咳了一声,便急忙向车间一角奔去。约瑟诧异地盯着范经理,只见他在墙角吐了一口痰,然后用鞋底擦了擦,油漆的地面留下一片痰渍。约瑟快步走出车间,不顾范经理的竭力挽留,坚决要回宾馆。

第二天一早，翻译敲开范经理的门，递给他一封约瑟的信："尊敬的范先生，我十分钦佩您的才智与精明，但车间里你吐痰的一幕使我一夜难眠。恕我直言，一个经理的卫生习惯可以反映一个工厂的管理水平。况且，我们今后生产的是用来治病的输液管。贵国有句成语叫人命关天！请原谅我的不辞而别……"范经理脑袋顿时"轰"的一声，像要炸了。

（五）专业素养

大多数工作岗位都有特定的专业素养要求。作为对专业知识笔试的补充，面试对专业素养的考查更具灵活性，面试人员往往提一些专业问题了解求职者掌握专业知识的深度和广度、专业素养是否符合所要录用职位的要求等。当然，有些岗位严格要求专业对口，有些岗位就允许跨专业就业，因为大学生毕竟年轻，可塑性较强，有些知识与技能可以在以后的学习中补充。

（六）综合分析能力

面试人员一般会考查求职者在面试中是否能通过分析其所提出的问题抓住本质，并且全面分析、条理清晰。

（七）反应能力和应变能力

反应能力和应变能力主要考查求职者对面试人员所提的问题理解得是否准确，回答是否迅速、准确，对于突发问题的反应是否机智敏捷，对于意外事情的处理是否妥当，等等。

（八）自我控制能力和情绪稳定性

自我控制能力对于国家公务员及许多其他类型的工作人员（如企业的管理人员）尤为重要。一方面，在遇到上级批评指责、工作有压力或个人利益受到冲击时，能够克制、容忍、理智地对待，不因情绪波动而影响工作；另一方面，工作要有耐心和韧劲。

面试时面试人员还会向求职者介绍本单位及拟聘职位的情况与要求，与求职者讨论有关工薪、福利等求职者关心的问题，以及回答求职者可能问到的其他一些问题等。

（九）人际交往能力

在面试中，通过询问求职者经常参与哪些社团活动，喜欢同哪种类型的人打交道，在各种社交场合扮演什么角色，可以了解求职者的人际交往倾向和与人相处的技巧。

（十）思考判断能力

在面试中，面试人员通过考查求职者对其所提的问题能否抓住本质、说理是否透彻、分析是否全面、条理是否清晰来判断求职者的分析能力。面试人员一般会考查求职者能否准确、迅速地判断面临的状况，能否恰当地处理突发事件，能否迅速地回答对方的问题并且答案简洁、贴切。求职者应在准确、迅速、决断方面进行重点准备，对自己的判断应该有信心。

案例播报

一段面试经历

找工作的这半年，小李参加过很多招聘会，投过无数的简历，也有过不少面试机会。小李是学会计与审计专业的，成绩优异，还是系学生会的干部，每年都获得各项奖学金、三好学生和优秀班干部等称号……这些经历让小李的履历表比其他同学更有分量。因此，刚开始找工作时，小李自信找一份满意的工作应该不成问题。

可当其投身在滚滚的就业大潮中，她立即意识到，自己的想法太天真了。那么多名牌大学的优秀大学生都会为了一个小小的职位抢破了头，她觉得自己是个普通专科毕业生，拿什么和人家竞争？其由自信开始变为忐忑，在矛盾与不安中小李接到了一家知名高薪企业的面试通知。

这让小李既高兴又紧张，因为她从来没有面试的经验。小李在图书馆里泡了好几个晚上，啃《面试轻松过关》《面试宝典》之类的书，看得头昏脑涨，满脑子都是该如何应对面试人员的“刁难”，感觉自己像一只可怜的羊羔，拼命躲着猎人的圈套。

真正面试的那一天终于到了。小李走进考场后才发觉，与她一同面试的其他5个人都是男生。面试场所是一个很小的会议室，中间是一张圆桌。面试人员坐在圆桌一边，求职者坐在另外一边。还好，不是“三堂会审”，小李庆幸不已。心想，这样的考场气氛还算融洽。

工作人员拿来6杯水，其他几个男生直接拿起自己面前的水杯就开始喝水。小李转念一想，不对啊，几位面试人员都还没有水喝呢，我怎么可以抢先呢？于是很有礼貌地把杯子递给离她最近的一位面试人员。

“还是女孩子心细啊。”坐在中间的一位面试人员说，另外几个正在喝水的男生立刻窘住了，面面相觑。小李暗暗自得，不忘对几位面试人员露出谦逊的微笑。

由于刚开始的表现得到了面试官的赞赏，这给了小李极强的自信，所以在接下来的面试环节中，小李表现积极，与面试官侃侃而谈，整个面试过程都在融洽的氛围中。而另外几位男生由于刚开始的窘态，在后来的环节中过于谨慎小心，颇有“大姑娘上轿”的样子，结果该表现的都没有表现出来，表现了的也不尽如人意。

最后，主面试人员握着小李的手说：“欢迎你加入我们公司。”

三、面试前的准备

（一）面试前的思想准备

1. 充分了解用人单位

对用人单位的性质、地址、业务范围、经营业绩、发展前景、应聘岗位及所需的专业知识和技能等要有一个全面的了解。单位的性质不同，对求职者面试的侧重点不同。如果是公务员面试，内容和要求与企业相差很大。公务员面试侧重于时事、政治、经济、管理、服务意识等。而一位资深人力资源专员说：“面试时，我们都会问求职者对我们公司了解多少，如果他能很详细地回答我们公司的历史、现状、主要产品，我们会高兴，认为他很重视我们公司，对我们公司也有信心。”同时应该通过熟人、朋友或有关部门了解当天对自己进行面试的人员的有关情况及面试方式以及面试时间安排，寻找可能提供给自己的一切说明材料。

案例播报

“胸无成竹”失机遇

某校学生会主席小高在一次大型招聘会上向一家公司投了简历，当时是公司的区域经理收的简历，区域经理对他印象很好，让他等通知。一周后他被通知去当地某五星级酒店，公司总部来人进行面试。小高知道这家公司工作人员能够入住五星级酒店说明该公司很有

实力，也想去这样的好单位工作。但他没有太重视，没有详细了解该单位的业务范围等具体情况，面试中被问及该单位的一些问题都不太清楚，最后失去了这个机会。毕业后，他在工作中才知道当初面试的那家公司在他那个行业是实力很强的企业，远胜过他目前供职的单位。

2. 使自己的能力与用人单位的招聘岗位要求相符

求职者参加面试前应对自己的能力、特长、个性、兴趣、爱好、人生目标、择业倾向有清醒的认识。认真阅读收集的所有信息并牢记它们，尽量使自己的能力与工作要求相适应。参加面试时，通过展示自己对知识的理解情况来表达想要从事这一工作的愿望。

3. 模拟可能询问的问题

面试前不经过角色模拟，便无法达到最佳效果。一些负责招聘的人事主管提出，求职者应当乐意提问题，这样面试人员才知道求职者的水平和想了解的问题。

4. 对可能遇到的问题进行准备

这项准备有助于认清自己真正的想法，有助于在面试现场清晰地进行自我表达。

5. 过错也可加以陈述

即使曾有一些不愉快的受挫经历，即使自己曾经犯过错，这些过错也可作为一段可供学习的经历加以陈述。

专题链接

面试的十条原则

以下十条面试原则对求职者有一定指导作用：

(1)对公司背景及其经营状况要了如指掌。你必须在面试前对公司做深入了解和研究，包括公司的产品、服务、存在的问题、前景及公司在其领域所处的地位。

(2)采取积极自信的态度。精心准备加上自信可以说你取得了一半的成功。即使你以前面试时有过失败和挫折，也不必气馁，要深知你与面试人员之间的关系是建立在相互感兴趣的基础上的。要大胆告诉面试人员你的计划，以及你的计划如何能充分满足公司的要求。你对自己的优点要自始至终抱有信心。

(3)放松肌肉，让微笑贯穿整个面试过程。

(4)握手时要坚定有力。有力的握手动作是一种充满能量、值得依赖的表现。

(5)集中注意力聆听面试人员的话。在面试时，你如果不集中注意力，就会遗漏某些要点，更可能答非所问。

(6)注意你的仪表。有一项调查表明：1/3 的求职者被淘汰是由于穿着随便、不得体、不修边幅。

(7)要充满热情。如果你内心非常渴望从事这份工作，就要让面试人员感受到你的热情。

(8)谨慎地对待工资问题。

(9)不要滔滔不绝，应当言简意赅，充分展示你的特殊能力和资格，说明这些能力和资格在满足公司需求方面的重要性。

(10)让面试人员喜欢你。许多面试人员在仔细评估一个求职者的资格和能力后,在决定聘用对方之前时往往依据内心的整体感觉。要使面试人员喜欢你,首先,要注意你所说的话应使面试人员充分感到他的地位的重要性。如果你能在面试之前就对面试人员有一定了解,那么面试时你就能处于有利地位。例如,提及面试人员在某些领域所取得的成就,其职位在其公司中的重要作用。其次,要认真倾听面试人员的谈话并积极应答。

(二)面试前的心理准备

面试就像一场考试,在测试每个人的能力,也在测试每个人的心理素质和临场发挥能力。因此,要面试成功,需做到以下两点:

要充满信心。"海阔凭鱼跃,天高任鸟飞",保持良好的状态、快乐的心情,会大有益处。

要抓住面试人员的心。面试人员可能先评价一位求职者的衣着、外表、仪态及行为举止,也可能对求职者的专业知识、口才、谈话技巧做整体性考核,还可能从面谈中了解求职者的性格及人际关系,并从谈话过程中了解求职者的情绪状况、人格成熟度、工作理想、抱负及上进心。

(三)面试前的知识准备

与应聘岗位相关的专业知识、业务技能等要熟知,备上一份求职材料,供面试人员查阅参考。准备当天可能用到的个人资料或作品,携带相关证件,以便在面试过程中进一步向面试人员提供自己的相关资料。

(四)面试前的体能、仪表准备

面试前要保证充分的睡眠和愉快的心情,以保持良好的精神状态,面试前还应注意装饰自己,使穿着打扮等与年龄、身份、个性等相协调,与应聘职业岗位相一致。

(五)查找交通路线

接到面试通知后,要不确定交通路线,以免面试迟到。一般面试通知会标有交通路线,要搞清楚究竟在何处上下车、换乘。要留出充裕的时间搭乘或转换车辆,一些意外情况都应考虑在内。

专题链接

面试妙招

(1)要以一颗平常心对待面试,要做好承受挫折的心理准备。即使面试一时失利,也不要以一次失败论英雄。

(2)对用人单位和自己要有正确的评价,相信自己能完全胜任此项工作。"有信心不一定赢,没信心一定输。"

(3)穿得整洁大方,提升自身形象,增强自信心。

(4)面试前做几次深呼吸,心情肯定会平静得多,勇气也会倍增。

(5)与面试人员见面时,要主动与对方进行亲切的目光交流,缓解紧张情绪。尽量在心中建立起与面试人员平等的关系。如果害怕,被对方的气势压倒,就鼓起勇气与对方进行目光交流,待紧张情绪消除后,再表述自己的求职主张。

(6)当出现紧张的局面时,不妨自嘲一下,说出自己的感受,使自己变得轻松些。

(7)感到压力大时，不妨借助间隙发现面试人员诸如服饰、言语、体态方面的缺点，借以提高自己的心理优势，这样可能会增强自信，回答问题时就会自如。

(8)当与对方的谈话出现间隔时，不要急不可耐，给自己留下思考的时间，理清头绪，让对方感觉你是一位沉着冷静的人。

(9)回答问题时一旦紧张，说话可能结结巴巴或越说越快，紧张感也会加剧，此时最好的办法就是有意放慢自己的说话速度，一个字一个字地从嘴里清晰地说出来，速度放慢了，也就不紧张了。也可加重语尾发音，说得缓慢响亮，用以缓解紧张情绪。

(10)见到面试人员时，不妨有意大声地说几句有礼貌的话，做到先声夺人，紧张的心情可能就会消失。

四、面试的技巧

(一)面试礼仪技巧

参加面试是一次重要的人际交往机会，得体的言谈举止及仪表十分重要。求职者在求职过程中表现出的礼仪，不仅能反映其人品和修养，而且直接影响最终的结果。在求职中，懂得礼仪的人较不懂礼仪的人有更大的成功概率。在面试礼仪中，要注意以下几点：

1. 言谈得体，文雅大方

面试时，如果有两位或两位以上的面试人员，求职者回答谁的问题目光就应注视谁，并应适时地环顾其他面试人员以表示对他们的尊重。谈话时，眼睛要适时地注视对方，不要东张西望、漫不经心，也不要低着头，显得缺乏自信。情绪激动地与面试人员争辩某个问题是不明智的，冷静地保持不卑不亢的态度是有益的。有的面试人员会专门提一些无理的问题，试探求职者的反应能力，如果求职者处理不好，就容易乱了分寸，面试的结果显然不会理想。

2. 发型适宜，着装得体

面试时，对发型总的要求是端庄、自然，避免太前卫、太另类，同时应与所要应聘的职位要求相宜，如秘书要端庄，营销人员要干练，与机器打交道则要求短发或盘发。一些长发披肩的女生要注意，在面试时头发切忌遮住脸庞，除非是为了掩饰某种生理缺陷，否则会给面试人员留下不好的印象。男生的发型以短发为主，做到前不覆额，侧不遮耳，后不及领。

得体的衣着对求职的顺利进行有着不容忽视的作用。保留学生装清新自然的风格就很好。很多大学生误以为求职时的服装要高档、华丽、时髦，其实学生纯真自然的本色才是最大的魅力，年轻人蓬勃的朝气、清新脱俗的风格，都可以从中显露出来，进而获得面试人员的青睐。

3. 严格守时，耐心等候

迟到会影响自身的形象。通常来讲，面试时最好提前10分钟到。提前到达既是一种礼貌，也可以留出时间让自己舒缓紧张的心情及整理仪容仪表。急急忙忙赶到面试现场，往往会因为紧张而出现心跳加快、面红耳赤等情况，这时候容易思维混乱、词不达意、差错频出，给面试人员留下不好的印象。

此外，早到后不宜提早进入面试地点，尽量不提前10分钟以上出现在面试地点，因为面试人员很可能因为手头的事情没处理完而觉得很不方便。当然，如果面试人员事先通知了许多人来面试，早到者即可提前面试或在空闲的会议室等候，那就另当别论了。

4. 仪态规范，彬彬有礼

求职者在等待面试时，不要旁若无人、随心所欲、对接待员熟视无睹、自己想干什么就干什么，给人留下不好的印象，要对接待员礼貌有加。

案例播报

彬彬有礼者受青睐

曾有一位老师推荐了几名学生到他同学所在的单位找工作，他的同学是一名人力资源经理，很热情地接待了那几名学生。落座后，人力资源经理亲自给他们倒茶，没想到有位学生不客气地问："屋里太热，有没有冷饮？"人力资源经理没有理睬他，然后开始分发本单位的介绍材料，所有人都坐在那里单手接过来，只有一个人站起身，用双手接过这份材料。最终这名学生被留下试用，其他人还不服气地问："凭什么留他？他学习又不是最好的！"人力资源经理语重心长地对这些学生说了一句话："因为职场需要懂得尊重别人的人。"

谦恭有礼、非常注意礼仪准则的人，会给人留下积极且美好的印象；否则，面试落选的可能性会更大。

（二）面试应答技巧

（1）确认提问，切忌答非所问。面试中，面试人员提出的问题过大，以致求职者不知从何答起，或求职者对问题的意思不明白。求职者可将问题复述一遍，确认其内容，才会有的放矢，不至于南辕北辙、答非所问。

（2）讲完事实以后适时沉默。保持最佳状态，好好思考后回答。

（3）把握重点，条理清楚。一般情况下回答问题要结论在先、议论在后，先将中心意思表达清楚，再做叙述。

（4）讲清原委，避免抽象。面试人员提问是想了解求职者的具体情况，切不可简单地以"是"或"否"作答，有的需要解释原因，有的则需要说明程度。

（5）冷静对待，宠辱不惊。面试人员中不乏刁钻古怪的人，其提问不是"不怀好意"，而是一种战术性提问，让求职者不明其意。故意提出不礼貌或令人难堪的问题，其意在于"重创"求职者，考查其适应性和应变能力。求职者若反唇相讥、恶语相对，就大错特错了。

案例播报

恰到好处的回答

小韩是某大学管理系的毕业生，通过投递简历，她收到了一家化妆品公司的面试邀请。面试她的是公司的总经理，总经理静静地听她"卖嘴皮"，她从"雅诗兰黛""资生堂"等外国化妆品公司的成功之道说到国内"大宝""小护士"的推销妙计，侃侃道来，顺理成章，逻辑缜密。

总经理很亲切地和她说："同学，恕我直言，化妆品广告很大程度上是美人广告，外观很重要，但是你的外表……"小韩迎着总经理的目光大胆进言："美人可以说这张脸是用了你们的面霜的结果，丑女则可以说这张脸是没有用你们的面霜所致，殊途同归，您不认为后者更

高明吗?”

听后,总经理写了张纸条递给她:“你去人事部报到吧,先做销售员,试用期3个月。”小韩十分珍惜这份来之不易的工作,满腔热情地投入工作,一个月下来业绩显著。

(6)要知之为知之,不知为不知。面试中常会遇到一些不熟悉、曾经熟悉或根本不懂的问题。面对这种情况,回避问题是失策,牵强附会更是拙劣,诚恳坦率地承认自己的不足之处,反倒会赢得面试官的信任和好感。

案例播报

面试中要坦诚相待

某公司招聘现场,面试人员正对20余位公路工程检测技术专业的求职者进行最后一轮面试。

“你觉得自己有什么缺点?”面试人员突然问其中一位求职者小马。“我工作过于投入,人家都说我是工作狂。”小马不加思考地脱口而出。面试人员笑了笑:“工作投入可是优点啊,你说说你的缺点吧。”小马仍未察觉面试人员态度上的细微变化,喋喋不休:“我是个急性子,为人古板,又好坚持原则,所以易得罪人。另外,我还……”面试人员“嘿”了声,脸上不悦,手一挥,终止了问话。

专题链接

面试时典型问题的回答技巧

面试时最容易被问的问题可以事先做好准备,以下问题可做参考。

(1)请做一下自我介绍。

分析:不要认为面试人员已经看了你的简历,这个问题是多余的。这是推销自己的绝好机会!注意介绍内容尽量与个人简历一致,回答要简练(要做到这一点需要事先准备)而又不失全面,列举出你所具备的、对用人单位具有意义的3~5种品质/特点/长处/成就。建议你的回答要包括以下内容:你的职业生涯目标,与求职目标有关的技能,与求职目标有关的成就和资历,你所受教育的情况。你不一定要按照这样的顺序来介绍自己,但要努力把各个方面都介绍清楚。回答以两分钟左右为宜,逻辑清晰,层次分明,切忌啰唆冗长。

(2)请谈谈你的个性。

分析:这个问题是考查你的自我认知。最好事先准备好1~3个关键词来概括自己的个性,并进行适当解释,如果有事实证明效果更好。例如,我的个性可以用“忠诚”二字概括。我认为忠诚是人的立身之本,尽管忠诚的人有可能在一定的时间内得不到重视,但是能经得住时间和历史的考验。

(3)你有什么兴趣爱好?

分析:不要说自己没有兴趣爱好。可以结合自己要面试的职位去回答,如面试的是编辑,重点可以说爱好文学、古典名著等。个人爱好也可以提一下,不要与其他人雷同,如音乐、运动等。回答要细致,不要太宽泛,不要说运动,可以直接说足球或篮球。最好能有一些户外的业余爱好来“点缀”自己的形象。

(4)你最大的优点是什么?

分析:不要只谈论自己的优点或能力,还要把它们与应聘的职位和用人单位的需要联系起来。除了列举自己具有某项能力或长处,还要尽可能提供简单的“证据”(用数据或事实说话),要向对方证明你是一个优秀的人。

(5)你有什么缺点?

分析:这个问题可以有多种回答方式。可以避重就轻,说一些对工作不会产生太大影响的缺点;也可以用似坏实好的方式,说自己是完美主义者,做事过于认真细致,有时需要太多时间等。例如,“我不擅长……但我已经意识到这一点,并采取了……的措施/方法来改变它”。不要说自己什么缺点也没有,那样显得你不诚实也不真实。此外,切忌说自己不擅长职位所要求的某些重要能力。例如,校对工作要求员工工作细致,你却说自己有些粗心大意。

(6)你与周围的同学相处得如何?他们是如何评价你的?

分析:这个问题是在考查求职者的人品、合作能力和团队精神。在回答时应主要表达同学之间的相互合作、互相信任、和睦相处情况。

(7)谈谈一次你失败的经历。

分析:这个问题是在考查求职者的自控能力,不宜说自己没有失败的经历。所介绍的经历应说明事先自己是信心百倍、尽心尽力的,但由于客观原因而失败。切记分析失败原因时推脱自己的责任,以免给面试官留下不良印象。要强调自己失败后能很快振作起来,以更加饱满的热情面对以后的工作。

(8)你没有经验,如何能胜任这个职位?

分析:如果用人单位对应届毕业生提出这个问题,说明用人单位并不是真正在乎“经验”,关键看求职者怎样回答。对这个问题的回答最好要体现自己的诚恳、机智、果断及敬业。例如,“作为应届毕业生,在工作经验方面的确会有欠缺,因此在读书期间我一直利用各种机会在这个行业做兼职。我也发现,实际工作远比书本知识丰富、复杂。但我有较强的责任心,我的适应能力和学习能力较强,而且比较勤奋,所以在兼职中均能圆满完成各项工作,从中获取的经验也令我受益匪浅。请贵公司放心,学校所学知识及兼职的工作经验一定能使我胜任这个职位。”

(9)你为什么选择我们单位?

分析:面试人员这是在试图了解求职者对单位的兴趣及到单位工作的意愿有多少。在回答此类问题时一定要认真思考,最好能结合用人单位的管理和发展情况进行回答。应事先对此单位有所了解,客观说出单位吸引自己的地方,如表达公司规模大、对工作内容感兴趣、喜欢单位的工作作风和对人才的重视等,表达自己想到这个单位工作。如果只是简单地将原因归结为“待遇高”“离家近”等,势必会影响回答的效果。

(10)你怎样看待这个职位?

分析:回答时可从以下方面考虑:该岗位做些什么事(面试前了解,如果不了解该岗位,就说“我猜想该岗位做××事”,然后把你了解的说出来,对方会对你另眼相看);该岗位在公

司中的地位和作用；该岗位和其他岗位的联系；从事该岗位工作最重要的是什么（如服从性，然后强调一下自己的相关素质），简单地说一下自己对工作的要求，自己刚好适合此岗位。

(11)如果我们录用你，你将怎样开展工作？

分析：回答时既要强调由于自己是应届生，经验上存在一些不足，会虚心向老员工学习，也要强调会一边学习一边思考和摸索，还可以大胆说说自己对开展该工作的一些看法和计划。

(12)5年内你给自己制定的目标是什么？

分析：这个问题涉及自己的职业生涯规划，没有职业生涯规划意识的求职者往往会感到措手不及。因此，在面试前需及早厘清自己的职业生涯发展路径，确定与面试职位相关的短期、中期和长期目标。

(13)你期望的薪水是多少？

分析：可以反问他们给这个岗位提供多少（你可以说正规的公司都有自己的制度，贵公司该岗位的实习生工资一般是多少），如果对方不说又把“皮球”踢回来，就根据该工作的市场水平和自己的要求，说个适当的薪资范围。因此，面试前要做适当调查，对目前该行业、该职位和该单位的薪酬平均水平有一个了解。一般每个公司都有自己的应届生员工试用期薪酬预算，如果没有低于你的最底线，建议还是接受，先学点东西，再体现自己的价值。

(14)如果让你将梳子推销给旅游区寺庙中的和尚，你将如何去做？

分析：这是一类以现实或假设情境为基础的问题。回答的基本原则是让面试人员知道你是怎样思考和怎样解决问题的。关键不是得到“正确”的答案，而是演示提出答案的正确方式。下面的五个步骤可以帮助你处理类似问题：

专心倾听提出的问题。

提出一些要澄清的问题以正确判断面试人员想知道什么。

解释自己怎样收集必要的信息来做出明智的选择。

论述自己如何分析信息以做出决策。

基于自己获得的信息、可做出的选择和自己对开放立场的理解，解释自己将会做出怎样适当的决定或建议。

这类问题没有“正确”答案，只有“你的”答案。面试人员通常利用这些类型的问题来决定求职者是否合适。

求职者可以通过分析面试人员提出的问题，发现更多关于所应聘的工作的细节。面试人员把重点放在什么技能、知识、个人特性和态度上，洞察这些更有助于求职者设计符合用人单位对这个职位要求的答案。

(15)如果你不能竞争到这个职位，你会有什么想法呢？

分析：这个问题是在考查求职者的应变能力。可以这样回答：既然是竞争，那么就有人上，也有人不能上，这是非常的事，如果可以把不适合这个职位的情况反馈给我，使我在以后的竞争中做得更好一些，我还是非常感谢的。

(16)你还有什么问题吗？

分析：首先，你必须回答“当然”。要通过自己的发问，了解更多关于这家用人单位、这次面试、这份工作的信息。假如你笑笑说:“没有”(心里想着终于结束了,长长吐了口气),那才是犯了一个大错误。这往往被理解为你对该用人单位、对这份工作没有太浓厚的兴趣。其次,从实际考虑,可以从与面试人员的交流中分析一下自己有几成希望。这里有一些可以提问的问题:公司的长远目标和战略计划您能否简要为我介绍一下?您考虑这个职位上供职的人应有什么素质?这个职位一年分配的任务是什么?这个职位典型的事业发展路径是什么?如果我有幸被录用,我会得到什么样的相关培训?

(三)面试谈话技巧

面试中的谈话和朋友间的谈话不同,需要掌握以下几点技巧:

(1)留意对方的反应。交谈中很重要的一点是把握谈话的气氛和时机,这就需要随时注意观察对方的反应。如果对方的眼神或表情显示对某个话题已失去兴趣,应该尽快找一两句话将话题收住。

(2)谈话应顺其自然。不要误解话题,不要过于固执,不要独占话题,不要插话,不要说奉承话,不要浪费口舌。

(3)有良好的语言习惯。不仅要表达流利,用词得当,还要注意说话方式,如发音清晰、语调得体、声音自然、音量适中、语速适宜等。

(四)面试提问技巧

通常在面试即将结束时,面试人员会说类似“我们的问题都问完了,请问你对我们有没有什么问题要问”,众多大学生对此常常不知所措。其实,面试人员此举一是给大学生创造了解企业的机会,二是借此进一步考查大学生。此时应抓住机会,可以适当问一些问题,并且应该把提问的重点放在用人单位的需求及如何能满足这些需求上。通过向用人单位提问,可以获取自己所需的信息,同时可进一步表达自己。通过提问的方式进行自我推销是十分有效的,所提问题必须紧扣工作任务、紧扣职责。大学生在提问时需注意以下几个方面:

1. 提出的问题要视面试人员的身份而定

面试前最好弄清面试人员的职务,要知道面试人员是一般工作人员还是负责人,是哪一级的负责人。要视面试人员的职务来提问题,不要不管面试人员是什么人,什么问题都问,弄得其无法回答,引起对方反感。如果想了解用人单位共有多少人、职称结构、主要业务方面的问题,就不要向一般工作人员提问,而要向单位负责人提问。

2. 求职者通常可以提的问题

一般情况下,求职者可向面试人员提出以下几个方面的问题:一是单位性质、上级部门、组织结构、人员结构、成立时间、产品和经营状况等,二是单位在同行业中的地位、发展前景、所需人员的专业及文化层次和素质要求,三是单位的用工方式、内部分配制度、管理状况、经济效益和社会效益等。但不要问类似“请问你们在我们学校要招几个人”这样的问题,大部分单位都会回答你“不一定,要看毕业生的素质情况”,可以就如果被公司录用可能会接受的培训、工作的主要职责等问题进行提问。

3. 要注意提问的时间

要把不同的问题安排在谈话进程的不同阶段提出来。有的问题可以在谈话一开始提出,有的可以在谈话进程中提出,有的则要放在快结束时提出。不要毫无目的地乱提,更不

可颠三倒四、反反复复提那么几个问题。因此，在谈话之前要将所要提的问题一一列出来，按照谈话进程编出序号，反复看几遍，以便在谈话时头脑清醒，遵守提问的顺序。

4. 要注意提问的方式、语气

有些问题可以直截了当地提出来，如单位的人员结构、岗位设置等。有些问题则不可以直截了当地提出来，而要婉转、含蓄一点，如了解用人单位职工的收入情况和自己进入公司以后每月的收入情况等，不可以直接问，而应该婉转地问"贵单位有什么奖惩条例、规定？""贵单位实行什么样的分配制度？"等。因为这些问题清楚了，自己对照一下可能就会知道自己会有多少收入。另外，在询问时，一定要注意语气，给人一种诚挚、谦逊的感觉。千万不要用质问的语气向对方提问，这样会引起面试人员的反感。

（五）面试后的技巧

（1）主动道别。面试完毕，求职者要适时起身告辞，面带微笑地对面试人员诚恳地表达自己的谢意，感谢他给了一个机会表达自己，然后收拾整理好自己的衣物，将自己坐过的椅子放回原位，与面试人员道别，离开房间时轻轻带上门。

（2）致信道谢。面试结束后，为给对方加深印象或弥补面试时的不足，最好给面试人员写一封感谢信，篇幅要短，在信中一方面致谢，另一方面可再次表达对该单位的向往之情。

专题链接

感谢信范本

尊敬的王强总监：

您好！我是12月24日下午到贵公司应聘销售助理的李茜。非常感谢您给了我这次面试机会！很高兴认识您，跟您的谈话是一次愉快而收获甚大的经历。通过这次谈话，我更加深刻地认识了贵公司，尤其是贵公司的企业文化，感受到这是一家有社会责任感的公司。面谈中，您对公司的真挚情感溢于言表，您的专业性、洞察力、亲和力与谈吐，都令我敬佩不已，也是我今后学习的榜样！能够与您认识是我的荣幸，若能进入公司协助您工作，得到您的指点，共同为实现企业目标而努力，将是我职业生涯中的一件幸事！面试中，我也了解了销售助理岗位的职责与要求，纵观自己的学习、实践经历，加之通过以后不断地学习和努力，我完全有信心胜任此工作岗位，同时通过贵公司的指导和帮助，我在销售领域内会很快成长。我自信在贵公司的这个岗位上，我是最合适的。我迫切希望公司能给我一次锻炼的机会，我必将全力以赴、不辱使命甚至超越公司对我的期望，为公司发展做出应有的贡献！真诚希望能有机会和您共同工作，期待能为公司的发展贡献一份力量，期待贵公司是我职业生涯开始的地方。

再次感谢！

此致

敬礼

李茜

××××年××月××日

模块四
迈好走稳职场第一步——办理就业手续

学习目标

1. 了解就业协议书的内容和签订原则、签订步骤。
2. 掌握签订就业协议书的步骤和注意事项。
3. 了解劳动合同的内容,清楚劳动合同的变更和解除等事项。

情境导入

就业手续勿忽视

完成毕业论文答辩,大学生活也将画上句号。但大学生接下来还有好多手续要办理,切勿忽视。

1. 毕业流程要走到

毕业时,在校要完成以下流程:学校下发就业协议书,与工作单位签约;学校下发报到证,凭报到证转移档案、户口等。

首先,找到工作后,毕业生要跟单位签就业协议书(又称三方协议,一式三份)。就业协议书即毕业生、用人单位、学校三方就工作中的权利和义务,经协商签订的协议。该协议书有法律约束效力。其次,携带报到证去单位报到,完成档案和户口的转移手续。

2. 报到证切勿遗失

报到证,即全国普通高等学校本专科毕业生就业报到证,一式两份,一份是派遣证,另一份是报到证。其中,派遣证在毕业生毕业后将放入其档案,报到证个人拿着去单位报到,完成档案和户口转移手续。

报到证是到接收单位报到的凭证,报到后方可开始计算工龄;可证明持证的毕业生是纳入国家统一招生计划的学生(自考和成人教育是没有报到证的);是办理户口迁移、落户手续的凭证;是干部身份证明;是人才服务机构存档的证明。报到证一式两联,本专科生是蓝联和白联,研究生是粉红联和白联。白联放入档案袋中,毕业生持蓝联或粉红联去用人单位或生源地教育局报到。

特别提醒毕业生,报到证在报到期限内(1个月)遗失,可以申请补办,超过报到期限将不再受理补办。补办手续包括:登报声明,毕业生本人的申请,学校核查并出具证明,到省(区、市)教委补办。补办手续较麻烦,毕业生要妥善保管好报到证。

3. 户口迁移要及时

户口迁移分情况,如果入学前将户口迁到学校,毕业时可以把户口迁到单位所在地,或者迁回生源地,或者迁到人才市场入集体户,拿到报到证回生源地或者单位报到就可以完成迁户口手续。如果入学前未迁到学校,可以拿报到证回生源地迁户口,迁到单位所在地,或迁到人才市场入集体户,或者不迁。

4. 档案转移期限为2年

毕业生档案是以文字资料的形式记录了高考成绩、在校学习成绩、家庭状况、在校期间表现和奖惩情况等的文件。毕业生毕业后,其档案放入该毕业生就业单位的人事部门或委托的人才服务机构。档案不可以由本人携带、管理,毕业生签了就业协议书,学校根据协议书转移档案;若考取研究生,档案转往考取的学校。如果不符合以上情况,档案则会被发往生源地。此外,有些学校可办理申请暂缓就业,档案由学校保管,一般期限为2年。

专题一　签订就业协议书

就业协议书是国家为规范高校毕业生就业工作,避免混乱,杜绝就业欺诈行为,维护高校毕业生就业工作的严肃性,维护毕业生、用人单位和学校的合法权益而采取的一项必要措施。

就业协议书具有一定的权威性,它是学校制定就业方案、派遣毕业生,用人单位申请用人指标的主要依据,也是毕业生办理报到、接转行政和户口关系的重要凭据。就业协议书明确了毕业生、用人单位和学校在毕业生就业工作中的权利和义务,对三方有一定的约束力。就业协议书一经签署,协议各方须严格履行协议内容。毕业生要保证自己能正常毕业、按时到单位报到;用人单位要按照合法的用人程序接收毕业生,妥善安置毕业生的户口、档案;学校要按照规定程序派遣毕业生。

一、就业协议书的内容

就业协议书是依据教育部颁布的《普通高等学校毕业生就业工作暂行规定》制定的。《普通高等学校毕业生就业工作暂行规定》第二十四条规定:"经供需见面和双向选择后,毕业生、用人单位和高等学校应当签订毕业生就业协议书,作为制订就业计划和派遣的依据。"由此可见,毕业生就业必须签订就业协议书;否则,国家或省(区、市)级毕业生就业主管部门就不能办理毕业生就业报到手续和签发毕业生就业报到证。

(1)毕业生的基本情况。大学毕业生应按国家法规就业,向用人单位如实介绍自己的情况,如姓名、性别、专业、学历、政治面貌、健康状况等,表明自己的就业意见,同意到用人单位

工作。

(2)用人单位的情况。用人单位要如实介绍本单位的情况，如单位名称、单位性质、地址、联系人等，同时要签署同意录用毕业生意见并加盖单位人事部门公章。

(3)学校意见。学校要如实向用人单位介绍毕业生的情况，做好推荐工作，用人单位同意录用后，经学校审核盖章，报主管部门批准，学校负责办理毕业生就业派遣手续。

专题链接

就业协议书

协议书编号：			毕业生编号：	
毕业生情况及意见	姓名	性别	出生年月	民族
	政治面貌	健康状况	培养方式	生源地
	专业	学历	学制	
	家庭住址	固定电话	手机	
	诚信就业承诺		毕业生签字： 年　月　日	
	毕业生意见			
用人单位情况	单位名称		隶属部门	
	联系人	联系电话	E-mail	
	通信地址		邮政编码	
	单位性质	党政机关□科研设计单位□高等教育单位□中等/初等教育单位□ 医疗卫生单位□艰苦行业事业单位□其他事业单位□国有企业□ 三资企业□艰苦行业企业□其他企业□部队□其他□		
	档案转寄详细地址	省（直辖市、自治区）/市（地区）/县（区）		
	户口迁移地址	省（直辖市、自治区）/市（地区）/县（区）		
学校情况	学校名称	联系人	联系电话	
	通信地址		邮政编码	
	学校网址	就业中心网址、邮箱		
用人单位意见		学校意见		
用人单位人事部门意见	市（省直厅局）毕业生调配部门意见	学院意见	学校毕业生就业部门意见	
负责人：（公章） 年　月　日	（有用人自主权的中直单位此栏可略） 负责人：（公章） 年　月　日	负责人：（公章） 年　月　日	负责人：（公章） 年　月　日	

备注：（如有其他约定，应在本栏明确，并视为本协议的一部分。）

二、签订就业协议书的原则

签订就业协议书必须遵循以下原则。

(一)平等原则

就业协议书涉及的三方在签订就业协议书时的法律地位是平等的,一方不得将自己的意志强加给另一方。学校不得采用行政手段要求毕业生到指定单位就业(不包括有特殊情况的毕业生),用人单位亦不应在签订就业协议书时要求毕业生交纳风险金、保证金。三方当事人的权利义务应是一致的。除协议规定的内容外,三方如有其他约定事项可在就业协议书"备注"内容中加以补充。

(二)合同自由原则

合同自由原则也称双向选择原则,即当事人依法享有自由决定是否签订就业协议书、与谁签订就业协议书的权利。

(三)合法性原则

合法性原则包括两个部分:主体必须合法,内容必须合法。主体合法是指就业协议书的当事人必须具备合法的主体资格。对毕业生而言,就是必须要取得毕业资格,如果派遣时学生未取得毕业资格,用人单位可以不予接收而无须承担法律责任。对用人单位而言,用人单位必须具有从事各项经营或管理活动的能力,应有录用毕业生计划和录用自主权,否则毕业生可解除协议而无须承担违约责任。高校应根据用人单位的要求如实介绍毕业生的在校表现,也应如实将所掌握的用人单位的信息发布给毕业生。高校是毕业生就业协议书的一个重要组成部分。内容合法主要是指所签订的就业协议书必须符合国家的法律法规,符合国家的就业方针政策和各级政府的有关规定,符合社会道德。

(四)诚实信用原则

诚实信用原则主要是指当事人在各方面都要客观、如实地介绍情况,不得用欺诈、隐瞒、作假等手段骗取他方信任;同时必须守信践约,认真履行就业协议书规定的义务。

三、签订就业协议书的步骤

(1)领取一份就业协议书。毕业生在收到某个单位的接收函并决定与该单位签约的情况下,可凭借录用通知到学校领取一份就业协议书。由于就业协议书每人只能有一份,因此在签订之前,毕业生应该对目标单位和自己的意愿有清醒的认识,避免在签订就业协议书之后因为有更好的选择或者其他原因而出现违约行为。

(2)毕业生在就业协议书上签署意见后交给用人单位,用人单位签署意见并盖章。

(3)用人单位按管理权限报主管部门和政府毕业生就业工作部门审核、备案。

(4)学校签署意见并盖章,就业协议书生效。就业协议书一份交给用人单位,一份毕业生自己留存,一份交学校保存。

案例播报

签订就业协议书的程序很重要

毕业生小田不愿在用人单位与学校间来回奔波,便一再要求学校毕业生就业指导中心

老师先在他的空白就业协议书上盖章,老师提醒他如果学校事先签字盖章可能会对他产生不利影响,但是小田充耳不闻,还是再三要求老师先盖章,老师经不起小田的软磨硬泡,便在他写下责任承担书的情况下给他盖了章。结果用人单位拿到盖了章的就业协议书后,告诉小田公司总经理外出,单位公章拿不到,要他第二天来拿就业协议书。第二天小田一拿到就业协议书便呆住了,公司曾许诺的待遇全部没有了,还规定了 5 年内不能离开公司,工资也降了下来,违约金由 1800 元变成了 8000 元!

四、签订就业协议书时的注意事项

(一)书写工整规范

用黑色钢笔或签字笔填写,书写清晰、工整。就业协议书具有法律效力,签订的时候用黑色钢笔或签字笔,是出于它的严肃性,另外,圆珠笔的字迹不宜长期留存,一旦受潮等可能无法作为证据使用。此外,填写时还要注意字迹清晰、工整,避免潦草,事后自己也难以辨识。

(二)内容填写准确无误

在填写用人单位名称、学校名称时不能填简称,应填写用人单位的标准全称。具体的户口迁移地址等则应具体到街道、门牌号等。例如,用人单位在招聘时对外用的是简称“××公司”,但签订就业协议书的时候则应填写它营业执照上的全称“××科学技术有限责任公司”。如果填写简称,一旦发生争议,维权之路就坎坷了。

(三)注意协议部分内容

在签订就业协议书的时候,有的用人单位会与毕业生就该协议补充其他条件作为附加协议,如就具体的工作内容、工资待遇等进行约定。如果用人单位与毕业生现场商定则问题不大,但若是用人单位提前拟定好的,则需要毕业生仔细反复斟酌,确认内容合法、没有异议后再签字。若是就业协议书后面的备注没有内容,则应写上“此处空白”或者“无”。

(四)了解用人单位的基本情况

应了解用人单位的基本情况及发展前景,如用人单位的业务范围、发展状况、用人制度、养老保险、工资住房、服务期等,这些基本情况关系到自身的长远发展和切身利益。了解用人单位情况有多种渠道:一是看相关宣传材料,二是实地去考察,三是通过熟人、朋友间接了解,四是登录用人单位的网站。

(五)注意与劳动合同的衔接

由于就业协议书签订在先,为避免日后签订劳动合同时产生纠纷,应尽可能将劳动合同的主要内容体现在就业协议书的约定条款中,并明确表示在日后签订劳动合同时应予以确认。例如,和用人单位达成的约定——工资水平、服务期限、协议解除的条件等应尽量在就业协议书的备注栏上做书面注明,双方签字或盖章以示认可。大学生应增强法律意识,学会保护自己的合法权益。

(六)妥善处理违约

提高履行协议的自觉性,妥善处理违约问题。根据规定,就业协议书经毕业生、用人单位和学校三方签字或盖章后即发生法律效力,三方都应严格履行协议,未经协商同意任何一方不得私自终止协议。任何一方终止协议,都会给另外两方带来不利影响。目前,就业过程中出现了一些毕业生违约现象，这种现象往往会造成许多不良影响，主要表现在以下几方面：

（1）对用人单位而言，用人单位往往为录用一名毕业生做了大量的工作，有时甚至对毕业生将要从事的具体工作也有所安排。同时，毕业生就业工作时间相对比较集中，一旦毕业生因某种原因违约，势必使用人单位的录用工作付诸东流，用人单位若选择其他毕业生，在时间上也不允许，从而给用人单位的工作造成被动。

（2）对学校而言，用人单位往往将毕业生违约行为认为是学校的管理不严，从而影响学校和用人单位的长期合作关系。用人单位会因为毕业生违约行为而对学校的推荐工作表示怀疑。面对激烈的就业竞争，用人单位的需求就是毕业生择业成功的前提。如此下去，势必影响今后学校毕业生的就业。

（3）对其他毕业生而言，用人单位到校挑选毕业生，一旦与某毕业生签订就业协议书，就不可能录用其他毕业生。若今后该毕业生违约，有些当初希望到该用人单位工作的毕业生由于录用时间等，也无法补缺，从而造成就业资源浪费，影响其他毕业生就业。

（4）对毕业生本人而言，首先毕业生要承担违约责任，向用人单位交纳违约金，造成本人经济上的损失；其次违约将影响毕业生的个人诚信，不利于其继续择业。

因此，毕业生应自觉维护大学生就业秩序，严格遵守国家和学校的就业政策，信守签约承诺；若确实需要解除协议，则应与用人单位主动协商，妥善处理相关事宜，履行违约责任。

案例播报

试用期辞职

小冯毕业前与一家用人单位的市场部签订了就业协议书，并来到这家单位实习。但是工作了不久他就感觉自己的身体状况很难适应单位高强度的工作方式，而且现有工作也不适合其今后的发展定位，于是在6月底向单位提交了解除协议申请。虽然单位答应了他的请求，却以违约为由，要求其必须交纳5000元人民币的违约金。小冯觉得很委屈，身体不好无法胜任工作是客观原因，再说现在还处于实习期，没有签订劳动合同，凭什么说自己违约？自己在公司已经一个多月了，一分钱的工资都没有拿到，反而还要交5000元？由于小冯不肯交违约金，单位就拒绝和他解约，双方的僵持让小冯感觉损失很大。

五、就业协议书的解除

就业协议书的解除分为单方解除和双方解除。单方解除包括单方擅自解除和单方依法或依协议解除。单方擅自解除属违约行为。单方依法或依协议解除是指一方解除就业协议书有法律上或协议上的依据，此类单方解除，解除方无须对另一方承担法律责任。双方解除是指毕业生、用人单位经协商一致，取消原订立的就业协议书，使其不发生法律效力，双方均不承担法律责任，但须征得学校的同意。就业协议书一经签署，毕业生、用人单位、院系和学校任何一方皆不得擅自解除。

案例播报

未预先约定解除就业协议书的条件造成损失

某大学毕业生小徐与用人单位签约时，没有对自己考研的问题进行约定，也没有向用人单位进行说明。后来研究生录取名单公布，小徐被录取为某大学的研究生，于是他便与用人单位协商解除就业协议书，而用人单位不同意。最后，小徐只得向用人单位交了3000元的违约金，以违约的方式来实现自己深造的愿望。

六、毕业生违约手续的办理

签订完就业协议书，经过一段时间的考虑，毕业生也许会觉得所签的单位不适合，或者其他原因导致要改变所签就业协议书，这就不可避免地涉及违约问题。在就业协议书签订以后，三方中某一方由于自身问题，需要终止就业协议书，那么这一方就被判定为违反就业协议书的约定，也就是违约。一般而言，院系和学校这两方不会出现违约的情况。

如果就业协议书上漏盖了学校的公章，又没有及时与该学校主管老师联系并补盖公章，用这份就业协议书与单位签约的毕业生如果要求解除协议，也将视为违约。违约方需要承担的责任主要体现在违反协议赔偿金（简称违约金）方面。

如果毕业生是违约方，与用人单位的违约金按照毕业生与用人单位在备注栏中签署的相关条款执行。如果没有签署相关条款，将由毕业生与用人单位协商解决，学校不收取毕业生的违约金。如果用人单位是违约方，违约金也按照毕业生与用人单位在备注栏中签署的有关条款执行。如果没有签署相关条款，同样由毕业生与用人单位协商解决，学校也不收取用人单位的违约金。

如果用人单位同意与毕业生解除就业协议书，应该请用人单位根据实际情况给毕业生出具解除协议的公函。公函中应该包括解除协议的原因，学校将以此作为依据之一来判定哪一方违约。

如果用人单位不同意与毕业生解除就业协议书，那么违约程序中止，继续执行签订的原就业协议书。毕业生需要准备一份要求解除就业协议书的申请书，申请书上要写明毕业生要求变更协议的具体原因。

专题二　签订劳动合同书

一、劳动合同的主体

劳动合同的主体即劳动法律关系当事人，具体指劳动者和用人单位。

（1）劳动合同的主体是由法律规定的，具有特定性：一方是劳动者，另一方是用人单位。劳动者和用人单位都要具备法律规定的劳动合同主体条件，才能签订劳动合同。不具有法定资格的公民与不具有用工权的组织和个人都不能签订劳动合同。

（2）劳动合同签订后，其主体之间具有行政隶属性，即劳动者必须依法服从用人单位的行政管理。

二、劳动合同的内容

劳动合同的内容可分为两个:一是必备条款,二是协商约定条款。

(一)必备条款

《中华人民共和国劳动法》第十九条规定了劳动合同的法定形式是书面形式,其必备条款有以下几项:

(1)劳动合同期限。法律规定合同期限分为三种:第一,有固定期限,如 1 年期限、3 年期限等;第二,无固定期限,合同期限没有具体的时间约定,只约定终止合同的条件,若无特殊情况,这种期限的合同应存续到劳动者到达退休年龄;第三,以完成一定的工作为期限,如劳务公司外派一名员工到另外一个公司工作,两个公司签订了劳务合同,劳务公司与外派员工签订的劳动合同以劳务合同的解除或终止为终结,这种合同期限就属于以完成一定工作为期限的种类。用人单位与劳动者在协商选择合同期限时,应根据双方的实际情况和需要来约定。

(2)工作内容。在这一必备条款中,双方可以约定工作数量、质量及劳动者的工作岗位等内容。在约定工作岗位时可以约定较宽泛的岗位概念,也可以另外签一个短期的岗位协议作为劳动合同的附件,还可以约定在何种条件下可以变更岗位条款等。掌握这种签订劳动合同的技巧,可以避免工作岗位约定过于死板,因变更岗位条款协商不一致而产生争议。

(3)劳动保护和劳动条件。双方在这方面可以约定工作时间和休息、休假的规定,各项劳动安全与卫生的措施,对女员工的劳动保护措施与制度,以及用人单位为不同岗位劳动者提供的劳动、工作的必要条件等。

(4)劳动报酬。此必备条款可以约定劳动者的标准工资、绩效工资、奖金、津贴、补贴的数额及支付时间、支付方式等。

(5)劳动纪律。此条款应当将用人单位制定的规章制度写进来,可将内部规章制度印制成册,作为合同附件的形式加以简要约定。

(6)劳动合同终止的条件。这一必备条款一般是在无固定期限的劳动合同中约定的,因这类合同没有终止时限。其他期限种类的合同也可以做此约定。需注意的是,双方当事人不得将法律规定的可以解除合同的条件约定为终止合同的条件,以避免出现用人单位应当在解除合同时支付经济补偿金而改为终止合同不予支付经济补偿金的情况。

(7)违反劳动合同的责任。一般约定两种违约责任形式:一种是一方违约,违约方赔偿给对方造成的经济损失,即赔偿损失的方式;另一种是双方约定违约金的计算方法,采用违约金方式,应当根据职工一方的承受能力来约定具体金额,避免出现有失公平的情形。违约不是指一般性的违约,而是指严重违约,致使劳动合同无法继续履行,如职工违约离职、单位违法解除劳动合同等。

(二)协商约定条款

按照法律规定,用人单位与劳动者签订的劳动合同除上述必备条款以外,还可以协商约定其他内容,一般简称为协商条款或约定条款,实际上称其为随机条款更准确,因为必备条款的内容也是需要双方当事人协商、约定的。协商条款是当国家法律规定不明确,或者国家尚无相关法律规定的情况下,用人单位与劳动者根据双方的实际情况协商约定的一些随机

性的条款。劳动行政部门印制的劳动合同样本一般都将必备条款写得很具体，同时留出一定的空白由双方随机约定一些内容。例如，可以约定试用期、保守用人单位商业秘密的事项、用人单位内部的一些福利待遇等内容。随着劳动合同制的实施，人们的法律意识、合同观念越来越强，劳动合同中约定条款的内容越来越多。这是改变劳动合同千篇一律的状况、提高合同质量的一个重要体现。

三、签订劳动合同的原则

签订劳动合同是指劳动者和用人单位经过相互选择和平等协商，就劳动合同条款达成协议，从而确立劳动关系和明确相互权利义务的法律行为。

《劳动法》第十七条规定："订立和变更劳动合同，应当遵循平等自愿、协商一致的原则，不得违反法律、行政法规的规定。"这一规定明确了劳动者与用人单位签订劳动合同必须遵循的三项基本原则。

（一）平等自愿原则

平等指双方当事人法律地位平等，双方都有权选择并就合同内容表达各自独立的意志。自愿是指劳动者与用人单位自由表达各自的意志，主张自己的权益和志愿，任何一方都不得强迫对方接受自己的意志。凡采取欺诈、胁迫等手段把自己的意愿强加给对方的，均不符合自愿原则。对于双方当事人来讲，平等是自愿的基础和条件，自愿是平等的表现，二者相辅相成、不可分割。平等自愿原则是劳动合同签订的基础和基本条件。

（二）协商一致原则

在签订劳动合同的过程中，劳动者与用人单位双方对劳动合同的内容、期限等条款进行充分协商，达到双方对劳动权利、义务意思表示一致。只有协商一致，合同才能成立。

（三）合法原则

合法原则是指遵守国家法律、行政法规的原则。劳动者和用人单位在签订劳动合同时，不能违反国家法律、行政法规的规定，这是劳动合同得以有效并受法律保护的前提条件。依法签订劳动合同必须符合以下几项要求：

（1）签订劳动合同的目的必须合法。当事人不得以签订劳动合同的合法形式掩盖非法意图和违法行为，以达到不良企图。

（2）签订劳动合同的主体必须合法。这是指双方当事人必须具备法律、法规规定的主体资格。用人单位应是依法成立的企业、个体经济组织、国家机关、事业组织、社会团体等。劳动者必须具有劳动权利能力和劳动行为能力，即应是年满 16 周岁、具有劳动行为能力的中国人、外国人和无国籍人。双方主体在签约时，主体资格必须合法。

（3）签订劳动合同的内容必须合法。双方当事人在劳动合同中所设定的权利义务条款必须符合国家法律、法规和有关政策的规定。例如，有的劳动合同规定"发生工伤事故，单位概不负责""旷工 3 天予以除名""不享受星期天休假"等，这些规定均属于内容违法而无效的条款。对此，用人单位应承担由此而产生的法律责任。

（4）签订劳动合同的程序必须合法。有的地方性法规除了要求当事人签订书面合同并签字盖章以外，还规定劳动合同须由劳动行政主管部门的劳动合同管理机构进行鉴证，方能生效。

(5)签订劳动合同的行为必须合法。签订劳动合同的行为是合同合法的前提之一,行为不合法,合同自然不能保证合法。

四、签订劳动合同的要求

(1)劳动合同的双方当事人,一方是劳动者,另一方是用人单位。

(2)用人单位招用劳动者时,应当如实告知劳动者工作内容、工作条件、工作地点、职业危害、安全生产状况、劳动报酬以及劳动者要求了解的其他情况;用人单位有权了解劳动者与劳动合同直接相关的基本情况,劳动者应当如实说明。用人单位招用劳动者,不得扣押劳动者的居民身份证和其他证件,不得要求劳动者提供担保或者以其他名义向劳动者收取财物。

(3)用人单位自用工之日起即与劳动者建立劳动关系。用人单位应当建立职工名册备查,建立劳动关系应当签订书面劳动合同。已建立劳动关系,未同时签订书面劳动合同的,应当自用工之日起1个月内签订书面劳动合同。用人单位与劳动者在用工前订立劳动合同的,劳动关系自用工之日起建立。

(4)劳动合同由用人单位与劳动者协商一致,并经用人单位与劳动者在劳动合同文本上签字或者盖章生效。劳动合同由用人单位和劳动者各执一份。

(5)用人单位自用工之日起满1年不与劳动者签订书面劳动合同的,视为用人单位与劳动者已签订无固定期限劳动合同。

五、签订劳动合同时的注意事项

(1)了解用人单位的情况,防止签订无效合同。毕业生应详细了解用人单位是否具有法人资格,从事的工作是否合法,是否有能力兑现合同的约定,以防止签订无效合同而蒙受损失。同时毕业生也应该详细地了解用人单位的其他情况,如用人单位的发展前景,用人单位给员工的福利待遇及提供的培训机会等,以确定该用人单位确实有利于自己的发展。

(2)应当签订书面合同,口头合同不可取。建立劳动关系,应当订立书面劳动合同。毕业生切不可因求职心切而相信某些用人单位关于工资水平、福利待遇等事项的口头许诺,这些口头许诺是靠不住的,一旦有争议,毕业生也难以真正维护自己的权益,口头许诺也会化成泡影。

(3)详细阅读合同条款,识别并拒绝霸王条款。劳动合同牵涉毕业生的切身利益,在签订合同的时候,应仔细研读合同的条款,看合同条款是否符合国家的相关法律和政策、合同签订双方的权利和义务是否合理、是否存在霸王条款等,对违规条款应予以拒绝。

(4)收取押金或者扣押证件是违法的。一些用人单位在签订劳动合同前擅自向劳动者索要押金或者扣押劳动者的诸如身份证、毕业证等重要证件,毕业生在签订劳动合同时应对此类行为予以警惕。押金是不可以交的;证件可以让用人单位看,但是绝不可以让用人单位将原件带走。

(5)试用期的时间。目前多数企事业单位签订的劳动合同为3年期限,依照规定,试用期最长不可以超过6个月。毕业生在签订劳动合同时应对有关试用期时间的规定有清醒的认识,以更好地保障个人利益。

(6)待遇条款要明确。签订劳动合同时,工资水平、工作条件、职务、保险等有关自己利益的待遇条款要明确,切不可含糊。例如,劳动合同规定用人单位提供保险,但未指明是哪几类保险,这样就属于模糊条款,按其规定,仅仅提供一类保险也算符合合同,所以毕业生在签订劳动合同时应对此类条款予以明确。

案例播报

劳动合同细项要约定

小王于2018年6月在网上看到南宁市某人力资源有限责任公司招聘后台录入岗位的工作,前去应聘。经过几轮面试、测试,小王顺利过关。在签订劳动合同的时候,她一再跟负责人确认公司是不是在南宁,负责人明确地说:"是的。"然后让她回去等具体的上岗时间。过了一周,小王接到该公司电话,要她准备行李,第二天到公司由单位集体送去广州上岗。她惊讶地问道:"咱们公司不是在南宁吗?为什么要去广州上岗?"负责人答:"我们公司是外包公司,是哪里需要我们就往哪里送。"等她找到劳动合同看,想找公司理论的时候,才发现合同里只写了"工作地点由甲方安排",却没有约定具体的工作地点,她后悔不已。

(7)注意就业协议书和劳动合同的衔接。就业协议书是毕业生和用人单位达成意向后签订的协议,当毕业生到用人单位报到并建立正式劳动关系时,应当签订劳动合同。劳动合同签订后,就业协议书自动失效,因此毕业生在签订劳动合同时,要注意使劳动合同与就业协议书保持一致,尤其要把就业协议书里的约定在劳动合同里表达明确,防止就业协议书中的条款因未写入劳动合同而无法得到法律保障。

值得注意的是,有的劳动合同当事人一方或双方要求对合同进行鉴证,鉴证不是劳动合同签订的必经程序,劳动合同在当事人达成一致意思并签订后即告成立,双方可自行决定是否鉴证,是否鉴证不影响合同的成立与生效。

案例播报

小李辞职风波

小李最后一个学期在一家广告公司实习。由于实习表现突出,小李与该公司达成就业意向,并签订了就业协议书。双方约定,服务期为3年,如果小李提前解约必须赔偿公司10000元。至于就业协议书中的待遇、福利等条款暂为空白,公司人事部门让他先签名,具体条款过几天再补上。小李觉得自己是经熟人介绍来的,不好意思提待遇的事。"找个工作不容易,不敢要求太多。反正别人有啥咱有啥呗,差不了多少。"小李便在就业协议书上签上了自己的名字。

正式上班后,公司与他签订了劳动合同,劳动合同的有效期仅1年,而且没有提前解除劳动合同的赔偿条款。由于待遇与其他员工相差比较大,小李在工作第二年便向公司提出辞职。公司提出,必须按就业协议书的规定赔偿10000元。小李不服,准备通过法律手段维权。

六、劳动合同与就业协议书的区别

劳动合同与就业协议书都是毕业生就业时与用人单位签订的书面协议,都具有法律效力，但是两者签订于就业过程中的两个不同阶段，有着不同的签订时间、时效性、内容、主体及适用的法律。

（一）签订时间不同

一般而言，就业协议书签订在先，劳动合同签订在后，毕业生在与用人单位达成就业意向时签订就业协议书，通常发生在毕业前；到用人单位报到并建立劳动关系时，签订劳动合同。

（二）时效性不同

就业协议书的效力始于签订之日，终止于毕业生与用人单位签订劳动合同之时。也就是说，劳动合同一旦签订，先前签订的就业协议书就不再具有法律效力，一切以劳动合同为准，就业协议书中的约定只有在写入劳动合同之后才继续有效，这一点毕业生应特别注意。劳动合同的有效期是劳动者与用人单位以合同方式确定的，除法律规定的情形外，双方不得随意变更、中止。

（三）内容不同

就业协议书的内容主要包括毕业生情况及意见、用人单位情况及意见、学校意见、备注四个部分：毕业生如实介绍自己的情况，并表示愿意到用人单位工作；用人单位如实介绍单位的情况，并表示愿意接收该毕业生；学校同意派遣；备注栏中可补充一些其他约定。劳动合同的内容则更加翔实，合同包括必备条款和协商约定条款，双方还可以就法定条款及试用期、培训、保守秘密、补充保险和福利待遇等其他事项进行约定。

（四）主体不同

就业协议书俗称三方协议，是毕业生与用人单位达成就业意向时签订的协议，它明确了毕业生、用人单位和学校在毕业生就业工作中的权利与义务。就业协议书的签订者是毕业生、用人单位和学校三方，缺少任何一方，协议均无效。学校在毕业生与用人单位之间起着指导推荐、就业监督和就业派遣的作用。劳动合同是毕业生与用人单位确定劳动关系时签订的书面协议，与就业协议书不同，劳动合同签订主体只有毕业生和用人单位，学校并不在其中。

（五）适用的法律不同

就业协议书适用于《中华人民共和国民法总则》《中华人民共和国合同法》（以下简称《合同法》）和国家有关毕业生就业分配的法律法规及其他相关政策规定，一经签订，各方应严格履行。劳动合同依据的是《中华人民共和国劳动合同法》（以下简称《劳动合同法》）等法规，受《劳动合同法》的约束。

案例播报

就业协议书≠劳动合同

大学毕业生小董在一次学校举办的大型双选招聘会上，与某民营企业达成了意向，该企业工作待遇和环境都很不错，小董很满意，同时该企业又很欣赏小董的能力。招聘会后，小董很快与该企业签订了正式的就业协议书。但小董报到后，企业却迟迟没有与小董签订劳动合同，小董委婉地提出要签劳动合同的意见后，人事部经理却告诉她，有了就业协议书，就

用不着签订劳动合同了。小董很奇怪,难道就业协议书可以取代劳动合同吗?

经过多方咨询和查阅相关法律,小董了解到必须签订劳动合同,就业协议书和劳动合同有很大区别,劳动合同是保障自己合法权益的保护伞。

七、劳动合同的变更和解除

(一)劳动合同的变更

劳动合同的变更是指在合同签订以后、尚未履行或未完全履行以前,当事人就合同的内容达成的修改和补充。《劳动合同法》第三十五条规定:"用人单位与劳动者协商一致,可以变更劳动合同约定的内容。变更劳动合同,应当采用书面形式。"这一规定包括以下内容:

(1)劳动合同的变更必须经当事人协商一致,是在原来劳动合同的基础上达成变更协议。

(2)劳动合同内容的变更是指劳动合同内容的局部变化,不是劳动合同内容的全部变更。

(3)劳动合同变更后,原劳动合同变更的部分依变更后的内容履行,原劳动合同没有变更的部分依然有效,即劳动合同的变更并没有取消原劳动合同关系,只是对原劳动合同的内容进行了部分修改。

案例播报

变更劳动合同需有书面证明

张某与某工厂签订了劳动合同。劳动合同中约定:张某的工作岗位视企业经营管理需要而做相应的调整,上岗和换岗都应当签订上岗合同。张某被安排在该厂运输队担任搬运工。两年后,张某因病不能继续从事强体力劳动工作,退出工作岗位等待企业安置。此时该厂新车间投入生产。由于该车间工作环境和条件较好,职工的工资和福利待遇均高于其他部门,张某向工厂负责人申请将自己调到该车间工作。工厂负责人口头答应了张某的要求,但未与张某办理相应的换岗手续。两个月后张某参加了新车间工人上岗培训和考核均得以通过,之后便在未经单位批准的情况下即到新车间上班。新车间则以没有工厂的书面通知为由拒绝接收张某。张某向当地劳动争议仲裁委员会提出仲裁,请求裁决工厂安排自己到新车间工作。张某因调整岗位的时候未进行书面变更,自己的权益得不到保障。

(二)劳动合同的解除

劳动合同的解除是指当事人双方提前终止劳动合同的法律效力,解除双方的权利义务关系。通常来讲,解除劳动合同有以下几种情况:

1. 双方协商解除劳动合同

用人单位与劳动者协商一致可以解除劳动合同。协商解除劳动合同没有规定实体、程序的限定条件,只要双方达成一致,内容、形式、程序不违反法律的禁止性、强制性规定即可。

2. 用人单位单方面解除劳动合同

用人单位单方面解除劳动合同是指当具备法律规定的条件时,用人单位享有单方解除权,无须双方协商达成一致意见,其主要包括过错性辞退、非过错性辞退和经济性裁员三种情形。

(1)过错性辞退是指在劳动者有过错时,用人单位有权单方解除劳动合同。过错性辞退在程序上没有严格限制。用人单位无须向劳动者支付解除劳动合同的经济补偿金。若规定了符合法律规定的违约金条款,劳动者须支付违约金。过错性辞退适用的情形主要有:劳动者在试用期被证明不符合录用条件的;劳动者严重违反用人单位的规章制度的;劳动者严重失职,营私舞弊,给用人单位造成重大损害的;劳动者同时与其他用人单位建立劳动关系,对完成工作任务造成严重影响,或者经用人单位提出,拒不改正的;因劳动者以欺诈、胁迫的手段或乘人之危,使对方在违背真实意思的情况下签订或者变更劳动合同致使劳动合同无效的;劳动者被依法追究刑事责任的。

(2)非过错性辞退是指劳动者本人无过错,但由于主客观原因劳动合同无法履行,用人单位在符合法律规定的情形下,履行法律规定的程序后有权单方解除劳动合同。非过错性辞退在程序上具有严格的限制。具体是指用人单位应提前 30 日以书面形式通知劳动者本人或者额外支付劳动者 1 个月工资后,才可以解除劳动合同;用人单位选择额外支付劳动者 1 个月工资解除劳动合同的,其额外支付的工资应当按照该劳动者上一个月的工资标准确定。此外,用人单位应当支付劳动者经济补偿。非过错性辞退适用的情形主要有(注意以下每个条件之间的先后顺序):劳动者患病或非因工负伤,在规定的医疗期满后仍不能从事原工作,也不能从事用人单位另行安排的工作的;劳动者不能胜任工作,经过培训或者调整工作岗位,仍不能胜任工作的;劳动合同签订时所依据的客观情况发生重大变化,导致劳动合同无法继续履行,经用人单位与劳动者协商,仍未能就变更劳动合同内容达成协议的。

(3)经济性裁员是指用人单位为降低劳动成本、改善经营管理,因经济或技术等一次裁减 20 人以上,或不足 20 人但占企业职工总数 10% 以上的劳动者。经济性裁员具有严格的条件和程序限制,用人单位裁员时必须遵守规定,并支付劳动者经济补偿金。应该注意的是,用人单位进行经济性裁员时,劳动者有以下情形之一的,企业不得依据非过错性辞退或经济性裁员的规定单方解除劳动合同:从事接触职业病危害作业的劳动者未进行离岗前职业健康检查,或者疑似职业病病人在诊断或者医学观察期间的;在本单位患职业病或者因工负伤并被确认丧失或部分丧失劳动能力的;患病或非因工负伤,在规定的医疗期内的;女职工在孕期、产期、哺乳期的;在本单位连续工作满 15 年,且距法定退休年龄不足 5 年的;法律、行政法规规定的其他情形。

3. 劳动者单方解除劳动合同

劳动者单方解除劳动合同是指劳动者享有单方解除权,无须双方协商达成一致意见,也无须征得用人单位的同意。其有预告解除和即时解除两种情况。

预告解除即劳动者履行预告程序后单方解除劳动合同。预告解除有两种情形:劳动者提前 30 日以书面形式通知用人单位,可以解除劳动合同;劳动者在试用期内提前 3 日通知用人单位,可以解除劳动合同。

即时解除是指不用履行预告程序而单方解除劳动合同。用人单位有下列情形之一的,劳动者可以即时解除劳动合同:未按照劳动合同的约定提供劳动保护或者劳动条件的;未及时足额支付劳动报酬的;未依法为劳动者缴纳社会保险费的;用人单位的规章制度违反法律、法规的规定,损害劳动者权益的;因《劳动合同法》第二十六条第一款规定的情形致使劳

动合同无效的；法律、行政法规规定劳动者可以解除劳动合同的其他情形。

此外，用人单位以暴力、威胁或者非法限制人身自由的手段强迫劳动者劳动的，或者用人单位违章指挥、强令冒险作业甚至危及劳动者人身安全的，劳动者可以立刻解除劳动合同，无须事先告知用人单位。

对于劳动者可即时解除劳动合同的上述情形，劳动者无须支付违约金，用人单位应当支付经济补偿。

八、违反劳动合同的法律责任

违反劳动合同的法律责任是指一方当事人违反劳动合同给对方造成损失时应承担的法律后果。

（一）劳动者的赔偿责任

《劳动合同法》第九十条规定："劳动者违反本法规定解除劳动合同，或者违反劳动合同中约定的保密义务或竞业限制，给用人单位造成损失的，应当承担赔偿责任。"劳动者的赔偿责任主要有以下几点：

（1）劳动合同被确认无效，给用人单位造成损失的，有过错的劳动者应当承担赔偿责任。

（2）劳动者违反劳动合同中约定的保密义务或者竞业限制，劳动者应当按照劳动合同的约定向用人单位支付违约金。给用人单位造成损失的，劳动者应当承担赔偿责任。

（3）劳动者违反《劳动合同法》的规定解除劳动合同，给用人单位造成损失的，应当承担赔偿责任。

（4）劳动者违反培训协议，未满服务期解除或者终止劳动合同的，或者因劳动者严重违纪，用人单位与劳动者解除约定服务期的劳动合同的，劳动者应当按照劳动合同的约定，向用人单位支付违约金。

（二）用人单位的赔偿责任

用人单位对劳动者的赔偿责任主要有以下三个方面：

1. 用人单位签订劳动合同违法的法律责任

（1）用人单位自用工之日起超过 1 个月不满 1 年未与劳动者签订书面劳动合同的，应当向劳动者每月支付 2 倍的工资。

（2）用人单位违反规定不与劳动者签订无固定期限劳动合同的，自应当签订无固定期限劳动合同之日起向劳动者每月支付 2 倍的工资。

（3）用人单位违反规定，以担保或者其他名义向劳动者收取财物的，由劳动行政部门责令其限期将财物退还劳动者本人，并以每人 500 元以上 2000 元以下的标准处以罚款，给劳动者造成损害的，应当承担赔偿责任。

2. 用人单位履行劳动合同违法的法律责任

用人单位有下列情形之一的，由劳动行政部门责令其限期向劳动者支付劳动报酬、加班费或经济补偿；劳动报酬低于当地最低工资标准的，应当支付其差额部分，逾期不支付的，责令用人单位按应付金额 50% 以上 100% 以下的标准向劳动者加付赔偿金。

（1）未按照劳动合同的约定或国家规定及时足额支付劳动者劳动报酬的。

（2）低于当地最低工资标准支付劳动者工资的。

(3)安排加班不支付加班费的。

(4)解除或者终止劳动合同,未依照法律规定向劳动者支付经济补偿的。

3. 用人单位违法解除和终止劳动合同的法律责任

(1)用人单位违反《劳动合同法》的规定解除或终止劳动合同的,应当依照《劳动合同法》规定的经济补偿标准的2倍向劳动者支付赔偿金。

(2)劳动者依法解除或终止劳动合同,用人单位扣押劳动者档案或其他物品的,由劳动行政部门责令其限期将档案或物品退还劳动者本人,并以每人500元以上2000元以下的标准处以罚款,给劳动者造成损害的,应当承担赔偿责任。

模块五

增强就业法律意识——保护就业权益

学习目标

1. 掌握法律法规规定的大学生的就业权利。
2. 熟悉常见就业陷阱。
3. 掌握就业维护的途径。

情境导入

大学生如何维护就业权益

随着经济的不断发展，社会竞争日益严峻，大学生面临的就业压力也逐年增大，再加上大学毕业生数量的增多，使得很多单位的用人标准越来越高。为了求得一份工作，无数大学生绞尽脑汁，对于每一个就业机会，他们都倍加珍惜。在这样的大环境下，自身的合法权益往往会被忽视。

事实证明，近年来大学生的就业权益经常受到有意或无意的侵犯，而大多数大学生即使自己的权益被侵犯也会选择忍气吞声，毕竟一份工作得来不易，他们更愿意相信作为新人应该多工作、多吃苦，日后自然会受到上级的青睐。的确，职场新人勤奋工作并没有什么不对，但不应该建立在自身权益受侵害的基础上。大学生在求职的过程中应该时刻注意保护自己的权益，因为只有权益得到了保证，才能顺利就业并在工作岗位上有所建树。

大学生初入社会参加工作，一定要保持清醒的头脑，多了解和掌握择业就业的知识和相关政策，多借鉴已经走入职场的学长们的经验，端正求职心态，掌握法律法规，对用人单位做到心中有数，特别要重视劳动合同，在关键时刻学会运用法律武器保护自己的合法权益。切忌焦躁不安，盲目参加各类面试；切忌委曲求全，为了得到工作机会不敢提出自己的合理要求，总以为表达自己的诉求会引起用人单位的不满，对用人单位提出的各项条款全盘接受，甚至不看清合同内容就急于签字，又或是被用人单位的花言巧语所蒙骗，轻信对方，等到上当受骗才后悔莫及。所以，大学生在择业就业的过程中一定要慎重考虑，尽可能将就业中权益受到侵害的可能性降到最低。

专题一　明确就业权益

习近平总书记在党的十九大报告中提出："就业是最大的民生。要坚持就业优先战略和积极就业政策，实现更高质量和更充分就业。"2018 年 5 月 24 日，中共中央政治局常委、国务院总理李克强在北京召开的全国普通高等学校毕业生就业创业工作电视电话会议上指出："促进高校毕业生就业创业，关系基本民生，也是加快创新型国家建设的重要支撑"。他还指出："要推进人力资源市场建设，整治侵害高校毕业生就业权益的各种违法违规行为，营造良好就业环境。"由此可见，国家坚决维护大学生的就业权益。那么大学生就业权益有哪些内容呢？

一、法律法规规定的就业权利

权利是指国家法律、法规和政策对某种行为的许可和保障。为了维护大学生就业的合法权益，《中华人民共和国宪法》（以下简称《宪法》）、《劳动法》、《中华人民共和国高等教育法》、《普通高等院校毕业生就业工作暂行规定》都明确规定了大学生应当享有的权利。

（一）自主择业权

根据《劳动法》第三条的规定，劳动者享有选择职业的权利。实行并轨招生后的普通高校应届毕业生（委培生、定向生除外），在国家就业方针、政策指导下实行"双向选择，自主择业"。大学生就业只要符合国家有关就业方针政策，就可以自主选择用人单位，按照自己的兴趣爱好和能力来选择自己将要从事的职业。任何单位或个人不得干涉，更不可将个人意志强加于毕业生。

（二）公平待遇权

根据《劳动法》的规定，毕业生不分民族、性别、宗教信仰，享有平等的就业权利。用人单位在录用毕业生的过程中，也应公正、公平、一视同仁。公平待遇权包括以下内容：

1. 毕业生享有被学校公正、平等推荐的权利

高校在就业工作中的一个重要职责就是向用人单位推荐毕业生。毕业生享有的被推荐权包含三方面内容：第一，如实推荐，即高校在对毕业生进行推荐时，应实事求是，根据毕业生本人的实际情况向用人单位进行介绍、推荐，不能故意贬低或随意捧高对毕业生在校表现的评价；第二，公正推荐，即高校对毕业生进行推荐时应做到公平、公正，应给每位毕业生就业推荐的机会，不能厚此薄彼，公正推荐是学校的基本责任，也是毕业生享有的最基本的权益；第三，择优推荐，即高校根据毕业生的在校表现，在公正、公开的基础上还应择优推荐，用人单位录用毕业生时也应坚持择优标准，真正体现优生优用、人尽其才。毕业生在就业过程中只能通过提高自身综合素质取得成功，这样才能调动广大毕业生和在校生学习的积极性。

2. 毕业生享有被用人单位公平录用的权利

用人单位在录用毕业生时，应坚持择优标准，真正体现优生先录、学以致用、尊重知识、

尊重人才；应做到公开、公正、公平，不歧视女毕业生，不歧视少数民族毕业生，除国家规定的不适合女性的工种或者岗位外，不得以性别为由拒绝录用女毕业生或提高女毕业生的录用标准，在工资方面应贯彻同工同酬的原则。

案例播报

小白的不公平待遇

大学毕业生小白去某外企应聘客户经理一职。小白活泼开朗的性格在面试中很快获得了公司人事部经理的青睐，其表示愿意录用小白，并安排他之后的常规体检，只要体检合格就立即签订5年劳动合同。但之后的结果却出乎意料，在看到小白的体检报告后，公司人事部门立即通知小白公司暂时没有合适的岗位给他。后在小白一再追问下，才知道原来公司在选择员工时很注意员工的性格，认为性格与血型息息相关，和小白一样具有AE血型的人通常有情绪易冲动的特点，不容易与人相处。而客户经理一职则需要性格较平和的人担任，公司基于此没有录用小白。

3. 毕业生享有公平竞争的权利

公平竞争是市场体制存在和运行的必要条件，毕业生作为就业主体，都享有公平参与竞争的权利。这里的公平是指竞争机会平等、竞争起点平等。竞争主体要自觉遵守毕业生就业的法律、法规和政策，制裁非法竞争和不正当竞争，规范竞争行为。公平竞争是自主择业的前提，是毕业生在择业过程中的一项基本权利。当前，毕业生的公平待遇权受到很大的冲击，也最为毕业生所担忧。由于各项配套措施滞后，完全开放的公平的就业市场尚未真正形成，用人单位录用毕业生还不同程度地存在不公平、不公正现象，如性别歧视仍然是困扰女毕业生就业的一大问题。公平待遇权是所有毕业生最迫切得到维护的权益。

（三）信息知情权

毕业生有全面、真实获取用人单位信息的权利。在双向选择过程中，毕业生有权向用人单位了解具体的工作内容、工作环境、薪酬待遇、发展前景等情况，从而做出符合自身条件的选择；用人单位有义务向毕业生和学校如实介绍本单位的真实情况，并提供相应的资料。

（四）接受就业指导权

毕业生有权从学校接受就业指导，学校应成立专门机构，安排专门人员对毕业生进行就业指导，包括向毕业生宣传国家关于毕业生就业的有关方针、政策；对毕业生进行择业技巧的指导；引导毕业生根据国家、社会需要，结合个人实际情况进行择业，使毕业生通过接受就业指导准确定位、合理择业。当然，随着毕业生就业完全市场化，毕业生也将由从学校接受就业指导转为主动到市场上寻求和接受一些社会上合法机构的有益的就业指导。

（五）违约及求偿权

毕业生、用人单位签订就业协议书后，任何一方不得擅自毁约。如用人单位无故要求解约，应对毕业生承担违约责任，支付违约金，毕业生有权要求用人单位进行补偿。大学生的违约及求偿权包括以下内容：

（1）求偿权。求偿权即向违约方要求承担违约责任、获得赔偿的权利。《合同法》第一百二十二条规定：“因当事人一方的违约行为，侵害对方人身、财产权益的，受损害方有权选择依照本法要求其承担违约责任或者依照其他法律要求其承担侵权责任。”

(2)解除协议权。当履行协议后,毕业生的权益或人身自由、人身安全受到用人单位严重侵害时,毕业生有权主动提出解除协议。

(3)申诉权。用人单位与劳动者发生劳动争议时,当事人可以依法申请调解、仲裁、提起诉讼,也可以协商解决。劳动争议发生后,当事人可以向本单位劳动争议调解委员会申请调解;调解不成,当事人一方要求仲裁的,可以向劳动争议仲裁委员会申请仲裁;劳动争议当事人对仲裁裁决不服的,可以自收到仲裁裁决书之日起 15 日内向人民法院提起诉讼,一方当事人在法定期限内不起诉又不履行仲裁裁决的,另一方当事人可以申请人民法院强制执行。

(六)协商签约权

协商签约权主要包括两个方面:一是毕业生与用人单位平等协商签订就业协议书。我国相关法律规定,合同当事人的法律地位平等,一方不得将自己的意志强加给另一方。因此,一旦用人单位同意接受某毕业生,该毕业生就有权与用人单位平等协商签订就业协议书。二是毕业生与用人单位平等协商签订劳动合同。根据《劳动法》的规定,订立和变更劳动合同,应当遵循平等自愿、协商一致的原则,不得违反法律、行政法规。因此,毕业生到用人单位报到后,有权与用人单位平等协商,签订劳动合同,并有权要求用人单位按照《劳动法》的规定提供各种劳动保障。

(七)失业登记权

毕业半年以上未能就业并要求就业的大学毕业生,可持学校证明到入学前户籍所在城市或县劳动保障部门办理失业登记。劳动保障部门所属的公共职业介绍机构和街道劳动保障机构应免费为其提供就业服务。对已进行失业登记的大学毕业生,有条件的城市、社区可组织其参加临时性的社会工作或社会公益活动,也可让他们到用人单位见习,并给予一定报酬。对于因患病等短期无法工作并无生活来源者,由民政部门参照当地城市“低保”标准,给予临时救助。

(八)接受职业技能培训的权利

职业技能培训工作是全面提升劳动者就业创业能力、解决结构性就业矛盾、提高就业质量的根本举措,是适应经济高质量发展、培育经济发展新动能、推进供给侧结构性改革的内在要求。

党中央、国务院历来高度重视职业技能培训工作,出台了《国务院关于加强职业培训促进就业的意见》(国发〔2010〕36 号)等一系列政策文件,各地、各部门在认真贯彻落实党中央、国务院的要求时,大力实施高校毕业生技能就业行动等。2018 年 4 月 18 日,国务院第五次常务会议原则通过了《国务院关于推行终身职业技能培训制度的意见》(国发〔2018〕11 号),将职业培训提升到了一个更高的层次。

《宪法》第四十二条规定:“国家对就业前的公民进行必要的劳动就业训练。”根据《劳动法》第三条的规定,劳动者享有接受职业技能培训的权利。《劳动法》第六十六条规定:“国家通过各种途径,采取各种措施,发展职业培训事业。”

可见,职业技能培训不仅是国家承担的一项重要工作,对于毫无职业经历的大学生来说,更是一项亟待落实的权利,这就需要国家、用人单位、学校等做好相应的岗前培训、职业

技能培训等工作。

二、用人单位应提供的待遇

（一）社会保险

社会保险是国家通过立法的形式，由社会集中建立基金，以使劳动者在年老、患病、工伤、失业、生育等丧失劳动能力的情况下能够获得国家和社会补偿及帮助的一种社会保障制度。它包括养老保险、医疗保险、失业保险、工伤保险和生育保险。其中养老保险、医疗保险和失业保险这三种保险由企业和个人共同缴纳保费，个人承担的费用从工资里扣除；工伤保险和生育保险完全由企业承担，个人不需要缴纳。需要强调的是，社会保险是法定的，用人单位给劳动者上保险是一种法定义务。《中华人民共和国社会保险法》第八十四条规定："用人单位不办理社会保险登记的，由社会保险行政部门责令限期改正；逾期不改正的，对用人单位处应缴社会保险费数额一倍以上三倍以下的罚款，对其直接负责的主管人员和其他直接责任人员处五百元以上三千元以下的罚款。"

1. 养老保险

养老保险是国家和社会根据一定的法律和法规，为保障劳动者在达到国家规定的解除劳动义务的劳动年龄界限，或因年老丧失劳动能力退出劳动岗位后的基本生活而建立的一种社会保险制度。这一概念主要包含以下三层含义：

养老保险是以社会保险为手段来达到保障目的的。养老保险是世界各国较普遍实行的一种社会保险制度，一般具有以下几个特点：由国家立法，强制实行，企业单位和个人都必须参加，符合养老条件的人，可向社会保险部门领取养老金；养老保险的费用一般由国家、单位和个人三方或单位和个人双方共同负担，并实现广泛的社会互济；养老保险具有社会性，影响很大，享受者多且时间较长，费用支出庞大，因此必须设置专门机构，实行现代化、专业化、社会化的统一规划和管理。

养老保险是在法定范围内的老年人完全或基本退出社会劳动生活后才自动发生作用的。这里所说的"完全"，是以劳动者与生产资料的脱离为特征的；所谓"基本"，是指参加生产活动已不成为主要社会生活内容。需要强调说明的是，法定的年龄界限（各国有不同的标准）才是切实可行的衡量标准。

养老保险的目的是保障老年人的基本生活需求，为其提供稳定可靠的生活来源。

2. 医疗保险

医疗保险是为补偿疾病所带来的医疗费用的一种保险。医疗保险同其他类型的保险一样，也是以合同的方式预先收取医疗保险费，建立医疗保险基金；当被保险人患病并去医疗机构就诊而产生医疗费用后，由医疗保险机构给予一定的经济补偿。因此，医疗保险也具有保险的两大功能，即风险转移和补偿转移。

3. 失业保险

失业保险是指为保证失去工作的职工在失业期间获得一定的收入补偿而建立的社会保险制度。根据国际惯例和我国的基本国情，我国的失业保险是由国家法律规定的，通过建立失业保险基金，使失业人员在失业期间获得必要的经济帮助，保证其基本生活，并通过专业训练、职业介绍等手段为其重新就业创造条件的一种社会保险制度。我国失业保险基金的来源主要有四种，即企业缴纳的失业保险费、失业保险费的利息收入、财政补贴和职工个人缴费。此外，失业保险基金的来源有对失业保险基金进行增值的收入、运用生产自救费开展生产自救活动所获的纯收入，以及对未按规定缴纳失业保险费的单位进行处罚的滞纳金收入等。

4. 工伤保险

工伤保险是指国家和社会为在生产、工作中遭受事故伤害和患职业性疾病的劳动者及亲属提供医疗救治、生活保障、经济补偿、医疗和职业康复等物质帮助的一种社会保障制度。

劳动者享受工伤保险的权利是由《宪法》和《劳动法》给予根本保障的。

5. 生育保险

生育保险是通过国家立法规定，在劳动者因生育子女而导致劳动力暂时中断时，由国家和社会及时给予物质帮助的种社会保险制度。我国生育保险待遇主要包括两项：一是生育津贴，用于保障女职工产假期间的基本生活需要；二是生育医疗待遇，用于保障女职工怀孕、分娩期间及职工实施节育手术时的基本医疗保健需要。

（二）住房公积金

住房公积金是指国家机关、国有企业、城镇集体企业、外商投资企业、城镇私营企业及其他城镇企业、事业单位为其在职职工缴存的长期住房储金。

住房公积金由两部分组成：一部分由职工所在单位缴存，另一部分由职工个人缴存。职工个人缴存部分由单位代扣后，连同单位缴存部分一并缴存到住房公积金个人账户内。职工和单位住房公积金的缴存比例均不得低于职工上一年度月平均工资的5%，但不同的城市缴存比例有所不同。

住房公积金的提取及使用要遵从一定的章程，有以下情形之一的可以提取职工住房公积金账户内的存储余额：

（1）购买、建造、翻建、大修自住住房的。

（2）离休、退休的。

（3）完全丧失劳动能力，并与单位终止劳动关系的。

（4）出境定居的。

（5）偿还购房贷款本息的。

（6）房租超出家庭工资收入的规定比例的。

依照前面第（2）、（3）、（4）项规定提取职工住房公积金的，应当同时注销职工住房公积金账户。

（三）企业年金

2017 年 12 月 18 日，人力资源和社会保障部、财政部联合发布了《企业年金办法》，并于 2018 年 2 月 1 日起施行。

企业年金是指企业及其职工在依法参加基本养老保险的基础上，自主建立的补充养老保险制度。参加企业职工基本养老保险的其他用人单位及其职工建立补充养老保险的，参照《企业年金办法》执行。企业建立企业年金，有利于完善职工薪酬体系，展现企业良好文化、增强人才吸引力、稳定职工队伍。职工参加企业年金，有利于在基本养老保险的基础上，

另外增加一份养老积累，进一步提高退休后的收入水平和生活质量。只要参加了企业职工基本养老保险的用人单位及其职工，都可以建立企业年金制度。

企业年金所需费用由企业和职工个人共同缴纳。企业缴费每年不超过本企业职工工资总额的8%，企业和职工个人缴费合计不超过本企业职工工资总额的12%。具体所需费用由企业和职工协商确定。

企业缴费应当按照企业年金方案确定的比例和办法计入职工企业年金个人账户，职工个人缴费计入本人企业年金个人账户。企业可以根据职工岗位、责任和贡献等不同，在分配企业缴费时存在一定的区别，体现企业年金的激励作用；同时应兼顾公平、控制差距，企业应当合理确定本单位当期缴费计入职工企业年金个人账户的最高额与平均额的差距。企业当期缴费计入职工企业年金个人账户的最高额与平均额不得超过5倍。实行企业年金制度后，企业如遇到经营亏损、重组并购等当期不能继续缴费的情况，经与职工一方协商，可以中止缴费。不能继续缴费的情况消失后，企业和职工恢复缴费，并可以根据本企业实际情况，按照中止缴费时的企业年金方案予以补缴。补缴的年限和金额不得超过实际中止缴费的年限和金额。

专题二　警惕就业陷阱

大学生在首次就业过程中，一定要时刻保持清醒的头脑，了解和掌握就业方面的知识和政策，并严格按照程序办事，使自己的合法权益能得到充分的保障而不致轻易受到侵害。

一、常见的就业陷阱

目前，由于我国人力资源市场建设滞后、大学生就业机制不够健全，加之大学生普遍求职心切，一些用人单位便利用了大学生盲目相信虚假招聘广告的心理，违法招聘并为大学生就业设置各种陷阱的现象屡屡出现。不少大学生因为缺乏社会经验，不能识别出此类陷阱，不但没有找到工作，还为此赔了很多冤枉钱。

（一）招聘陷阱

1. 招聘为名，敛财为实

一些用人单位借用招聘的名义进行非法敛财，如“确保毕业生不随意辞职，身份证需交单位保管”、先交押金再入职等。

案例播报

刷单背后的阴谋

2018年7月15日，小蒋在网上发现一则网络兼职信息，便按照上面预留的QQ号码主动添加对方为好友，对方很快就通过了验证。由于对方说这个刷单工资是即时结账，完成一单支付就可以按百分比赚取薪酬，所以小蒋对这份兼职非常感兴趣。

他同意刷单后，对方就发来了刷单任务。按照指示，小蒋点开了任务链接，在指定的店铺拍下商品，费用一共40元在支付后将订单截图发送给对方，这一单就算刷单成功。果然不出3分钟，小蒋马上就收到对方返还的42元，其中的2元就是薪酬。随后小蒋继续刷了几单，对方也是马上返现，小蒋轻轻松松就赚到了50元钱。

对方称这些只是新手任务，之后的订单数额和金额会增加，不过薪酬的百分比也会不一样，会相应提高。如此简单，并且返还神速，小蒋便没有了防备，同时对方也接着发来了新的任务。就这样，小蒋通过同样的方式帮对方刷了1单983元的订单，可接下来对方没有之前那般及时返现，见对方迟迟不返还本金，小蒋便联系对方询问，对方称这次要3个订单完成后才能一起返还，于是小蒋又刷了1件783元商品和7件1965元商品的订单，总共15521元。可说好的薪酬和本金还是没有返还，对方称7件1965元的任务错误，需要重新做，于是小蒋又刷了13755元。随后，对方以还需再补一单、任务完成需要激活新任务、还需再刷3%的任务等理由搪塞，陆陆续续让小蒋刷了53469元。

小蒋透支了自己的信用卡，终于刷到全部任务都已完成，但对方又声称因为数额较大，需要经理签字才能返款，但保证经理签完字就马上去银行汇款，并承诺24小时内一定到账。可24小时过后，依旧没有收到汇款，小蒋再找对方询问，对方搪塞工作忙没时间，下午就汇款，于是小蒋又等了一天。

7月22日，小蒋依旧没收到钱，便想通过QQ联系对方，可发现对方已将自己拉黑，这才惊觉自己上当受骗了，匆忙向派出所报了案。

2. 借招聘机会收集个人信息

借招聘的机会要求大学生将个人信息包括身份证号码、家庭住址、家人电话等填写详细、完整，旨在收集大学生及家庭其他成员的信息，用以对外出售或者诈骗。因此，大学生制作简历或给用人单位提供个人信息时，应只留个人联系方式、学校地址等，尽量避免出现家人的联系电话、家庭详细地址等，以免受到各种不同的短信、电话骚扰，甚至诈骗。

3. 借招聘之名宣传自己

有一些单位，根本无意招聘新人，但还是在媒体上发布大量的“诚聘英才”的信息，更有甚者，大张旗鼓地举办招聘会，好像求贤若渴，引得大学生蜂拥而至，媒体争相报道。其目的无非是造成轰动效应，把招聘当成宣传形象的手段，浪费了大学生的时间，影响了大学生的热情和自信。

案例播报

招而不聘

马上就要大学毕业的小张最近特别忙，在各个招聘会上不断赶场，递出的简历就有300多份。小张也陆续参加了一些面试，不过最终还是没有如愿找到工作。小张说：“很多参加招聘会的公司根本就不打算招人。有些是小企业借机来做宣传，还有一些就是走个形式而已。我参加了好多场招聘会，经常能在招聘的企业中看到一些熟悉的面孔，每场招聘会都有很多人投递简历，他们怎么可能一直招不到人呢？”

此外，有些单位为了避免日后的争端，便使用一个长句对职位要求进行描述，由于文句中无任何标点符号，让人产生歧义，借此避开有关禁止性别歧视的规定。面对此类陷阱，大学生在浏览招聘广告时应仔细分析一下招聘的岗位性质，仔细推敲广告语言的含义，不要在不适合自己的岗位上做无用功，浪费时间和精力。

4. **传销陷阱**

传销是国家严厉打击的犯罪行为，也是普通公民易与直销混淆。《禁止传销条例》第二条规定："本条例所称传销，是指组织者或者经营者发展人员，通过对被发展人员以其直接或者间接发展的人员数量或者销售业绩为依据计算和给付报酬，或者要求被发展人员以交纳一定费用为条件取得加入资格等方式牟取非法利益，扰乱经济秩序，影响社会稳定的行为。"一般来说，传销组织会对找工作、求职的大学生承诺天价报酬，以公司招聘的方式来吸收成员。例如，以"加入我们，月薪轻松过万""业绩增长，你的工资每月都会上浮20%""长期招聘，待遇优厚"等高薪宣传诱惑大学生。

专题链接

如何辨别传销

传销具有以下两个基本要件：

(1)组织要件。组织要件即发展人员，组成网络。传销组织者承诺，只要参加者交钱(或购买商品)加入后再发展他人加入，就可获得高额的"回报"或"报酬"。这就是俗称的"发展下线"。下线又可以再发展下线，以此组成上下线的人际网络。

(2)计酬要件。计酬要件包括两种形式：一种是以参加者本人直接发展的下线人数和间接发展的下线人数为依据计算和给付报酬，即以直接和间接发展的人员数量计提报酬，形成传销的"金钱链"；另一种是以参加者本人直接发展和间接发展的下线的销售业绩(销售额)为依据计算和给付报酬，形成传销的"金钱链"。

简单来讲，如果别人介绍的"工作""生意"或者"投资"，前提条件是交钱取得加入的资格，并且要发展亲戚朋友参加，还许诺可以从中提取高额报酬，那就要引起警惕。

当听到介绍人给你说"1040阳光工程""五级三晋制""纯资本运作""民间私募""北部湾开发""网络资本运作""连锁销售""双轨制""级差制+双轨制""国家项目""阳光扶贫工程""临桂机会""循环机会""虚拟经济""网络资本运作"等词汇，就要提高警惕，确认所接触的是否是传销人员。

(二)合同陷阱

签订劳动合同是为了更好地保护劳动者的权利，在发生纠纷时，劳动者可以用劳动合同来保护自己的合法权益，但是对于涉世未深的大学生来说，这份权利保障书中也有可能藏有不公平的陷阱。

1. **口头合同**

有的用人单位为了吸引优秀的大学生，口头承诺高薪、空调配套单人间、每年两次公费旅游、解决落户等，让涉世未深的大学生陷入其中，等大学生入职后却以签订书面合同太麻烦，口头约定即可为由等拒绝。一旦发现实际情况与用人单位的描述不一致，想要索赔时却发现没有有力的证据，因为双方的一切协议均为口头商定，发生纠纷后就连双方之间是否存在真实有效的劳动关系都很难得到证明。规定劳动合同必须采用书面形式，但是往往因为就业压力，刚刚工作的大学生不敢主动向用人单位提出签订合同的意见，而有些用人单位也正是抓住了这一点，常常不主动与大学生签订合同。要求签订劳动合同是正当行使自己的权利，大学生不用有过多的心理负担，同时应该充分相信自己的能力，既然自己能够应聘成功，这就说明自己有可取之处，即使用人单位并不愿意签订劳动合同，但是他们会考虑你的劳动价值，有可能他们并不舍得你这样的技术能手离开。

总之一句话，在步入职场时不要轻信用人单位的口头承诺，无论什么事都是口说无凭，白纸黑字写下来更有利于维护自己的权益。

案例播报

口头约定不可信

小夏毕业后到一家软件销售公司应聘，经过与公司招聘负责人面谈后，负责人表示对她非常满意，许诺公司提供安全可靠的住房，而且月薪3000元以上，希望能马上签合同，她没有丝毫犹豫就当场签了。

正式入职以后她才知道，她的岗位是发货员，只有固定的月薪2500元，而3000元以上的均是销售员岗位。而安排的住房也就是公司的货仓，挤着住了10个人。她生气地找到了负责人跟他理论。对方反问道："合同上有写吗?"她找出当初与对方签订的合同，合同里只写着"甲方提供工作岗位、住处给乙方，按月支付工资……"

2. 单方合同

单方合同听起来要比口头合同好一点，毕竟是能看到白纸黑字的东西，但是如果细细读来就会发现合同的全部内容都是在维护用人单位的权利，对于求职者的权利和单位的义务只字未提。由于大多数大学生缺乏维权意识，在求职中又处于弱势地位，对不平等条款要么不知，要么不敢提出异议，使劳动合同在某种程度上成为"霸王合同"。所以大学生在签订劳动合同时，一定要慎防无保障协议等。这样的合同对于职工违反规定时要承担的责任、毁约时要缴纳的违约金、与职工的义务相关的条款规定得非常细致。

3. 阴阳合同

用人单位出具的劳动合同表面上看两份是一样的，但具体细看内容有别。一份是应付劳动监察部门检查的，另一份是实际履行的。这需要大学生在签订劳动合同时对内容进行谨慎审核，逐条细看，两份合同对照完整后再签订。

4. 就业协议书代替劳动合同

为了掌握主动权，避免因合同细节产生更多的麻烦，有的用人单位就会欺骗大学生不需要签订劳动合同，有就业协议书即可。而就业协议书是用人单位与毕业生、院系和学校四方关系的证明，也是用人单位与毕业生即将建立劳动关系的一份法律证据，其中没有劳动合同必备的工资、工作时间等具体内容，不利于大学生就业权益的保护。

5. 空白合同

空白合同可以给人无限操作的空间。空白合同分为以下两种情况：

(1)完全空白合同。由于用人单位用的一般都是事先拟定好的合同，即格式合同，但涉及具体条款如工资待遇、工作地点时留空，签合同时要求大学生先签字，表示具体内容后续完善。对一些大学生来说，在激烈竞争的当今，能找到一份工作已经是万幸了，不敢向用人单位询问太多，又因经验不足只能对用人单位唯唯诺诺，在空白合同上签字也不敢有异议。

试想,合同中的工资条款一栏是空白的,过后用人单位会写上多少月薪呢?

(2)部分空白合同。部分空白合同就是合同条款、具体内容虽然不是空白的,但是备注或者附加条款处是空白的,这就需要毕业生当场与用人单位明确此处应写上“此处空白”或“此处无内容”,否则用人单位可以在空白处随意填写。

(三)试用期陷阱

试用期是用人单位与大学生相互了解的时期,劳动关系处于非正式状态,这一时期最易设置陷阱。

(1)仅签订一份试用期合同。《劳动合同法》第十九条:“试用期包含在劳动合同期限内。劳动合同仅约定试用期的,试用期不成立,该期限为劳动合同期限。”所以,只有试用期的合同就是一份正式的劳动合同。

(2)无限延长试用期。试用期结束后用人单位又以不合格等理由继续适用试用期。试用期适当延长是可以的,但必须符合法律规定。《劳动合同法》第十九条明确规定:“劳动合同期限三个月以上不满一年的,试用期不得超过一个月;劳动合同期限一年以上不满三年的,试用期不得超过两个月;三年以上固定期限和无固定期限的劳动合同,试用期不得超过六个月。”因此,超过法律规定的试用期是不成立的,应作为合同的正常履行期,按约定的工资标准支付劳动报酬等。

(3)约定多次试用期。《劳动合同法》第十九条规定:“同一用人单位与同一劳动者只能约定一次试用期。”也就是说用人单位若在初次用工时已经和劳动者约定了试用期,在劳动合同到期后续签时就不得再约定试用期。

(4)试用期期间零工资或者工资未达到合法标准。《劳动法》第四十八条规定:“用人单位支付劳动者的工资不得低于当地最低工资标准。”《劳动合同法》第二十条规定:“劳动者在试用期的工资不得低于本单位相同岗位最低档工资或者劳动合同约定工资的百分之八十,并不得低于用人单位所在地的最低工资标准。”因此,试用期工资不能为零,也不得低于法律规定的标准。

(5)试用期不支付工资,累积至试用期结束再一并发放。《工资支付暂行规定》第七条规定:“工资必须在用人单位与劳动者约定的日期支付。如遇节假日或休息日,则应提前在最近的工作日支付。工资至少每月支付一次,实行周、日、小时工资制的可按周、日、小时支付工资。”《劳动合同法》第三十条规定:“用人单位应当按照劳动合同约定和国家规定,向劳动者及时足额支付劳动报酬。”《劳动法》第五十条规定:“工资应当以货币形式按月支付给劳动者本人。不得克扣或者无故拖欠劳动者的工资。”因此,拖延工资的发放是严重的违法侵权行为。

(四)条款陷阱

(1)诱导条款。用人单位利用大学生无收入又必须支付生活开支、急于参加工作获取生活来源的心理,通过设置诱导性条款欺骗大学生放弃一些合法利益,如约定用人单位每月多发 300 元,不予办理社会保险。

(2)生死条款。用人单位避免日后承担责任,在劳动合同中写上“出现工伤事故一概不负责”“生老病死与企业无关”等条款,完全将大学生的身体健康、生命视如草芥,将身上的责任撇得一干二净。根据我国《劳动法》《劳动合同法》《工伤保险条例》等法律法规，这类条款是无效的。

案例播报

员工人身安全有保证

某公司收银员熊某上班途中遭遇车祸，经抢救无效死亡，后相关单位认定为因工死亡。因该公司未为熊某购买工伤保险，家属无法向工伤保险部门申请工伤保险待遇。

该公司表示，熊某是因为交通事故而死的，熊某家属在事故处理中已获得肇事方的赔偿。公司以此为由，只同意再支付20万元，认为多赔属重复赔偿。熊某家属无法接受公司的赔偿方案，于是申请劳动仲裁。最后，劳动人事争议仲裁委员会裁定，由该公司30日内向其工亡职工熊某的家属支付一次性工亡补助金、丧葬补助金共计560640元，扣除借支的6万元，实际应支付500640元。

（3）违约条款。意图将招聘成本加之于大学生，如用人单位在合同中增加“合同未到期离职者，需支付违约金2000元”“入职后又需升学的，支付违约金4000元”等违约条款。

《劳动合同法》第二十二条规定：“用人单位为劳动者提供专项培训费用，对其进行专业技术培训的，可以与该劳动者订立协议，约定服务期。劳动者违反服务期约定的，应当按照约定向用人单位支付违约金。违约金的数额不得超过用人单位提供的培训费用。用人单位要求劳动者支付的违约金不得超过服务期尚未履行部分所应分摊的培训费用。用人单位与劳动者约定服务期的，不影响按照正常的工资调整机制提高劳动者在服务期期间的劳动报酬。”

（五）网络招聘陷阱

随着网络在我们日常生活中的普遍化，越来越多的大学生喜欢在网上求职。在这里描述两种常见的网络求职陷阱，希望大学生引以为戒，顺利求职。

1. 骗取个人信息

在网上求职时，往往需要求职者将个人简历发布到网上，对此大学生要格外注意保护自己的私人信息，除非是大型的知名求职网站，否则不要轻易将自己的个人信息挂在网页上，更不要轻易将这些信息发给用人单位。网上可能有不良分子打着“雇主”的旗号，骗取大学生的信用卡号、银行账号、社会保险账号、身份证号等信息，之后用伪造的证件行骗、盗窃或者以大学生的名义干不法勾当。所以，大学生在网络求职时一定要注意对自己机密信息的保护。

案例播报

网络求职注意保护个人信息

小于是一个“宅女”，看着身边的同学一个个通过网络找工作，她也开始忙着在各大招聘网站上投简历。当小于在某人才招聘网上传了简历后，该网站立刻给她发了封电子邮件让她填写完整的个人信息，并说这样可以为她争取更多被好单位录用的机会。于是她便在网站上输入了自己的资料，包括姓名、电话、地址等。可谁料在接下来的1周之内，小于经常接

到陌生人打来的电话,称自己是某公司管人事的,想录用她,但这些单位都是查不到地址的小公司。更可气的是,小于的手机上从此多了许多广告短信。她才恍然大悟,原来自己的个人信息已经泄露出去了,而此时想更改也来不及了。

2. 利用网络榨取劳动力

一些骗子公司利用网络招聘行骗,但是他们既不骗取钱财也不骗取个人信息,他们骗取的是劳动力,这类骗子公司看中的是大学生的知识资源,同样是利用了大学生求职心切的心理,骗取他们的智力成果。

案例播报

无偿劳动的小高

商务英语专业的小高遇到了这样一件烦心事:前几天在一家招聘网站上看到了招聘翻译的用人信息,于是小高与公司进行了联系,公司发过来一些资料让小高翻译看看,以便进行考查。小高翻译完以后,公司又发过来一些,这样试译了好几次,始终没有得到公司聘用的表示,这时小高终于明白,这家公司并无意招聘新人,他们不过是打着招聘的旗号,无偿使用自己的劳动成果而已。

就业过程中的陷阱不少,但大学生不要因此而影响自己的士气。俗话说"邪不压正",每种陷阱都有被识破的方法,最主要的就是大学生一定要在求职过程中睁大眼睛,不可仓促地做出决定,自己要对自己负责。

专题链接

防骗口诀

口诀一:千万不要

不要把身份证、驾驶证、印鉴交给未就职的企业、公司。不管什么理由,都不需要留下重要的证件,如身份证、驾照、户口簿等,更不要随便签名盖章。

口诀二:一定要

劳保医保不可少。瞪大眼睛看合约,口头契约也算是具有法律效力的合约,虽然没用白纸黑字写出来,但要记清楚。不过为了保险起见,订立书面契约还是比较安全妥当的。

口诀三:防失身

面试地点不合适的就不要去了。女服务生、女伴游、女导游、纯伴游、女接待、工商服务小姐……这类极有可能是掩人耳目的伪装陷阱,宜多注意。

口诀四:防色情行业

"诚征公关小姐,年轻貌美者佳,月入数万,待遇优,免经验。"对于"月入数万""免经验"的工作就要多加留意。对于工作的内容和地点,也要反复询问清楚,留意对方言辞闪烁、含糊而过的部分,毕竟很少有正规工作是免学历和经验而又高收入的。

口诀五:防骗术

利用电话征才或信箱号码征才,不敢公开公司名称和地址的,要特别小心。对于民营的职业介绍所,最好查证它是否有登记、是否合法立案。事先以电话联络,前往应征的时候才知道是一家民营的职业介绍所时，不妨假装是路过来询问状况的人，以便对该公司的服务有进一步的了解。

口诀六：防非法工作

工作性质交代得很模糊，要当心可能是“挂羊头卖狗肉”的不良企业。“月入数十万”“高薪”这类征才广告有可能是一些不良的推销行业，用快速致富的赚钱法来吸引人加入，要仔细分辨。

二、大学生受骗的原因

大学生求职被骗经历各不相同，但往往被骗的缘由有些雷同。

（一）贪图高薪缺理性

从已有的就业诈骗案例来看，大学生贪图高薪甚至梦想一夜暴富是骗子得手的首因。相当多的骗子其实手法并不高超，但依然有不少大学生“中招”，其根本原因就是人性的贪婪战胜了理智、理性。

（二）三观不正出问题

有些大学生贪图高薪只是外在表现，核心是他们三观不正，也就是世界观、人生观和价值观出现了问题，理想信念出现了问题，人生价值标准出现了偏差，重物质轻精神，贪图享受忘记劳作，渴望财富却不付出，等等。

（三）法律常识太缺乏

有不少大学生被骗是因为自己掌握的法律常识不够。在就业协议书和劳动合同当中，对各项条款研读不够，缺乏对各条款字里行间信息或者潜台词的理解，导致上当受骗。

（四）社会经验现短板

大学相对来说是一个比较封闭、简单、单纯的地方。大学生去用人单位找工作，就要面对社会、走向社会，而不少大学生对外面的世界和社会认知不全或者知之甚少，导致他们缺乏社会阅历、社会经验，碰到书本上或者学校里没有遇到的问题不知所措，处理起来想当然、太天真，缺乏明辨是非的能力，很容易偏听、偏信骗子的一面之词，导致落入骗局当中。

（五）决策、决定少商量

不少大学生找工作，往往倾向于自己决定，自我标榜为“我的地盘我做主”，做决定之前不愿意和父母、亲戚、好朋友、辅导员沟通、商量；做完决定之后也不愿意主动告诉父母、亲戚和师友，导致行踪飘忽不定、独断专行，给不法分子带来可乘之机。

（六）新媒体控泛滥

QQ、微博和微信等新媒体日益成为当代大学生交流的主要工具，把掌握和使用这种工具当作一种时尚，不少人沉溺其中，使得他们人际沟通的方式发生质变——人际交流“移植”到新媒体上，哪怕近在咫尺也不愿意人际交流，成为名副其实的“新媒体控”一族。新媒体本身具有的隐匿性、超时空性和迅捷性等特点，使得不法分子高科技就业诈骗得以顺利实施，不少大学生屡屡“中招”。

大学生就业诈骗得以发生，根本上是大学生观念与意识层面存在不良思想和动机，其次是相关知识和阅历不够，最后是沟通交流不充分。

三、大学生就业防骗策略

(一)应聘工作索汇款要拒绝

用人单位巧立名目,收取求职者各种形式的报名费、培训费、押金、资料费等,都是违法行为,大学生应提高警惕,坚决拒绝缴纳各种费用。一旦上当受骗,可向当地劳动保障监察部门或公安部门报警,寻求法律保护。

(二)一夜暴富传销梦要清醒

传销是国家明令禁止的非法行为,千万不要偏信一夜暴富的鬼话,以免误入歧途。请记住,天上不会凭空掉馅饼,若有也可能是陷阱。任何人的成功都是经过千辛万苦、勤奋努力得来的。

(三)租借宾馆来面试要注意

正规的单位一般都有固定的办公场所,若用人单位面试地点选择宾馆等临时租借的地方,要高度注意,谨防上当受骗。

(四)联系方式用手机要提防

在查看用人单位的招聘简介时,用人单位要求先 QQ 联系,这就存在很大问题,正规公司会直接电话联系或者以邮件的形式通知去面试,不会在 QQ 上交谈。接到面试通知时,要问清对方的办公地址和固定联系电话,若用人单位只有手机单一联系方式,要高度警惕,谨防上当受骗。

(五)面试预约在晚上要警惕

若接到安排在晚上面试,要高度警惕,晚上不要出去,特别是女生。

(六)偏远地方面试要小心

若用人单位将面试安排在偏远地方,即使在白天也要注意警惕,若出了事,连报警的地方和机会都很难找。在接到面试通知时,一定要问清楚用人单位的具体地址,先在网上查询面试地点的具体位置,也可以顺便查查用人单位的详细情况。女生不要独自前往,可请同学、朋友陪同,并在出发前向家人交代自己前往的应聘地点及单位名称。

(七)实习工作在外地要谨慎

有的用人单位要求到外地面试、实习和工作,在对于大学生来说,外地人生地不熟,在没对用人单位进行详细了解的情况下,要特别小心谨慎,不要贸然行动,谨防上当受骗。

(八)不法电话、QQ 招聘要防备

不少用人单位会通过电话、E-mail、QQ、微博和微信等新媒体方式进行人才招聘。但这也给不法分子行骗提供了可乘之机,他们也通过 QQ、电话等方式招摇撞骗。对于来路不明的新媒体招聘信息,大学生应该多留心眼,要加以甄别,去伪存真,不可传播,谨防诈骗,要通过正规、有资质的求职网站求职。

(九)对用人单位的了解要深入

大学生在选定工作单位前,要进行实地考察,并对自己应聘的岗位职责进行深入了解,同时可以通过网络、校园 BBS 或向老师、同学了解该单位的真实情况。在准备入职前,要与单位的人事部门谈好工资、是否有试用期、相关的福利保险等问题,签订劳动合同时要仔细阅读各项条款,切实保障好自身权益。

(十)个人信息的保护要到位

大学生不要轻易填写过于详细的个人信息,对自身资料要加强保密意识。有的大学生就因为没有注意这个问题,收到的恐吓短信竟附有详细的个人资料。现在很多大学生喜欢网上求职,上网填写资料时,一定要先看清楚对方的设置范围是否保密,是否面向所有人开放。填写一些重要的数据资料时,一定要向对方网络客服询问,这样才能避免泄密。

专题三　就业权益维护

大学生就业工作是一项政策性、时限性、操作性都较强的工作。大学生要学会依据国家有关就业法律、政策、规章对自身的合法权益进行保护,提高自己在就业权益维护方面的素质。

一、提高就业维权素质

(一)培养维权意识

大学生在法律意识和契约意识的指引下,认识到自己的合法就业权益受到了侵犯,是积极运用法律手段或者其他方法进行救济以维护自己的合法权益,还是息事宁人、当作什么事都没发生过,不同的处理方法就体现了维权意识的不同。具有强烈的维权意识,在遇到问题时能够拿起法律武器积极维护权利,是大学生迈出的关于自我权益保护的实质性的一步。大学生只有养成了维权意识,才能够平等地与用人单位对话,据理力争,切实保障自己的合法权益。当然,大学生应当知道可以采用下列途径维护自己的就业权利:学校出面调解,向劳动监察部门申诉、举报,向劳动仲裁机构申请仲裁,向人民法院提起诉讼等。

案例播报

小吴的维权意识

小吴毕业后到一家公司报到上班。工作一段时间后,发现公司存在无故克扣员工工资和无故不缴纳社会保险费的现象。员工们对公司的这一做法义愤填膺,但是考虑到自己的工作岗位和发展机会,没有人敢于站出来对此提出质疑。小吴知道公司的做法是违反《劳动法》的,强烈的维权意识使他认为一定要采取措施保护自己和同事的合法权益。于是他以匿名的方式向当地劳动监察部门举报了公司的恶劣行径。劳动监察部门接到举报后,马上在查证属实的基础上对公司进行了处罚,同时责令公司返还克扣的员工工资,并按规定补交社会保险费。小吴以自己的行动维护了自己和同事的正当权益。

(二)培养证据意识

法律是用证据说话的,大学生在就业过程中应“多留一个心眼”,牢固树立证据意识。证据意识的培养主要体现在三个方面:一是收集证据的意识,要求大学生在就业时要有意识地请对方出示或者提供相关资料来佐证一定的事实,如要求公司出示营业执照、要对方出示表明身份的证件等;二是保存证据的意识,要求大学生注意保存现有的证据,以便将来在仲裁或诉讼时支持自己的观点,如要注意保存单位在招聘时的海报,与单位往来的传真、邮件等;三是运用证据的意识,即用证据证明案件事实的意识,知道什么样的事实需要什么样的证据

证明，知道一定事实的举证责任是在对方还是己方；等等。

案例播报

证据意识缺乏造成的损失

毕业生小杨通过网络找到了一家颇有影响力的民营企业。在正式就职之前，他来到该企业指定的培训中心缴纳了相关的培训及服装费用。该企业承诺，如果职员在培训后出于企业的原因没有被录用，将退还培训中所有的费用。结果，由于企业人事调整，小杨没有进入该企业工作。当他向该企业要求退还培训等费用时，因拿不出交费的证据而被拒绝。

二、就业权益维护的途径

大学生的就业权益保护主要分两个阶段：一个是求职择业过程中（首次就业）的就业权益保护，另一个是就业上岗后（劳动关系）的就业权益保护。不同阶段的就业权益保护有着不同的侧重内容：前者主要集中在就业协议书的签订、试用期的纠纷方面，后者主要集中在劳动合同的履行方面。

（一）与就业协议书有关的维权途径

大学生在就业过程中存在一个突出问题就是，在履行就业协议书的过程中，大学生与用人单位产生的纠纷。

当就业过程中出现一些侵犯大学生权益的行为，大学生可通过以下途径对自身权益进行保护。

（1）双方当事人在自愿、平等的基础上协商解决纠纷。如果大学生在履行就业协议书的过程中与用人单位产生纠纷，可以通过协商的方式解决。

（2）依靠学校的保护。学校对大学生权益的保护最为直接。学校通过制订各项措施可以规范毕业生就业指导和推荐，当用人单位在录用毕业生过程中存在不公平、不公正的行为时，学校有权以拒绝签署就业协议书等手段维护毕业生的就业权益。

（3）依靠行政、权力机关和新闻媒体力量保护自己的合法权益。当大学生的合法权益受到侵犯时，可以及时向当地行政部门（如劳动监察部门）投诉，也可以直接向有权主管用人单位的行政机关（如工商行政管理局）投诉或举报。经有关部门处理后，若其合法权益仍未得到保护，有权依法向各级人民政府和人民代表大会机关申诉。此外，大学生权益受到侵害时，可以向有关新闻媒体披露真实情况，借此获得社会舆论的监督、关注和支持。

（二）就业后的维权途径

《中华人民共和国企业劳动争议处理条例》第六条规定：“劳动争议发生后，当事人应当协商解决；不愿协商或协商不成的，可以向本企业劳动争议调解委员会申请调解；调解不成的，可以向劳动争议仲裁委员会申请仲裁。当事人也可以直接向劳动争议仲裁委员会申请仲裁。对仲裁裁决不服的，可以向人民法院起诉。”

可见，就业后的维权途径即劳动纠纷处理途径主要有三种：调解、仲裁、起诉。调解是指在查明事实、分清是非、明确责任的基础上，依照有关法律规定及劳动合同的约定，推动用人单位和劳动者之间相互谅解、解决争议。当调解不成，一方当事人要求仲裁的，可以向劳动争议仲裁委员会申请仲裁，也可以不经调解直接向劳动争议仲裁委员会申请仲裁。诉讼程序是处理劳动争议的最后一道程序。对仲裁裁决不服的,可自收到仲裁裁决书之日起 15 日内向人民法院提起诉讼。

专题四 就业中常见法律问题

随着毕业生人数的增加,大学生就业过程中的法律问题也频繁发生。由于许多毕业生对就业相关法律和政策缺乏了解,加上国家在大学生就业方面也没有系统的、专门的法律法规,大学生在就业过程中出现的一些法律问题给毕业生、学校以及招聘单位带来了种种困扰。本节将介绍在就业过程中大学毕业生常见的法律问题,以及面对这些问题,大学毕业生如何以法律为武器维护自身权益。

一、用人单位不签劳动合同如何处理

《劳动合同法》第十条规定:“建立劳动关系,应当订立书面劳动合同。已建立劳动关系,未同时订立书面劳动合同的,应当自用工之日起一个月内订立书面劳动合同。”第十四条第三款规定:“用人单位自用工之日起满一年不与劳动者订立书面劳动合同的,视为用人单位与劳动者已订立无固定期限劳动合同。”第八十二条第一款规定:“用人单位自用工之日起超过一个月不满一年未与劳动者订立劳动合同的,应当向劳动者每月支付二倍的工资。”因此,大学生如果遇到这种情况,可以根据上述相关条款维护自身权益。工作满一年未签劳动合同的,可视为单位与你签订了无固定期限劳动合同,且你可以要求单位支付未签订劳动合同期间的两倍工资。

二、用人单位能不能收费

有些公司在招聘时常常不查看任何学历证明,甚至不安排任何面试,而只是要求求职者支付诸如信息费、报名费、登记费、资料费、推荐费、注册费、押金等名目繁多的费用,而当用人单位和中介公司装满了自己的“钱袋”后,就会找出各种理由将应聘者“辞掉”。其实,这正是黑心单位最常用的欺骗手法。《劳动合同法》第九条规定:“用人单位招用劳动者,不得扣押劳动者的居民身份证和其他证件,不得要求劳动者提供担保或者以其他名义向劳动者收取财物。”《关于贯彻执行<中华人民共和国劳动法>若干问题的意见》第二十四条也规定:“用人单位在与劳动者订立劳动合同时,不得以任何形式向劳动者收取定金、保证金(物)或押金(物)。”明确规定了用人单位不得以任何理由收取“财物”,否则由公安部门和劳动行政部门责令用人单位限期退还劳动者本人,并将以每人 500 元以上 2000 元以下的标准处以罚款。

三、试用期到底多长时间

《劳动合同法》第十九条规定:“劳动合同期限三个月以上不满一年的,试用期不得超过一个月;劳动合同期限一年以上不满三年的,试用期不得超过两个月;三年以上固定期限和无固定期限的劳动合同,试用期不得超过六个月。同一用人单位与同一劳动者只能约定一次试用期。以完成一定工作任务为期限的劳动合同或者劳动合同期限不满三个月的,不得约定试用期。试用期包含在劳动合同期限内。劳动合同仅约定试用期的,试用期不成立,该

期限为劳动合同期限。”

案例播报

小张被连锁超市录用为收银员，签订了为期一年的劳动合同，其中约定试用期为3个月。该劳动合同履行完毕后，单位同意再与他续订一年的劳动合同，但是单位强调必须再订3个月的试用期。小张发现他的工作岗位未发生变化，还是继续做收银员。小张不解，怎么还有试用期？超市这么做合法吗？

四、可以不加班吗

关于可不可以加班的问题，一方面要根据公司具体情况而定；另一方面要参考相应的法律条文。《劳动法》第四十一条规定：“用人单位由于生产经营需要，经与工会和劳动者协商后可以延长工作时间，一般每日不得超过一小时；因特殊原因需要延长工作时间的，在保障劳动者身体健康的条件下延长工作时间每日不得超过三小时，但是每月不得超过三十六小时。”第四十四条规定：“有下列情形之一的，用人单位应当按照下列标准支付高于劳动者正常工作时间工资的工资报酬：①安排劳动者延长工作时间的，支付不低于工资的百分之一百五十的工资报酬；②休息日安排劳动者工作又不能安排补休的，支付不低于工资的百分之二百的工资报酬；③法定休假日安排劳动者工作的，支付不低于工资的百分之三百的工资报酬。”

五、能在女职工孕期解除合同吗

《中华人民共和国妇女权益保障法》第二十三条规定：“各单位在录用女职工时，应当依法与其签订劳动（聘用）合同或者服务协议，劳动（聘用）合同或者服务协议中不得规定限制女职工结婚、生育的内容。”第二十七条规定：“任何单位不得因结婚、怀孕、产假、哺乳等情形，降低女职工的工资，辞退女职工，单方解除劳动（聘用）合同或者服务协议。但是，女职工要求终止劳动（聘用）合同或者服务协议的除外。”

六、可以在员工患病期间辞退员工吗

劳动合同履行期间，只有符合法定的条件和程序，即符合《劳动合同法》第三十九条、第四十条和第四十一条的规定，公司可以辞退员工。但对于生病正在治疗期间的劳动者，在法定医疗期内，除非本人具有第三十九条规定的法定过错，不得辞退；医疗期满，不能从事原工作，也不能从事用人单位另行安排的工作的，提前30日书面通知或者额外支付一个月工资可以辞退。

《企业职工患病或非因工负伤医疗期规定》第二条规定：“医疗期是指企业职工因患病或非因工负伤停止工作治病休息不得解除劳动合同的时限。”第三条规定：“企业职工因患病或非因工负伤，需要停止工作医疗时，根据本人实际参加工作年限和在本单位工作年限，给予三个月到二十四个月的医疗期：

（1）实际工作年限十年以下的，在本单位工作年限五年以下的为三个月；五年以上的为六个月。

（2）实际工作年限十年以上的，在本单位工作年限五年以下的为六个月；五年以上十年以下的为九个月；十年以上十五年以下的为十二个月；十五年以上二十年以下的为十八个月；二十年以上的为二十四个月。”

七、用人单位拖欠工资怎么办

《中华人民共和国劳动法》第三条规定：“劳动者享有平等就业和选择职业的权利、取得劳动报酬的权利、休息休假的权利、获得劳动安全卫生保护的权利、接受职业技能培训的权利、享受社会保险和福利的权利、提请劳动争议处理的权利以及法律规定的其他劳动权利。”第五十条规定：“工资应当以货币形式按月支付给劳动者本人。不得克扣或者无故拖欠劳动者的工资。”第九十一条规定：“用人单位克扣或者无故拖欠劳动者工资的，由劳动行政部门责令支付劳动者工资报酬、经济补偿，并可以责令支付赔偿金。”《劳动合同法》第三十条规定：“用人单位应当按照劳动合同约定和国家规定，向劳动者及时足额支付劳动报酬。用人单位拖欠或者未足额支付劳动报酬的，劳动者可以依法向当地人民法院申请支付令，人民法院应当依法发出支付令。”

对拖欠工资处罚最为严厉的法律是《中华人民共和国刑法》，最新修订的《中华人民共和国刑法》第二百七十六条规定：“以转移财产、逃匿等方法逃避支付劳动者的劳动报酬或者有能力支付而不支付劳动者的劳动报酬，数额较大，经政府有关部门责令支付仍不支付的，处三年以下有期徒刑或者拘役，并处或者单处罚金；造成严重后果的，处三年以上七年以下有期徒刑，并处罚金。”

八、员工是否可以在合同期内辞职

《劳动合同法》第三十六条规定：“用人单位与劳动者协商一致，可以解除劳动合同。”第三十七条规定：“劳动者提前三十日以书面形式通知用人单位，可以解除劳动合同。劳动者在试用期内提前三日通知用人单位，可以解除劳动合同。”第三十八条规定：“用人单位有下列情形之一的，劳动者可以解除劳动合同：①未按照劳动合同约定提供劳动保护或者劳动条件的；②未及时足额支付劳动报酬的；③未依法为劳动者缴纳社会保险费的；④用人单位的规章制度违反法律、法规的规定，损害劳动者权益的；⑤因本法第二十六条第一款规定的情形致使劳动合同无效的；⑥法律、行政法规规定劳动者可以解除劳动合同的其他情形。用人单位以暴力、威胁或者非法限制人身自由的手段强迫劳动者劳动的，或者用人单位违章指挥、强令冒险作业危及劳动者人身安全的，劳动者可以立即解除劳动合同，不需事先告知用人单位。

劳动者单方提出解除劳动合同的，如果符合上述第三十六条和第三十七条规定的情况，不需要向用人单位赔偿。如果劳动者单方解除满足上述第三十八条的规定，用人单位需要支付经济补偿金。”

案例播报

2019 年 4 月，即将大学毕业的赵丽与学校及甲公司签订了一份《毕业生就业协议书》，协议约定：赵丽毕业后必须在甲公司服务 5 年，否则要支付公司违约金 1 万元。2019 年 8 月，赵丽到公司工作后又与该公司签订了 3 年期限的劳动合同，约定试用期为 4 个月，在试

用期内可以提前书面通知甲公司解除本合同并在工作交接完毕后离开公司。3个月后，赵丽认为自己不适应这份工作，按劳动合同要求向公司提出书面辞职，而甲公司以未缴纳违约金为由不予办理解除劳动合同的有关手续。赵丽向北京市劳动争议仲裁委员会申请仲裁，要求解除与该公司签订的劳动合同，但被驳回。赵丽遂向法院提起诉讼。

法院经审理认为，《劳动法》第十六条规定："劳动合同是劳动者与用人单位确立劳动关系、明确双方权利和义务的协议。建立劳动关系应当订立劳动合同。"根据上述规定，毕业生与用人单位在签订就业协议时，双方尚未形成劳动关系，所签订的就业协议，不是劳动合同。就业协议的功能在于确保协议一方当事人按照协议到约定地点工作，工作后应该签订劳动合同。就业协议条款没有得到劳动合同的确认，与劳动合同相冲突时，应以劳动合同为准。劳动合同中已对试用期内双方的权利义务作出了明确约定，该试用期条款合法有效。赵丽的诉讼请求，应予以支持。甲公司应该为赵丽办理解除劳动合同的各项手续，赵丽不必交付违约金。

九、用人单位是否可以在合同期内辞退员工

用人单位辞退员工及补偿可以分为以下三种情况。

(1)用人单位解除劳动关系，没有任何理由，也没有支付任何经济补偿金的，但员工没有《劳动合同法》第三十九条规定的情形，可以认定该用人单位行为属于《劳动合同法》第八十七条规定的违法解除劳动合同情形，用人单位应该支付赔偿金，补偿标准为每工作满一年支付员工两个月的工资。

(2)用人单位解除劳动合同，且符合《劳动合同法》第四十六条规定的，应该支付员工经济补偿金，补偿标准为每工作满一年支付员工一个月的工资。

(3)员工存在《劳动合同法》第三十九条规定的情况，用人单位与员工解除劳动合同，不需要支付任何经济补偿金，也不需要提前通知员工。

《劳动合同法》相关规定如下。

第三十九条规定："劳动者有下列情形之一的，用人单位可以解除劳动合同：①在试用期间被证明不符合录用条件的；②严重违反用人单位的规章制度的；③严重失职，营私舞弊，给用人单位造成重大损害的；④劳动者同时与其他用人单位建立劳动关系，对完成本单位的工作任务造成严重影响，或者经用人单位提出，拒不改正的；⑤因本法第二十六条第一款第一项规定的情形致使劳动合同无效的；⑥被依法追究刑事责任的。"

案例播报

2019年3月，张某凭借河南某大学企业管理专业毕业生的身份到上海某催化剂公司应聘行政助理职务，经过面试考核等程序，张某成功被招聘为该公司职工。同月，张某被公司通知到生产技术部操作岗位锻炼。公司对张某的工作表现基本满意。到了这个阶段，张某认为自己已经达到了成为该公司员工的要求。

张某所提供的《个人简历・受教育情况》内注明其2015—2019年在"河南某大学"读企业管理专业，获本科毕业证、学位证，通过英语六级，但是公司人事负责人根据该简历在教育部指定的网上查询，却没有找到张某所称的"河南某大学"。意识到张某提供的学历可能有

问题后,公司人事负责人马上和张某联系,张某辩称其简历写错了,应该是另一所院校。根据查询,张某重新提供的毕业院校是存在的,但是公司人事负责人去该校查询张某情况时,却发现该校并没有张某所称的企业管理专业,也没有张某所提供的毕业证书编号位数,核对该校毕业生查无此人,因此张某以假学历进行应聘已被证明是事实。尽管张某声称可以胜任现在的工作岗位,但是张某的行为违反了公司的规章制度,其不够诚信的行为导致公司毫不犹豫地解除了和张某之间的劳动关系。

第四十条规定:"有下列情形之一的,用人单位提前三十日以书面形式通知劳动者本人或者额外支付劳动者一个月工资后,可以解除劳动合同:①劳动者患病或者非因工负伤,在规定的医疗期满后不能从事原工作,也不能从事由用人单位另行安排的工作的;②劳动者不能胜任工作,经过培训或者调整工作岗位,仍不能胜任工作的;③劳动合同订立时所依据的客观情况发生重大变化,致使劳动合同无法履行,经用人单位与劳动者协商,未能就变更劳动合同内容达成协议的。"

第四十六条规定:"有下列情形之一的,用人单位应当向劳动者支付经济补偿:①劳动者依照本法第三十八条规定解除劳动合同的;②用人单位依照本法第三十六条规定向劳动者提出解除劳动合同并与劳动者协商一致解除劳动合同的;③用人单位依照本法第四十条规定解除劳动合同的;④用人单位依照本法第四十一条第一款规定解除劳动合同的;⑤除用人单位维持或者提高劳动合同约定条件续订劳动合同,劳动者不同意续订的情形外,依照本法第四十四条第一项规定终止固定期限劳动合同的;⑥依照本法第四十四条第四项、第五项规定终止劳动合同的;⑦法律、行政法规规定的其他情形。"

第四十七条规定:"经济补偿按劳动者在本单位工作的年限,每满一年支付一个月工资的标准向劳动者支付。六个月以上不满一年的,按一年计算;不满六个月的,向劳动者支付半个月工资的经济补偿。"

大学毕业生初入职场会遇到各种各样的劳动纠纷问题,面对这些劳动纠纷,毕业生应该以法律为武器,保护自己的合法权益。遇到问题,可以到用人单位所在地的劳动监察部门投诉或直接向用人单位所在地的劳动争议仲裁委员会申请劳动仲裁。如果问题依然不能解决,毕业生可以选择走法律程序,提起诉讼。

案例播报

被开除的患癌女教师

1984 年出生的刘伶利一直是家人的骄傲。2012 年,她从兰州交通大学外语专业硕士研究生毕业,留在母校博文学院工作,成了一名大学教师。

2014 年 6 月 1 日,带完家教回到家,刘伶利突感腰部剧烈疼痛。她去医院检查,被诊断为(双侧卵巢)增生性(交界性)浆液性肿瘤,高级别。之后,刘伶利向学校请假,并在父母陪伴下在北京治疗。2015 年 1 月 12 日,一家人从北京返回兰州,刘伶利接到了博文学院的电话。人事处的一位工作人员问她能不能来上班,让她 14 日去学校,刘伶利回复其自己身体不好,要和家人商量一下。

拿着病历,带着北京医院大夫补开的病例证明,1 月 14 日,刘伶利的母亲刘淑琴来到博

文学院为女儿请假。“学校以为孩子得的是子宫肌瘤，病历上写得清清楚楚，学校才知道孩子得了癌症。”刘淑琴说。当时，考虑到女儿不能上班，刘淑琴请求学院领导，希望单位能继续给孩子缴纳医疗保险。

对方没有应允，刘淑琴当场哭了。人事处处长则告诉她：“不要在我面前哭，我见这样的事情挺多的，学校有规章制度，我也没有办法。”

让刘淑琴万万没想到的是，仅仅5天之后，女儿刘伶利的工作境遇就发生了逆转。

“过了一周，学校让我女儿去一趟。事后，女儿确认自己被开除了。”刘淑琴说。

辛勤工作将近3年，刘伶利收到学校的开除文件时一时难以接受。她在微信聊天中向朋友抱怨：“开始他们不知道我的病情，我请了一个学期假，期末学院相关负责人还打电话问我下学期能不能去上班，我妈妈去学院告诉他们我具体的病情，他们一知道我的真实病情就把我开除了。”

面对学校突如其来的开除通知，刘伶利和家人都感到无法忍受，最终他们选择了通过法律手段维护自己的权益。

模块六

完成角色转换——掌握职场生存技巧

学习目标

1. 掌握良好的沟通技巧。
2. 学会建立良好的人际关系。
3. 养成积极健康的职业精神。
4. 了解并掌握职业生涯规划的意义和制订方法。

情境导入

你在为谁打工

齐瓦勃出生在美国乡村，只受过很少的学校教育。15 岁那年，家中一贫如洗的他就到一个山村做了马夫。然而雄心勃勃的齐瓦勃无时无刻不在寻找发展的机遇。3 年后，齐瓦勃终于来到钢铁大王卡内基所属的一个建筑工地打工。一踏进建筑工地，齐瓦勃就抱定了要做同事中最优秀的人的决心。当其他人在抱怨工作辛苦、薪水低而怠工的时候，齐瓦勃却默默地积累着工作经验，并自学建筑知识。

一天晚上同伴们在闲聊，唯独齐瓦勃躲在角落里看书。那天恰巧公司经理到工地检查工作，经理看了看齐瓦勃手中的书，又翻开了他的笔记本，什么也没说就走了。第二天，公司经理将齐瓦勃叫到办公室，问："你学那些东西干什么？"齐瓦勃说："我想我们公司并不缺少打工者，缺少的是既有工作经验，又有专业知识的技术人员或管理者，对吗？"经理点了点头。不久，齐瓦勃就升任为技师。打工者中，有些人讽刺、挖苦齐瓦勃，他回答说："我不光是在为老板打工，更不单纯为了赚钱，我是在为自己的梦想打工，为自己的远大前途打工。我们只能在业绩中提升自己。我要使自己工作所产生的价值，远远超过所得的薪水，只有这样我才能得到重用，才能获得机遇！"抱着这样的信念，齐瓦勃一步步升到了总工程师的职位。

岁那年，齐瓦勃又做了这家建筑公司的总经理。

后来，齐瓦勃终于自己建立了大型的伯利恒钢铁公司，并创下了非凡业绩，真正完成了从一个打工者到创业者的飞跃。

专题一　沟通技巧训练

在知识经济时代，沟通能力是人才素质的重要组成部分，在就业招聘会上，多数的用人单位表示："成绩固然是招聘的重要指标，但具备较强的沟通能力也是非常重要的。"

一、沟通能力的定义

沟通能力包含表达能力、争辩能力、倾听能力和设计能力（形象设计、动作设计、环境设计）。沟通能力看起来是外在的东西，实际上是个人素质的重要体现，体现了一个人的知识、能力和品德。

一般来说，沟通能力指沟通者所具备的能胜任沟通工作的优良主观条件。简言之，人际沟通能力指一个人与他人进行有效沟通的能力，包括外在技巧和内在动因。其中，恰如其分和沟通效益是人们判断沟通能力的基本尺度。恰如其分，指沟通行为符合沟通情境和彼此相互关系的标准或期望；沟通效益，则指沟通活动在功能上达到预期的目标，或者满足沟通者的需要。

人是社会的动物，社会是人与人相互作用的产物。马克思指出："人是一切社会关系的总和。一个人的发展取决于和他直接或间接进行交往的其他一切人的发展。"因此，沟通能力是一个人生存与发展的必备能力，也是决定一个人成功的必要条件。

在职场中，各行各业都需要沟通能力，因此具备良好的沟通能力，是大学毕业生就业所需的重要能力。

二、职场沟通能力的基本要素

（一）明确目标

目标管理是以企业经营目标为导向，以客户为中心，以效益为标准，使企业和员工取得最佳业绩的现代企业管理方法。管理行为需要以目标为导向，沟通行为也需要以目标为导向。沟通目标是沟通行为的指南和追求。明确目标也就是要求明确沟通行为所要达到的预期效果。

（1）目标要双赢：任何预期的交流效果、沟通目标都应该以双赢为前提。所谓双赢，指的是沟通双方都能因为沟通而有所收获。

（2）目标要集中：一个沟通一个目标。如果同一时间、地点的沟通有两个或两个以上的目标，那么相应的沟通也应该是两个或两个以上。切勿追求多个目标，以免陷入混乱。

（3）目标要清晰：沟通目标的表达应该简明扼要、突出重点、明确边界、层次递进。

（二）适当表达

所谓口才，即在口语交际的过程中，运用准确、得体、生动、巧妙、有效的口语表达策略，达到特定的交际目的，取得圆满交际效果的口语表达的艺术和技巧。目前，立足于运转高速

的现代生活,口才在一定程度上发挥着比文才更重要的作用,更符合当今社会的生活节奏,也越来越受人们重视。有口才的人说话具有“言之有物、言之有序、言之有理、言之有情”等特征。有口才指一个人的适当表达能力,也就是用双方都能接受的方式方法表达自己的观点。

从行为方式角度划分,沟通过程中的表达方式可以分为语言表达和非语言表达。语言表达包括口头语言、书面语言及其他媒体语言;非语言表达指的是肢体动作、情感表露。在人际交往中,非语言交流具有非常重要的地位,是人际沟通的重要形式之一,在特定场合,非语言交流的沟通形式往往占到1/2以上。

(三)有效提问

有效提问本质上是良好表达能力的表现,主要指以双方都能接受的方式向对方提出问题。有效提问指提出的问题能使人产生一种怀疑、困惑、焦虑、探索的心理状态,这种心理又驱使个体积极思维,不断提出和解决问题。有效提问不仅可以促进双方的沟通顺利进行,还能主导沟通的信息,避免发生矛盾等。

提升有效提问能力,可以从提问方式和提问技巧着手。实践证明,磋商式提问以及措辞得当、掌握节奏、把握气氛、思路清晰等技巧是有效提问的前提。

(四)积极倾听

倾听属于有效沟通的必要部分,以求思想达成一致和感情畅通。沟通中的倾听主要指听取对方所表达的各种意思。积极倾听既能鼓励对方坦言又能保证理解对方所陈述的内容。积极倾听则更强调专注、仔细、诚恳地听取对方所表达的各种意思。

不应该过分地相信自己的直觉并以此行事,而是应当掌握积极倾听的技巧,保证准确地理解对方的真正意图。影响倾听的因素有很多,概括地说,大致可从以下三个方面改善和提高倾听能力。

(1)专注:目光专注、精神专注、行为专注。

(2)仔细:一方面要仔细理解、仔细思考对方表达的意思;另一方面,要仔细补漏,如有遗漏,应适当询问。

(3)诚恳:一方面表情诚恳、面带微笑;另一方面行为诚恳、坐姿端正。

案例播报

小金人的价值

曾经有一个国家派使臣来到中国进贡了三个一模一样的小金人,皇帝非常高兴。可是这个使臣出了一道题目:这三个金人哪个最有价值?皇帝想了许多办法,请来珠宝匠检查,称重量,看做工,都是一模一样的。

怎么办?使臣还等着回去汇报呢。最后,有一位退位的老臣说他有办法。皇帝将使臣请到大殿,老臣胸有成竹地拿着三根稻草,插入第一个金人的耳朵里,结果稻草从另一只耳朵出来了。第二个金人的稻草从嘴巴里直接掉出来,而第三个金人,稻草插入后掉进了肚子,什么响动也没有。老臣说:“第三个金人最有价值。”使臣回答:“答案正确。”最有价值的人不一定是最能说的人。老天给了我们两只耳朵、一张嘴巴,本来就是让我们多听少说的。

善于倾听才是成熟的人最基本的素质。

(五)仔细观察

从一般意义上讲,观察是指通过视觉系统对特定对象的信息搜集。沟通中的仔细观察,指的就是主动用心搜集与沟通对象相关的信息。有一些成语很好地概括了仔细观察的特点。例如,“静观默察”强调的是不动声色;“察言观色”是指通过语言、脸色来揣摩对方的心理;“明廉暗察”则强调从多方面了解情况。总之,与人交流时一定要用心观察。在观察中,要十分注意针对性和全面客观,注意方式方法。

(1)针对性强:在沟通中,要有针对性地搜集沟通对象的各种信息;要紧紧围绕沟通主题和沟通目标搜集信息,不必面面俱到,避免发生“捡了芝麻,丢了西瓜”的情况。

(2)全面客观:作为观察者,首先要以客观公正的心态了解沟通对象,不带“偏见”“好恶”。只有这样,才能确保信息搜集的全面性和真实性。

(六)认真思考

沟通过程也就是思考过程。想当然、就事论事等方式往往会妨碍沟通的正常进行,严重者还会导致沟通失败。“三思而后行”就是强调思考的重要性,要避免“嘴比脑快”。要认真思考,就是要根据搜集的信息,对沟通对象的心理和观点做出全面的分析和判断。

关于沟通的思考,在沟通之前可以看作沟通的策划。在沟通过程中的适当表达、有效提问、积极倾听、仔细观察等环节也都伴随着思考。

三、职场新人的沟通原则与误区

(一)职场新人的沟通原则

很多人一提起沟通就认为是要善于说话,其实职场沟通既包括如何发表自己的观点,也包括怎样倾听他人的意见。沟通的方式有很多,除了面对面的交谈,一封 E-mail、一个电话,甚至是一个眼神都是沟通的手段。

职场新人一般对所处的团队环境还不太了解,在这种情况下,沟通要注意把握以下三个原则。

1. 找准立场

职场新人要充分意识到自己是团队中的后来者,也是资历最浅的新员工。一般来说,领导和同事都是你在职场上的前辈。在这种情况下,新人在表达自己的想法时,应该尽量采用低调、迂回的方式。

特别是当你的观点与其他同事有冲突时,要充分考虑到对方的权威性,充分尊重他人的意见,同时表达自己的观点时不要过于强调自我,而是应该更多地站在对方的立场考虑问题。

2. 顺应风格

不同的企业文化、不同的管理制度、不同的业务部门,其沟通风格都会有所不同。一家欧美的 IT 公司,与生产重型机械的日本企业员工的沟通风格肯定大相径庭。再如,人力资源(Human Resources,HR)部门的沟通方式与工程现场的沟通方式也会不同。

新人要注意观察团队中同事间的沟通风格,注意留心大家表达观点的方式。假如大家都开诚布公,你也就有话直说;倘若大家都喜欢含蓄委婉,你也要注意说话的方式。总之,要

尽量采取大家习惯和认可的方式，避免特立独行，招来非议。

3. 及时沟通

不管你性格内向还是外向，是否喜欢与他人分享，在工作中都要时常注意沟通。虽然不同文化的公司在沟通上的风格可能有所不同，但性格外向、善于与他人交流的员工总是更受欢迎。新人要利用一切机会与领导、同事交流，在合适的时机说出自己的观点和想法。

（二）职场新人的沟通误区

沟通是一把“双刃剑”，说了不该说的话，表达观点过激，冒犯了他人，性格太过沉闷，都会影响你的职业发展。那么，新人在沟通中到底有哪些误区？

1. 仅凭个人想法处理问题

有些新人因为性格比较内向，与同事还不是很熟悉，或是碍于面子，在工作中遇到凭个人力量难以解决的困难，或是对上司下达的工作指令一时弄不明白，不是去找领导或同事商量，而是凭自己的主观意愿处理问题。

建议：新人在工作经验不够丰富时，切忌仅凭个人想法处理问题，应多向领导和同事请教，一是可以减少工作中出现差错；二是加强与团队的沟通，迅速融入团队。

2. 迫不及待地表现自己

刚参加工作的新人总是迫不及待地把自己的想法说出来，希望得到大家的认可。而实际上，你的想法可能有不少漏洞或者不切实际之处，急于求成反而会引起他人的反感。

建议：作为新手处在一个新环境中，不管有多大的抱负，也要本着学习的态度，有时“多干活儿少说话”不失为一种好办法。

3. 不看场合，方式失当

上司正带着客户参观公司，而你去问上司自己的“四金”从何时开始交，上司一定会认为你分不清场合；开会的时候你总是一声不吭，而散会后却总是对会议上决定的事情喋喋不休，这会引起他人反感……不分场合、方式失当的沟通通常会失败。

建议：新人在沟通中要注意把握分寸，在合适的场合用适当的方式表达自己的观点。

案例播报

沟通的重要性

管理沟通不仅取决于领导者的价值观，还取决于组织的文化和价值观念。管理沟通的最终目标是建立或继续建立领导者与随从者之间的联系。那么，怎样做才能使管理沟通成功呢？对于企业领导者来说，要尽可能地与员工们进行交流，使员工能够及时了解领导者的所思所想，领导能充分领会员工的所思所想，明确责权赏罚。平级之间及下属与上级之间的沟通则可以消除彼此之间的误解，或者了解彼此心中的真实意图，使团队在工作中发挥出更大的效能。

1994年，波音公司经营遇到了困难，新总裁康迪一上任，便邀请高级领导们到自己的家中共进晚餐，然后在屋外围着一个大火坑讲述有关波音的故事。康迪请这些领导们把不好的故事写下来扔到火坑里烧掉，以此埋葬波音历史上的“阴暗”面，只保留那些振奋人心的故事，用来鼓舞士气。

奥田是丰田公司第一位非丰田家族成员的总裁，在长期的职业生涯中，奥田赢得了公司员工的爱戴。他有1/3的时间在丰田城里度过，经常和公司里的1万多名工程师聊天，聊最近的工作，聊生活中的困难；另有1/3的时间用来走访5000名经销商，听取他们的意见。

国内许多企业的领导也非常注重沟通，比如，万全药业是京城一家高科技企业，员工层次高，背景复杂，有的来自国外，有的来自国企。在工作中，公司倡导简洁的人际关系，鼓励有建设性、不带敌意的争论，以期达到及时有效的沟通。公司总裁既重视外部的沟通，又重视与内部员工的沟通，每周要与1～2名中层以上的员工进行一次谈话，通过谈话掌握员工的思想动态。公司还充分利用电子网络进行沟通，开通了自己的局域网，并设立了BBS论坛。各部门领导还设定了自己的邮箱，员工有建议随时可以提，有不满情绪可以尽情发泄。良好的人际沟通，使这家企业新品迭出，效益倍增。

两点之间最短的距离是直线，但在人和人之间，最短的距离是曲线，有些话就是不能直接说，这就是职场沟通的潜规则。有一位企业家说过一句话：企业80%的矛盾和误会都源于沟通不畅。一家企业的发展20%靠战略，80%靠执行，执行的80%在于充分沟通，而企业80%的矛盾和误会也主要来自沟通不畅。

专题二　人际关系建立

一、人际关系概述

（一）人际关系的含义

人际关系，指人与人之间一切直接或间接的相互作用，是人与人之间通过动态的相互作用形成的情感联系，是通过交往形成的心理关系。

美国卡内基梅隆大学对个案记录进行分析，结果发现，“智慧”“专门技术”和“经验”只占成功因素的15%，其余的85%取决于良好的人际关系。因此，人际交往对大学生成才起着重要作用。

这说明，一个人的智慧和能力是有限的，在现代社会中，单靠一己之力不可能做成任何宏伟壮丽的事业，也几乎不可能实现任何让自己满意的奋斗目标。因此，青年一代必须懂得，团结是现代人取得成功的重要条件。

（二）人际交往的重要意义

人的成长、发展、成功、幸福都与人际关系密切相关。可以说，如果没有人与人之间的关系，就没有生活基础。对任何人而言，正常的人际交往和良好的人际关系都是其心理正常发展、个性保持健康和生活具有幸福感的必要前提。

1. 交往与个性发展

心理学的研究结果表明，儿童与其照看者之间通过积极交往形成稳定的亲密关系，是其心理乃至身体正常发展不可缺少的条件。与此同时，如果儿童缺乏与成人的正常交往及由此建立起来的亲密关系，不仅性格发展会出现问题，而且智力可能出现一些障碍。

交往是人类个性发展与人格健全的必经之路。个体只有通过与其他个体发生联系，才有可能学习社会知识、技能与文化，才能取得社会生活的资格。离开社会的交往环境，离开与他人的合作,个体无法成为一个合格的社会人。狼孩由于错过了与他人交往的最佳时期,失去了其作为“人”的成长的环境,因而即使后来被发现,也已经很难成为一个正常的“人”了。“物以类聚,人以群分”,人有交往的需要,有合群的倾向。人生在世,就必须与他人和社会交流信息、沟通情感。当在困境时,他人一句温暖的话语会令你倍感亲切、慰藉;当成功时,与他人分享你的快乐与喜悦也会令你开心、畅快。

2. 交往与心理健康

新精神分析学家霍妮认为,神经症是人际关系紊乱的表现。人类的心理病态,主要是由于人际关系失调引起的。也就是说,人际关系不好的人,会产生众多心理问题,陷入极大的痛苦之中。

研究表明,如果一个人长期不与别人积极交往,没有稳定、良好的人际关系,那么这个人往往有明显的性格缺陷。在心理健康教育实践中,我们也注意到,绝大多数大学生的心理危机是同缺乏正常人际交往和良好人际关系相联系的。在同宿舍里,同伴之间的心理交往状况良好与否,往往决定了一个大学生是否对大学生活感到满意。那些生活在没有形成友好、合作、融洽的人际关系的宿舍中的大学生,常常呈现压抑、敏感、自我防卫意识强等特点,情绪的满意程度低。在融洽的宿舍里生活的大学生,则会欢乐、注重学习与成功、乐于与人交往和帮助别人。可见,人的心态与性格状况直接受到个人人际关系状况的影响。

心理学家曾从不同角度做过大量研究,结果表明:健康的个性总是与健康的人际交往状况相伴随。心理健康水平越高,与别人的交往就越积极,越符合社会的期望,与别人的关系也越深刻。心理学家奥尔波特发现个性成熟的人,都同别人有良好的交往与融洽关系,他们可以很好地理解别人,容忍别人的不足和缺陷,能够对别人表示同情,给人以温暖、关怀、亲密和爱。人本主义心理学家亚伯拉罕·马斯洛发现高水平的“自我实现者”对别人有更强烈、更深刻的友谊与更崇高的爱。

有的研究结果还表明,那些心理健康水平高的优秀者,往往来自人际关系良好的家庭,这也是一个充分证明人际交往状况影响个体心理健康的佐证。

3. 交往与成才

大学时期是走向成人的关键期,也是一个人面临各种各样复杂人际关系的时期,大学生在这一段时期积累的交往经验会对其今后的成长产生重要影响。

21 世纪是人才竞争的时代,但对于一个事业成功的佼佼者来说,他能在人才竞争中脱颖而出,靠的不仅是出众的才华,更在于良好的适应社会生活的能力、良好的人际协调能力。在日新月异的科技时代,知识的更新换代极为频繁,每个人都需要不断地进行知识的补充与更新。但是,单个人的能力是有限的,仅靠书本上的知识很难适应社会发展的实际需要,而积极的人际沟通与交往,是个人获取新知识的有效途径。“独学而无友,孤陋而寡闻。”对于青年大学生而言,他们思想活跃、动机强,但是由于社会经验不足、知识的局限,他们在看问题时难免会出现偏差。因此,大学生彼此间的畅所欲言、互通有无,会使他们在思想碰撞中产生新的火花,改变他们对事业、人生、成功的积极看法。纵观科学发展史,不难发现,科学家间的彼此合作,很有可能出现科学的奇迹。控制论之父维纳在建立控制论早期,组织过一个科学方法讨论班,参加的人有数学家、物理学家、工程师、医生等,他们分别从不同角度对新理论进行发难、质疑、补充、完善，结果原来的许多问题得以解决。在现代社会，各门学科间的相互渗透越来越强，单靠一门学科的知识很难有大的成功。对于大学生来说，应该学会与不同学科的人才进行交流，从而在心灵上相互沟通、行为上相互协调，共同促进、共同提高。

二、人际交往的原则

（一）交互原则

从心理学上讲，每个人都是天生的自我中心者，个体都希望别人能认可自己，支持自己，接纳自己，喜欢自己。由于被认可，个体在社会交往中会更重视自己的自我表现，吸引他人的注意，希望别人能接纳自己，喜欢自己。阿伦森的研究表明，人际关系的基础是人与人之间相互重视、相互支持，对于真心接纳我们、喜欢我们的人，我们也更愿意接纳对方，愿意同他们交往并建立和维持良好的关系。

福阿夫妇的研究表明，任何人都有保护自己心理平衡的稳定倾向，都要求自身同他人的关系保持某种适当性、合理性，并依此对自己与他人的行为进行解释。这样，当别人对我们表示友好时，表示接纳和支持时，我们会感到应该对他人报以相应的友好，这种“应该”的意识会使我们产生一种心理压力，从而接纳他人，否则我们的行为就显得不合理。与此同时，如果我们的友好行动被他人接纳后，我们也希望他人做出相应的回答；如果别人的行动偏离了我们的期望，我们会认为别人不通情理，从而产生一种不愉快的情绪体验，对对方产生心理排斥。同样，对于排斥、拒绝我们的人，其排斥与拒绝对我们是一种否定，因此我们必须报以排斥与否定，否则难以实现心理平衡。可见，我国古人所讲的“爱人者，人恒爱之”“己所不欲，勿施于人”是有其心理学基础的。

（二）功利原则

心理学家霍曼斯提出，人与人之间的交往本质上是一个社会交换过程，人们希望交换对自己来说是值得的，希望在交换过程中至少得等于失，不值得的交换是没有理由去实施的，不值得交互的关系也没有理由维持，所以人们的一切交往行动及一切人际关系的建立与维持都是根据一定的价值观进行选择的结果。对于那些对自己来说值得的，或得大于失的人际关系，人们倾向于建立和保持；对自己来说不值得，或失大于得的，人们就倾向于逃避、疏远或终止。

我国心理学家研究发现，由于人们的价值观倾向不同，人际交往中存在着不同的社会交换机制。对重内在情感价值的人而言，他们在人际交往中个人情感卷入更多，因而有明显的重情谊、轻物质的倾向，倾向于增值交换过程。他们在人际交往中感到欠别人的情分，因此在回报时往往超出别人的预期，这种过程的循环往复就导致了卷入交往的双方都感到得大于失。与此同时，对重外在物质利益的人而言，他们在人际交往中重物质利益的意识多于个人情感的卷入，因此倾向于用物质来衡量自己的得失，在人际交往中处于减值交换。

（三）自我价值保护

自我价值保护是指个人对自身价值的意识与评判。每一个人为了保持自我价值的确立，在心理活动的各个方面都会有一种防止自我价值遭到否定的自我支持倾向。

人在任何时期的自我价值感，都是既有的一切自我支持信息的总和。自我价值支持的

变化来自两方面:一方面,符合人们意愿,自我支持力量的增加;另一方面,与人们的期望相反,使人们面临自我价值威胁,因而必须进行自我价值保护的消极变化,即自我价值支持力量的失去或自我面临新的攻击。

特别是当我们面临肯定转为否定时,我们有两种选择:一是承认别人转变的合理性,否定我们自己,贬低自我价值;二是进行自我价值保护,尽可能维护自我价值的不变,降低所失去的自我价值对自己的重要程度。许多研究表明,自我价值的否定是非常痛苦的,因此当面临自我价值受到威胁时最直接的反应不是否定自身,而是尽可能保护自己。

(四)情境控制原则

情境控制是指人都需要达到对所处环境的自我控制。因此,我们要想被他人从心灵深处接纳,就必须保证他人在同我们共处的时候真正实现对情境的自我控制,保持表现自己的自由。如果我们增加了人们对达到情境自我控制的困难,或者与人们对情境控制的不对等,就会使别人的自我表现受到限制,而不得不保持一定水平的自我控制。

当人们处于平等、自由的人际情境中,才能够真正达到的自我控制,获得充分的安全感。比如,我们新入学时,由于对周围环境和人都缺乏了解,因而在一段时间内会处于高度紧张的自我防卫状态,直到我们真正对环境熟悉了,才能够真正放松、真正适应。

三、建立良好的人际关系的途径

建立良好的人际关系,是一个人事业成功的基础。要游刃有余,需要一颗宽容的心,交往的主动性,需要塑造很好的个人形象,善用各种交际手段。

(一)塑造良好的个人形象,增进个人魅力

社会交往中,个体的知识水平与涵养直接影响交往的效果,良好的个人形象应从点滴开始,从善如流,“勿以善小而不为,勿以恶小而为之”,优化个人的社交形象。

(1)提高心理素质。人与人之间的交往,是思想、能力、知识及心理的整体作用,哪一方面的欠缺都会影响人际关系的质量。有的学生在人际交往中存在社交恐惧、胆怯、羞怯、自卑、冷漠、孤独、封闭、猜疑、自傲、嫉妒等不良心理,这些都不易建立良好的人际关系。因此,大学生应加强自我训练,提高自身的心理素质,以积极的态度进行交往。

(2)提高自身的人际魅力。应该说,每个个体都有其内在的人际魅力,人际魅力是一个人综合素质在社交生活中的体现。这就要求在校大学生丰富自己的内心世界,从仪表到谈吐,从形象到学识,多方位提高自己。心理学研究表明,初次交往中,良好的社交形象会给对方留下深刻的印象,而随着交往的深入,学识更占主导地位。特别是大学生的个性培养及其内涵的拓展。

(二)培养主动交往的态度

大学生对外在世界的观察和思考已接近成熟,但对内在自我的反省能力却有待提升。在人际交往中,他们往往觉得别人不关心自己或不尊重自己,却很少反省自身。大学生人际关系和谐的表现之一是乐于与人交往,然而有的大学生由于种种原因而产生不同程度的封闭心理,阻碍其正常人际关系的形成。有的是因为性格内向,被人误认为封闭;有的是整天忙忙碌碌,因为学习紧张,始终处于疲倦状态,自然也就很少有高涨的热情,只要紧张气氛缓解了,他们的热情一般都会被调动起来;有的则是心灵上的创伤所致。如过去曾赤诚待人,

结果却招致欺骗、暗算,因此对人渐存戒心,不轻易暴露自己的思想感情;或者学业、情感屡屡受挫,世界在其眼中被蒙上了一层灰暗的色彩,使其自身失去了信心,失去了对生活的追求。

大学生要想获得真正的友谊,就应该彼此真诚、相互信任、相互吸引并在此基础上增进交流,应重点掌握以下几点。

(1)主动且热情待人。心理学家发现,热情是最能打动人、对人最具吸引力的特质之一。一个充满热情的人很容易把自己的良性情绪传染给别人。一个面带微笑的人很容易被他人接纳。要热情待人还需从心里对他人尊重和喜欢。“只要你对别人真感兴趣,在两个月之内,你所得到的朋友就会比一个要别人对他感兴趣的人在两年内所交的朋友还要多。”人们更容易喜欢那些对自己感兴趣的人。

(2)帮助别人。心理学家们发现,以帮助与相互帮助开端的人际关系,不仅良好的第一印象容易形成,而且人与人之间的心理距离可以迅速缩短,良好的人际关系会迅速建立。

(3)积极的心理暗示。生活中不难发现,有的人身上仿佛有一种魔力,周围人都乐于聚在其身边,这类人往往能在短时间内结识许多人。心理学研究表明,这类人大都具有良性的自我表象和自我认识:“我是一个受欢迎的人,我喜欢与人交往。”这样的心态使人以开放的方式走向人群。他们心地坦然,很少有先入为主的心理防御,因而言谈举止轻松自在。在这种人面前,很少有人会感到紧张或不自在,即使一些防御心理较强的人也会受其感染而变得轻松、开放。同学之间的交往,许多时候都是在紧张的学习之外求得一种轻松感,所以能满足这一愿望的人自然会有一种吸引力。

(4)把每个人都看成重要人物。自尊得以维护、自我价值得到承认,这是许多人最强烈的心理欲求。我们只有在交往中注意这一点,才能应对自如。的确,每个人都是重要的,当我们把自己看得非常重要时,也应将心比心。据此,在交往中我们应注意:让他人保住面子。如果一个人习惯于通过挑别人的毛病和漏洞来显示自己的聪明才智,那他是愚蠢的,必将为此付出高昂的代价。人人都有毛病和缺点,所以找起来并不难。但被人暴露自己的“小”,这是许多人反感的,因为这威胁到了他的自尊。

(5)不要试图通过争论使人发生改变。同学之间常常争论,若是为探讨问题,这是有益的,但试图以此改变对方,则往往会适得其反。

每个人都或多或少把某种观点看成自我的一部分。当你反驳他的观点时,就或轻或重地对他的自尊造成了威胁。所以争论双方很难单纯地就问题展开争论,其间往往渗入了保卫尊严的情感。这种情感促使双方把争论的胜负而不是解决问题看成最重要的。所以赢的一方常常难以抑制自己的愉悦之情,他把这看成自己在尊严上的胜利,自己有能力的明证。而输的一方则会觉得自尊受到伤害,他对胜者很难不产生怨恨。从而我们不难理解,为什么许多争论到最后会演变成人身攻击。所以争论对正常的人际交往常常是一种干扰因素。

(6)发现和赞赏别人的优点。每个人都有其不足,每个人也都有其所长。人类天性中最深切的冲动是“做个重要人物的欲望”;“人性中最深切的品质,是被人赏识的渴望”。真心真意,适时适度地表达你对别人的赞扬,能够增进彼此的吸引力。

既然如此,我们何不去多多赞赏别人身上的闪光点呢?然而我们却常常容易忘记和忽

略这么重要的一件事。在大学里,有一些同学由于家境、容貌、见识等而深藏一种自卑感,他们多么需要得到认同和鼓励。一句由衷的赞赏很可能使他们的生活充满阳光,甚至改变他们的整个命运。最有效的赞赏是赞扬他人身上那些并不显而易见的长处和优点。如果你赞赏一个人领导能力强,他会高兴,但若是赞赏他有风度或是很会教育子女,他一定会更高兴。如果你赞赏一个容貌出众的女孩子漂亮,可能不会产生太大的反响,因为她对这一点很自信;如果你说她性格很好或聪明,她可能会更高兴。

（三）善用交际技巧

1. 注意倾听

一位作家说:很少有人能经得起别人专心听讲所给予的暗示性赞美。我们在谈话中常常会有一种冲动,把到嘴边的话讲出来。为此,我们会变得对别人讲的话心不在焉,甚至迫不及待地打断对方的谈话。还有一种人话匣子一打开,就再也收不住了,既不允许别人插嘴,也不在乎别人是否感兴趣。这类举动一时畅快,但丧失了许多与别人深交的机会。可以说这种人有些以自我为中心。只谈论自己的人,所想到的也只有自己,这是不受欢迎的。因为跟你谈话的人,对他自己的需求和问题更感兴趣。

如果你希望改善自己的人际关系,就从倾听开始吧!

倾听不是被动接收,而是有反馈地进行引导和鼓励。通过言语和表情告诉对方你能理解对方的描述和感受,可以使对方受到鼓舞,即把对方表达的含义用自己的语言复述一下,常常是有效的鼓励技巧之一。有意识地强化某一谈话主题(即对之表现出理解和兴趣,或是直接指出希望对方谈什么)可以引导谈话方向,使之更符合自己的需要。当然,如果对方一味高谈阔论而对你的暗示置之不理,你完全可以拒绝倾听。

记住,鼓励他人谈论他们的感受、他们的成功,是获得一段友谊关系的良好品质。

2. 自我表露

真正可以深入进行的交谈必然是双向的。因而自我表露是另一项应该掌握的技能,即自信地袒露关于自己的信息——怎样想,有什么感受,对他人的自发信息如何反应等。然而,许多人却不能顺畅地表达自己的思想感情,从而给交往制造了障碍。正如威廉·詹姆斯所说:“有些人之所以不善谈吐,是因为他们担心自己所说的东西要么被人们认为太平淡、太浅薄,要么被人们认为太虚伪。他或者认为自己不配和对方谈话,或者认为自己所说的东西多少有点不切场合。”“一旦人们打开心中的闸门,解除对自己语言的压抑,那么语言的交往便会妙语连珠,社会也会日渐清新。”看来对那些表达有困难的人来说,应把谈话的目标放在内容表达上,而不应放在赢取别人赞美上。

自我表露需要把握好时机,否则就可能犯滔滔不绝、只顾自己。一般而言,谈自己感受的合适时机之一是有人邀请你谈谈自己的时候。这时,如果你能适度地展开自己会让大家产生兴趣和好感。另一种时机是当他人谈的情况和感受与你自己比较一致时,即“我也……”的技巧。人们总是喜欢那些经历和看法与自己一致的人,因为赞成自己的人实际上是在肯定我们的价值和自信。所以,“我也一样”“我也喜欢这个”“我有过和你同样的经历”之类的表白往往能激发对方积极的反应,使谈话气氛活跃起来。

3. 掌握批评的艺术

“贬低他人,也就意味着自己的渺小。”许多人往往由于自信不足,因而有意无意地通过寻找别人的缺陷来满足自己的自尊心。不过有些时候，当别人的错误损害了我们自己及周围人时，我们需要让其改变，而不是一味地“好，好，好！”只要你不是出于贬低别人的目的，同时能运用适当的方法，那么你的批评就会收到意想不到的效果。

第一，批评应注意场合。批评要想奏效，必须尽量降低对方的防卫心理。如果我们在大庭广众之下批评别人，对方很可能首先意识到自己的形象和自尊受损而不是自己所犯的错误。因此，他会马上以敌视的态度反击以保护自尊心。这样，你的批评除了增加对方的反感和抵触外，不会有任何效果。所以，批评应尽量在只有你们两个人在场的情况下进行。

第二，从赞扬和诚心的感谢入手。在此之前，我们已深知赞扬和感谢的作用，它可以提高对方的自信和自尊，从而在感情上接纳我们。在这种背景下，我们诚恳地提出批评，对方往往更容易接受。

第三，批评对事不对人。比起一些具体的言行，人们对自身的人格、能力等看得更重。如果你的批评含有贬低其能力、人品的意味，便容易激怒对方。如果你在肯定其能力、人品的前提下指出其某一个具体方面的错误，他往往容易接受。如“按你的能力，这件事本来可以做得更好些”“依你的为人，不该说出这种伤人的话”，等等。

第四，批评应针对现在，而不要纠缠过去。如果习惯于用“你怎么总是……”之类的形式批评别人，是不会有好效果的。因为这样的说法暗示对方：“你旧习难改。”卡内基告诉我们：让对方感到自己的错误很容易改掉。这样对方往往就有信心去改变自己。另外，翻旧账的做法也容易引起对方的反感。一两件事可以归因于偶然，许多件事则更可能归因于人品，所以翻旧账等于在贬低对方的人品。记住，批评要只针对当前这一件事。

4. 正确对待批评

他人的批评让我们产生的第一反应常常是辩解，甚至是语言反击。这种态度和行为除了给自己造成伤害外，还会误会他人的好意。

我们往往有一种倾向，希望所有的人都喜欢我们，赞赏我们。为此，我们常常疲于讨好别人，或到处为自己辩解。仔细想想，我们会喜欢所有的人吗？很难，或者说根本不可能。既然如此，我们为何要求所有的人都喜欢我们呢？事实上，除非你平庸至极，这样没人会注意你，批评也会少许多；否则，在你的生活中，批评将永远伴随你：你越是出众，受到的批评就越多。人们有许多动机批评别人，其中之一便是批评强者，指出强者的缺陷能满足自己的自尊心。对这类人，你的辩解、愤怒和痛苦正像一头在笼子里团团转的狮子，让他们感受到一种快感。

“虽然我不能阻止别人不对我做任何不公正的批评，我却可以做一件更重要的事：我可以决定是否要让我自己受到那不公正批评的干扰。”卡内基这一见解对我们具有极大的启发意义。只管做你心里认为对的事——因为你反正会受到批评。

过分看重他人的批评往往使人寸步难行。其实许多批评者并不时刻记住自己说过的话。他更多关注的是自己，批评也好，闲话也罢，多是茶余饭后的及时行乐。

置之不理是消解批评的好方法，它可以使那些恶意诽谤的毒箭宛如射在软皮囊上。不过，一种更积极地对待批评的方法是认真、冷静地分析其中是否含有可供参考或有助于自我完善的东西。做到这一点不容易，需要充分的自信和博大的胸怀。拿破仑在被放逐的时候

说:“除了我之外,没有别人应该为我的失败负责。我是我自己最大的敌人——也是我自己不幸命运的起因。”傻人受到一点点批评就会发起脾气来,可是聪明的人却急于从这些责备他们、反对他们和“在路上阻碍他们”的人那里得到更多经验。只要我们愿意,一切都可以拿来为我们所用,一切都可以成为我们学习的源泉。

5. 换位思考

换位思考对建立良好的人际关系很重要。如果我在他的位置上,我会怎样处理? 经常站在对方的角度去理解和处理问题,一切就会变得简单。一般而言,善于交往的人,往往善于发现他人的价值,懂得尊重他人,愿意信任他人,能容忍他人有不同的观点和行为,不斤斤计较他人的过失,在可能的范围内帮助他人而不是指责他人。懂得“你要别人怎样对待你,你就得怎样对待别人”,懂得“己所不欲,勿施于人”,懂得“得到朋友的最好办法是使自己成为别人的朋友”,懂得别人是别人而不是自己,因而不能强求,与朋友相处应存大同,求小异。真诚被认为是人际关系的核心。

四、注重与人相处的细节

与人相处应该注意的一些细节往往被广大同学所忽略,但对人际关系却有着重要的影响,甚至在某种特定的环境下起着决定性作用,特别是给别人的第一印象的影响。

(一)掌握电话礼仪

随着生活水平的提高,大学生拥有手机已经相当普遍。打电话成为大学生与老师、同学沟通的重要方式。似乎大家都会打电话和接电话,但实际上很多同学没有注意到其中的细节,会给人际关系带来负面影响。

1. 选好通话时间

应根据受话人的工作时间、生活习惯选好打电话的时间。有些老师会公布自己的生活习惯和工作时间,要用心记住。一般情况下,白天宜在早晨 8 点以后,晚上 10 点以前,以免找不到人或打扰别人休息。除非情况特殊,否则不宜在中午休息时间打电话。

2. 看清电话号码

打电话应该事先弄清楚对方的电话号码后再拨,以免拨错。一旦拨错,应及时向对方道歉。一般情况下,应该遵守两个原则:先拨固定电话,如不在,再拨手机;先拨办公室电话,如不在,再拨家里电话。拨通后暂时无人接,应耐心等十几秒再挂断。

3. 使用敬语,明确对方身份

拨通后先确定对方身份是否正确,然后主动报出自己的姓名。如:“您好,请问是某老师吗? 我是某某。”“您好,某老师在吗? 我是某某。”打电话时,接电话的不一定是你要找的人,而让别人帮忙找,这是求人的事情,一定要使用敬语,不要粗鲁地说:“喂,给我找某某!”

4. 接电话也要有礼貌

电话或手机铃声响后要及时接听。如当时不方便接听,过后一定要主动联系,这一点很重要,是做人的最低要求,否则会因此失去很多机会。接电话时一定要放弃一切闲谈机会,认真听取发话人的问话和要求,不要和别人边聊天边接电话,这是很不礼貌的。

5. 短信交流表述要准确和及时回复

发手机短信时,特别是重要信息,一定要表述准确。事情较为复杂时,直接打电话好。

收到短信一定要及时回复。即使他人通知的事情自己已经知道了,也要回复。

(二)搞好“卧谈会”

寝室是大学生生活的主要场所,同学们来自四面八方,对外面的世界都非常好奇,经过紧张的学习后,回到寝室,躺在床上你一言我一语,就开始具有特色的大学生活变奏曲——卧谈会。寝室卧谈会能够维持和巩固和谐的人际关系,营造蓬勃向上的学习氛围,培养团结奋斗的进取精神。如能组织好寝室卧谈会,对大学生的学习、生活都有很大的帮助。但往往事与愿违,东拉西扯,没有了主题。如果能做到以下几点,会使卧谈会更有价值。

1. 确定原则,制订计划

确定原则,制订计划有很多好处。首先,如果最初不确定原则,以后可能发生一些冲突,破坏寝室氛围。比如,在争论中对事不对人,不搞人身攻击。其次,要保证人人参与,不能冷落某个人或某些人,那样卧谈会开不起来,也会使寝室成员分化。如果一些人长期不参与宿舍卧谈会,就没有一种归属感,觉得自己不是圈子里的人。因此,可以制订卧谈会计划,每次一个主题,并且协商好作息时间。

2. 内容健康,思想积极

寝室是一个多种信息兼容体,在这里天下大事与个人隐私同在,中外传奇与南北风情共存,所有的信息都可能直接或间接地传播给每位同学。而寝室卧谈会就成了相关信息的透视窗,同时是同学们斑斓生活的大观园。同学们思想活跃,兴趣广泛,时常对日常生活的某些现象、国家大事、国家政策指点江山,评头论足。但是,不能搞流言蜚语,散布假信息,以免造成恐慌,也不要谈论同学、老师的个人隐私。

3. 善言善道,友好共侃

尽管寝室卧谈会包容性强、牵涉面广,但其活动形式一般都离不开辩论会、吹牛会等,而这些活动的载体都是语言,并且是有声语言。所以,有必要善言善道,适当讲究语言艺术,训练语言表达能力。诚挚的言语、默契的交流可以使我们在一时一地因一事一人而产生的种种感触得以相互沟通,使我们在尘世的喧嚣繁杂中被湮没了的温厚而细腻的感情得以轻松表达。由于种种原因,寝室卧谈会难免会发生争执,但在争执的时候,要讲究言之有理,强调用语客气、委婉、得体,千万不要搞人身攻击。应该鼓励“仁者见仁,智者见智”,不要搞“一言堂”。有些同学因为性格内向或其他原因宁肯隐居独处,也不愿抛头露面。卧谈会时,应有意识地调动这部分同学的主观能动性,尽可能多地给他们提供表现自己的机会。

4. 虚心聆听,公正评价

“尺有所短,寸有所长”,在同一个寝室,室友们往往在知识见解、专业领域、智能结构等方面各有千秋,在某一个方面见多识广的大有人在。倘若抓住机遇,虚心请教,别人会提出建设性意见,给我们有益的指点。在卧谈会时,往往要对某个问题进行评价或者谈自己的看法。此时,要用辩证的、发展的眼光看问题,公正评价,绝不能感情用事,更不要拉帮结派。

5. 适可而止,见好就收

恰同学少年,风华正茂。同学们思想活跃,又爱参与,卧谈会常有马拉松的味道。有时围绕共同感兴趣的问题各抒己见,展开辩论。这些当然是好事,能激发同学们的思维,训练其辩论能力。但要适可而止,不要影响大家休息。

(三)学会感谢

当在学习生活中遇到麻烦、困难,兴许很快就能得到老师和同学们的热心帮助。获得他人帮助之后,自然会对他人的帮助表示由衷的感谢,这是完全有必要的,也是人之常情,但如何表示感谢很有讲究。

1. 要及时而主动地表示感谢,以显示真诚

尽管许多人帮助他人的时候,并不指望得到回报,但对于受到帮助的人,一定要及时而主动地表示真诚的感谢。及时,是从时间上说,要马上表示感谢,不能一拖再拖;主动,是从态度上说,要找上门去或打电话,主动说明对他人的帮助非常重视,且十分尊重他人的帮助,也说明自己是一个懂得人情世故的人,它有助于进一步加深彼此的感情。

2. 要根据不同的对象,选择恰当的途径和方法

感谢他人的途径和方法多种多样,除了物质上的表示外,还可以通过其他形式。要根据帮助者的性格、经济状况、喜好等具体情况选择最恰当的形式,不要以为送值钱的东西就是表示真诚的感谢,也不要以为无限额夸奖就是感谢。对于老师的感谢更多的是自己努力学习和工作。对于同学的感谢,最好对他的帮助铭记于心,下次他有困难也要主动帮助。

3. 要掌握感谢的内容,力求做到合理与恰当

和做其他事情一样,感谢别人也要掌握分寸,过分和不足都有所不妥。过分,或许会让人难以接受,甚至被怀疑是否别有用心;不足,又会让人觉得不尊重对方。合理适度,可根据以下两方面来决定:一方面是对方付出的劳动,另一方面是对方的帮助给自己带来的益处。要综合这两个方面,再决定感谢的分量。仅从别人付出的劳动或仅从给自己带来的益处来决定都可能不妥。因为这两者之间往往不相协调,有的帮助者付出的劳动很少而给被帮助者带来的益处很大,有的也许正相反。

4. 表示谢意是一种感情行为,不能一次性处理

这一点非常重要,获得别人帮助,是基于两人的关系。帮助与感谢是一种感情的交流行为,它不同于一般的货款交易。感情是一种值得反复品味的特殊事物,不能用一手交钱一手交货的纯商业方式处理。对方帮助自己,本身就是一种情感的表现。对情感的回报,除了物质上的必要馈赠外,最好应该用同样的情感报答。这样才能体现人与人之间的温暖,才能建立更加密切的人际关系。因此,对帮助过自己的人,可与其保持持久的联系。

(四)学会尊重

尊重,说起来大家都知道,但实际生活中还是有些同学没有意识到。大学里,老师尊重学生,所以同学对老师也要足够尊重。虽然有些老师很亲切、随和,但大学老师往往是某一方面的专家或学者,对他们的尊重也是对知识的尊重。应该注意的是,大学的年轻教师往往与大学生同龄。所以,有些同学与这些老师的关系很密切,行为与语言都很随便,但在公开场合一定要注意自己的言行。我们不仅要对老师尊重,对同学也要尊重。尊重他们的性格,尊重他们的生活习惯。在实际生活中要真正做到尊重老师和同学,下面的小细节一定要注意。

1. 守时

与领导、同事约好在某个时间见面,一定要准时到。领导一般工作很忙,既要做管理又要做业绩，浪费他们的时间，本质上就是不尊重他们。特殊原因不能准时到，一定要及时通知，再约时间。倘若经常迟到，肯定给人留下不好的印象，这样就会影响人际交往。

2. 问候

在路上遇到领导、同事要主动打招呼，微笑、点头、招手均可。许多同学有过这样的经历，路上遇到某领导或同事，跟他点头、招手或问候了一声，但对方一点反应也没有，这时往往很尴尬。其实大多数情况下是对方没有看见或是在思考问题。再退一步说，就算他对自己有成见，也要有一颗宽容的心。

3. 及时回复

在人与人的交往中，别人向我们发出信息，我们一定要给予反馈。这其实是在设身处地为别人着想。试想，当你给别人发一条手机短信时，当你给别人提供帮助时，当你向别人道谢时，当你给别人通知某事时，别人没有回应，你是什么感觉？所以，当收到别人的通知时，一定要及时回复。

专题链接

周恩来幽默待客

1965 年 11 月，著名的美国女作家、记者斯特朗 80 寿辰，周恩来总理在上海为她举办宴会祝寿。周总理在祝词的开场白说：“今天我们为我们的好朋友，美国女作家安娜·路易斯·斯特朗女士庆贺 40 公岁诞辰。”外宾迷惑不解，周总理接着解释道：“在中国，‘公’字是紧跟它的两次的两倍，40 公斤等于 80 市斤，40 公岁也就是 80 岁。”几百位中外来宾被这一番风趣话逗乐了，发出一阵欢笑声。总理接着说：“40 公岁，这不是老年，而是中年。斯特朗女士为中国人民和世界人民做了大量的工作，写了大量的文章，她的精神还很年轻！”斯特朗听了，心里十分高兴。

幽默可以化解交际中的难题。电视剧里有这样一个镜头：一位老领导在给公司种植的树剪枝，他的下属走过来，赶紧说，“您又在呵护小树了！”有观众说：“奉承得太肉麻了。”你认为如何？如果是你，此刻你会怎样做？赞美呢？还是……？如何才不违反人际关系准则，又不陷于拍马？两难问题，如何处置？

专题三　职场精神养成

现代职业精神不是自古就有的，它是伴随着工业革命和市场经济的确立而出现的。没有社会分工就没有职业，没有市场经济的兴起与发展也就没有现代职业精神。

一、西方职业精神的变化

从 16—17 世纪开始，伴随着波澜壮阔的文艺复兴、启蒙运动和宗教改革，西方开始了经济上的工业革命，而西方人的价值观念、伦理道德也随之发生根本改变。一种积极入世、“入世修行”的人生信仰开始主导人类对生命的理解，同时对财富、牟利、工商业等经济活动，人们也给予了肯定，而把职业看作确证自己人生信仰的一种方式，甚至推崇为“天职”（Calling）的职业观念也开始形成。

正如以研究美国资本主义精神著称的社会学家韦伯在其名著《新教伦理与资本主义精神》中所说:“职业思想便引出了所有新教教派的核心教理:上帝应许的唯一生存方式,不是要人们以苦修的禁欲主义超越世俗道德,而是要完成个人在现世赋予他的责任和义务。这是他的天职。”一种肯定甚至赋予职业神圣意义的西方职业观念由此形成。

在西方人的理解中,职业是神圣的、美好纯净的、不容推脱、必须完成的,那么就应该以虔敬、勤奋、忠诚、主动、追求卓越等高尚的人类精神对待工作,而那些懒惰、疏忽、萎靡不振、不履行道德操守的工作表现,都将受到谴责和惩罚。

西方职业精神对西方企业和个人的成功,起到了不可忽视的推动作用。这种热爱工作,将自己的生命、热情和自我实现融进工作的职业观是人类的共同精神财富。

二、我国需要塑造现代职业精神

改革开放后我国开始确立市场经济体系,虽然步履维艰,但成就非凡。在物质成果上、经济制度上,我们迅速取得了西方国家花几百年才能取得的成功。但与此同时,我们发现在职业精神方面还比较匮乏,存在诸多问题。

21 世纪开始以来,一种奇怪的现象在中国企业界、出版界出现,那就是一些宣扬职业精神的书非常畅销,如《致加西亚的信》《细节决定成败》等动辄销售上百万册,各个企业趋之若鹜、纷纷抢购。企业对职业精神的追求确实让人震惊。但冷静思考一下,实际上这种追求也是必然的,因为我国企业正处于塑造现代职业精神的阶段。

北京某钢城金属公司一位副总经理曾经谈道:“公司的员工待遇是很好的,但在职业观上很是不对劲:唯利是图,把工作当成捞钱的手段,为一些蝇头小利不惜采取行贿受贿等不正当手段;工作打不起精神、难以积极主动,敷衍了事、拖延任务、执行能力差,而且最痛心的是没有一个自己的人生目标及职业生涯规划,得过且过,毫无高尚的生命追求和人生动力。”我们不可否认这样一种现实:中国企业急需现代职业精神的塑造。

三、现代职业精神的特色

(一)以人的生命信仰的完满实现为职业观的主旨

我们从年仅 38 岁就英年早逝的著名企业家王均瑶先生的行为看现代职业观应当注重的是什么。

王均瑶先生除了为集团的事每天工作将近 18 个小时外,还兼任 12 种社会职务。他留给自己及家人的时间少得可怜,偶尔陪儿子买零食,觉得是“找到了做人的乐趣”。他挣了 35 亿元,却丢失了自己的生命健康与天伦之乐,对自己人生价值的实现有多大的裨益呢?我们痛心王均瑶式的职业人士仍然层出不穷,我们热切希望这种谋求生命、家庭、财富与职业的职业精神能在每个职业人士心中扎根。当前许多优秀企业家奉行的是“生命第一、家庭第二、工作第三”的人生信条,正是这种信条使他们获得了人生与事业的成功,并推动了所在企业的日益强盛。

现代职业精神就是以生命信仰为基石的职业观,它不仅把工作当作人生的使命,而且将工作与生命信仰的实现完全融为一体,在工作中体验爱、美、和谐、意义与永恒。任何一种伟大的事业背后,都需要伟大的精神来支撑。我国发展市场经济,同样需要相应的精神来支撑

和推动。如果仅仅靠对财富的饥渴本能、对发达国家经济表象的快速借鉴，是不能真正获得有力的精神资源的。在这个历史的关口，时代给我们的课题之一就是树立和塑造现代职业精神。

（二）职业就是事业

1. 赚钱不是职业的唯一

经济学家赵晓曾经在一些企业对员工进行职业观调查。

其中第一道选择题是：你怎样看待你的工作与生命信仰？a. 两者是一回事；b. 两者是完全冲突的；c. 两者完全不是一回事；d. 工作是生命信仰的一部分。

结果大部分员工选择的是 b 和 c，只有极少数员工选择的是 a 和 d。在大多数员工看来，“我”的生命信仰的实现与工作无关，工作只是“我”养活自己、赚取财富、不得不经历的一种人生方式而已。这些员工说，工作就是为了赚钱，否则“我”为什么来工作？

还有的员工说，他们真心想做的是另外的事情，只是条件所限，只能干这种工作，这几各员工将那些自己想真心投入的事情称为“事业”。事业可以实现自己的生命信仰和人生价值，是应该投入经历要做的事，但职业不是，工作更不是。谁认为自己正在从事的工作就是事业，谁就是傻瓜。

国内企业的众多员工就抱着这样的职业观每天工作，观念左右行为、行为改变实效，这样的职业观能产生蓬勃向上的企业实效吗？

这些员工根本没有将工作与自己的生命信仰联系起来。其实赚钱只是工作次要的目的与意义，工作的首要意义在于它确定了一个人信仰的方式，也就是说，工作是一个人安身立命、确证自己生命价值的方式，是一种与宇宙万物联系的方式。

2. 职业是生命信仰的一部分

信仰就是你对自己生命的看法，就是明白我们人从哪里来，要到哪里去，现在需要干什么。人有了信仰之后，就不仅会懂得自己从哪里来，要到哪里去，而且可以确知自己在这个世界上活着的意义和价值。

人活着的意义究竟是什么，人生的价值究竟在哪里？有人认为人生的意义在于吃喝玩乐，有人认为是成为自己所崇拜的偶像，还有人认为是充分施展自己的所有才华和潜能，得到世人的承认和肯定。

人生在世，必须明确自己活在世上的意义和目的，如果没明白这些就离开世界，实在是枉活了一场。而当你一旦确立了自己的人生目的和信仰，那么这种信仰也不是抽象的、空洞的，它必须以某种具体方式实践。我们每个人的职业，就是自己信仰的具体实现方式。

“这个世界上的工作就是我们入世修行的主要方式”，美国作家理查德 · C. 卡伯特说：“一个人的工作代表了他在这个世界的位置。”当你将工作作为实践自己人生观、世界观的方式，当你知道职业就是你安身立命的具体方式时，你的工作就不是乏味的，就不是一种劳苦。

美国著名职业精神著作《爱上星期一》的作者约翰 · 贝克特先生讲他年轻时非常喜欢星期天，因为在美国星期天是做礼拜的日子，大家穿得漂漂亮亮到教堂里唱赞美诗，亲戚朋友们欢聚，非常高兴。但是一到星期一，想起又要面对繁重的工作，他就开始心生厌烦。有一段时间，他甚至萌发了当牧师、不再工作的念头。后来发生的众多事情使他的思想有了很大

改变，他首先感到自己在企业中的工作与那些牧师的神职一样具有神圣的价值。他意识到，自己不能生活在两个世界中，不能生活在星期一与星期天的割裂状态中。他在演讲中说，工作就是敬拜，是你信仰的一部分，而星期一是星期天的延续，所以要“爱上星期一”。

职业是第一位的，赚钱是其次的，人首先要找到一种自己在这个世界上安身立命的方式。

四、大学生应树立的正确职业观念

(1)专业观念。专业要求每个人在自己的本职工作中，都必须具有很强的专业能力和专业水平，必须是专家。

(2)敬业观念。敬业是现代职业人的重要品质，再宏伟的工程只有通过努力工作才能成功。

(3)乐业观念。发展中领略乐，奋斗中感知乐，竞争中体味乐，专注中享受乐。从自己职业中领悟人生趣味。

(4)创业观念。创业是要有勇气去开创新业务，去建立全新的目标。

(5)务实观念。务实就是讲究实际、实事求是，这是中国农耕文化较早形成的一种民族精神。中国人注重现实、崇尚实干精神。务实精神作为传统美德，仍在职场生活中熠熠生辉。

(6)诚信观念。诚信，即待人处世真诚、老实、讲信誉，言必信、行必果，一言九鼎，一诺千金。诚信是行业立身之本。如果一个从业人员不能诚实守信，那么他所代表的社会团体或是经济实体就得不到人们的信任，无法与社会进行经济交往，或是对社会缺乏号召力和响应力。

(7)发展观念。人在职场，贵在有自知之明，明白自己想做什么，会做什么，长处是什么，短处是什么。在职场中要定位准确，在工作转变、职能转换和职位变迁时，快速调整自己，“自我充电”，顺利度过职业疲劳和职业倦怠期，从而在职场中做到持续发展。

(8)和谐观念。“我们在个人的发展过程中，家庭、事业，身体、事业以及朋友、事业，各个方面都必须依照自己的标准找到平衡点，要能够比较全面地兼顾。……你每做一件事情都要考虑其他的因素，所以给你的建议就是说决定结婚就去结婚，但是不要忘了还有事业。同样，你有事业后不要忘掉感情，有事业以后不要忘掉健康，有感情不要忘了还有孩子。事业不顺利还有东山再起的机会，家庭、健康、朋友这三个玻璃球是摔不得的，自己要找到平衡点……”这个平衡点就是和谐。

专题四　职业生涯发展

一、职业生涯概述

在人的一生中，每个人都要扮演多种角色。虽然每个角色对我们而言都是重要的，但是其中工作者的角色占我们的时间与心血最多。

(一)职业生涯的含义和内涵

1. 职业生涯的含义

简单地说,职业生涯是以满足需求为目标的工作经历,包括工作内容的确定和变化,工作业绩的评价,工作待遇、职称、职务的变动等。

职业生涯是人一生中最重要的历程。一个人从20岁左右参加工作,到60岁左右退休,职业生涯时间约占人生的二分之一,而这段时间也是人生经历最旺盛、创造力最强。因此我们应该科学有效地规划、利用好如此宝贵的时间。

职业生涯是人追求自我实现的重要阶段。人们通过职业生涯满足人生的大部分需求。

我国生涯规划专家程社明对500名学员调查认为:职业生涯对"生活来源"需求满足的平均期望值为99%;对"归属和爱"需求满足的平均期望值为55%;对"自我需要"需求满足的平均期望值为80%;对"来自他人的尊重"需求满足的平均期望值为86%;对"自我实现"需求满足的平均期望值为95%。由此可见,职业生涯不仅是我们谋生的手段,更是我们满足高层次需求的重要途径。唯有在完整的职业生涯中,我们才有可能充分发挥潜能,实现人生的最大价值,并从中获得高度满足感,职业生涯对人生价值起着决定性作用。

2. 职业生涯的内涵

职业生涯从内涵上可分为外职业生涯与内职业生涯。

(1)外职业生涯。外职业生涯是指从事一种职业的工作时间、工作地点、工作单位、工作内容、工作职务与职称、工资待遇、荣誉称号等因素的组合及其变化过程。

外职业生涯因素通常由他人给予和认可,也容易为他人所剥夺。比如,一个业务代表在应聘一家企业时,这家企业所提供的薪水不是他能决定的,即使他在进入企业之初的薪水很高,如果他不能给企业带来业绩,企业就可以随时减少他的薪水或辞退他。

(2)内职业生涯。内职业生涯是指在职业生涯发展中通过提升自身素质与职业技能而获取的个人综合能力、社会地位及荣誉的总和,它是别人无法替代和窃取的人生财富。

内职业生涯因素是在外职业生涯过程中靠自己的不断探索而获得的,不随外职业生涯的获得而自动具备,也不因外职业生涯的失去而自动丧失。

例如,小王被任命为销售经理,他获得的只是外职业生涯的一个职务,至于他有没有能力做好经理,该职业应该具备的知识观念、经验能力、心理素质等是不是已经具备,并不是他在被任命的那一天就自动具备了,需要在工作中探索、思考,逐渐获得。而一旦获得以后,即使小王不再担任该职务了,他的知识观念、经验能力和心理素质依然为他自己所拥有。

概言之,内职业生涯开发无止境,内职业生涯在人的职业生涯成功乃至人生成功中具有关键性作用。

因此,在开展职业生涯管理的过程中,应将着眼点和出发点放在内职业生涯的开发上,将职业生涯目标锁定在内职业生涯的发展上,这正好符合职业生涯管理的宗旨,即为了人的全面发展。至于外职业生涯,就让伯乐去开发吧。如果你成长为千里马了,相信总会被伯乐发现的。

(3)内、外职业生涯的关系。内职业生涯的发展,以外职业生涯的发展或成果为展示;内职业生涯的匮乏,以外职业生涯的停滞或失败表现出来。内职业生涯的发展,是外职业生涯

发展的前提;外职业生涯依赖于内职业生涯的发展而发展。外职业生涯的发展又能拉动和促进内职业生涯的发展,如果内职业生涯的发展跟不上外职业生涯的发展步伐,外职业生涯就会停滞不前,甚至倒退。如果职业人员的眼光只盯着外职业生涯的各种因素:底薪是多少、职位有多高、提成比例如何、交通费是多少等,往往会使我们的职业生涯发展方向发生偏差,不能达到预期目标。在职业生涯早期和中前期,一定要把对内职业生涯各因素的追求看得比外职业生涯更重要。只有内、外职业生涯同时发展,职业生涯之旅才能一帆风顺。

(二)职业生涯形态

工作识别证会换,每换一次,就是一次职业的转折。我们将个人职业转折和工作投入的状态称为职业形态。

(1)步步高升型:即在一个组织内,认真经营,即使工作地点或工作内容因公司需要而有所改变,但是工作表现仍然颇受主管的肯定,因而步步高升。这类职业人可能一生都在一个企业中,从基层做起,个人职业发展服从组织的发展需要,因此也成为组织中的骨干。

(2)阅历丰富型:即换过不少工作,待过很多公司,工作的内容差异性很大,勇于改革和创新,而且学习能力强,能面对各种突发状况。这类职业人往往“不清楚自己想要什么,但很清楚自己不要什么”,往往凭直觉做决定。

(3)稳扎稳打型:即在工作初期,处于探索阶段,工作的转换较为频繁。经过一连串的尝试与努力之后,终于进入自己所向往的工作机构。此机构的升迁与发展有限,但是非常稳定,如学校、行政机关、邮局、银行等。

(4)越战越勇型:即工作职业发展已有明确的方向,但是因为某些情况受到打击和重挫。受挫之后,凭自己的毅力与能力,积极往上爬,以更成熟的个性面对挑战,最后在工作中取得成功。

(5)得天独厚型:即对于自己的工作,并没有花太多的时间探索和尝试,反而因为家庭的关系,很早就确定了职业方向。经过刻意的栽培与巧妙的安排,进入公司的决策核心层,并将组织发展与个人职业密切结合。比如说,企业家的第二代就是最明显的例子。

(6)因故中断型:即连续的职业发展因为某些因素而停顿,处于静止或衰退的状态。例如身体有病的人,花很多时间用于治疗、恢复,经济上与情绪上处于脆弱与依赖状态,很难开展职业规划。其他职业因故中断的例子是女性因为结婚生子而中断工作。职业因故中断的原因很多,在中断比例中,女性高于男性。

(7)一心多用型:即有份稳定的工作,同时在工作之余安排自己感兴趣的事,在稳定与创新之间寻找平衡点,可以使生活更为丰富。职业变化,各有巧妙。工作做久了,厌烦、倦怠、缺乏新鲜感,总是难免的。再喜欢的菜吃久了都会腻,更何况是每天投入 8 小时、每周超过 48 小时的工作。因此许多职业人会尝试在工作之外,探索自己感兴趣的新职业。例如大学教师,可以兼职做一些企业的事务。现代社会里,随着工作环境的变化、工作途径的多样性,知识工作者兼职的渠道和方式越来越多,拥有第二职业、第三职业已经不少见。

这里的每种类型,没有好坏之分,重要的是依据个人的情况规划自己的职业形态。你所欣赏的职业形态是怎样的?为什么?

二、职业生涯规划

(一)职业生涯规划的定义

职业生涯规划,是指组织或者个人把个人发展与组织发展相结合,对决定个人职业生涯的个人因素、组织因素和社会因素等进行分析,制订个人在事业发展上的战略设想与计划安排。

根据定义,职业生涯规划首先要对个人特点进行分析,再对所在组织环境和社会环境进行分析,然后根据分析结果制订一个人的事业奋斗目标,选择实现这一事业目标的职业,编制相应的工作、教育和培训的行动计划,并对每一步骤的时间、顺序和方向做出合理安排。

(二)职业生涯规划的内容

一般来说,职业生涯规划从个人和组织角度出发可以分为个人职业生涯规划和组织职业生涯规划。

个人职业生涯规划是个人对自己一生职业发展道路的设想和规划,它包括选择什么职业,以及在什么地区和什么单位从事这种职业,还包括在这个职业队伍中担任什么职务等。一般来说,个人希望从职业生涯的经历中不断成长和发展。个人通过职业生涯规划,可以让自己的职业发展有个方向,从而努力围绕这个方向,充分发挥自己的潜能,使自己走向成功。

组织职业生涯规划是指在广大职员希望不断得到成长和发展的要求推动下,企业人力资源管理与开发部门为了了解职员个人的特点,了解他们成长和发展的方向及兴趣,不断提高他们的满意度,并使他们与企业组织的发展和需要统一协调,制订有关职员个人发展与组织需求和发展相结合的计划,也可以把它称为职员职业生涯管理。

总之,职业生涯规划既要体现职员发展的需要,又要体现企业发展的需要。

(三)大学生职业生涯规划的意义

在一个人有限的生命中,职业生涯往往占有绝对重要的地位。有统计资料显示,大部分人的职业生涯时间占可利用社会时间的70% ~90%。职业生涯伴随我们的大半生,甚至更长,拥有成功的职业生涯才可能实现美好的人生。在生涯规划的方方面面中,最为重要的是职业生涯规划。

职业生涯的意义,首先在于它是满足人生需求的重要手段。现代人的大部分时间是在社会组织中度过的。大部分人生需求都要通过职业生涯来满足的。作为个人生命中投入时间和精力最多的人生组成部分,职业生涯使我们体验到爱与被爱的幸福、受人尊敬、享受美和成功感的快乐。相对而言,人的素质越高,精神需求就越高级,对职业生涯的期望也就越大。其次,职业生涯也是促进人全面发展的重要手段。现代人追求全面发展,随着生活水平的提高,人们的自我意识逐步增强。人们在渴望拥有健康,丰富的知识、能力,良好的人际关系的同时,也渴望在事业上有所建树,并享有幸福和谐的家庭生活和丰富多彩的休闲时光。我们追求成功的职业生涯,最终是获得个人的全面发展。最后,大学生急需进行职业生涯规划。

在进入劳动力市场之前,很多大学生都不能客观、全面地看待自己,对自己今后的职业生涯很少做出系统而全面的分析,很少认真地思考一些最基本而又最重要的问题,如我想做什么?我会做什么?环境支持或允许我做什么?我的优势是什么?我的不足是什么?我有

没有职业与生活的规划？如果有，是什么？

实际上，很多毕业生对这些问题的回答都模糊不清，这些毕业生不能正确地、客观地评价自己，不能正确地分析自己的职业兴趣、职业能力、性格气质等。因此，在求职的过程中，他们经常碰壁，即使找到工作，也可能发现这份工作根本不适合自己，不久还得重新求职。

三、大学生职业生涯规划步骤

大学生职业生涯规划基本上可以分为以下三个步骤。

（一）职业志向的树立

是什么促使哥伦布穿越大西洋，促使爱迪生由一个小列车员成长为19世纪最伟大的发明家，促使亨利·福特由一个40岁的贫穷技工在他60多岁时成为世界上最富有的人之一？是梦想。每个人都有自己的梦想，这些梦想让我们的人生充满希望。这里所说的梦想就是一个人的志向。职业志向即一个人立志要从事的职业，是人们选择职业的方向。

人最终要从事某项职业，依靠自己的聪明和勤奋工作，创造精彩丰富的人生。志向是事业成功的基本前提，没有志向，事业的成功也就无从谈起。“志不立，天下无可成之事。”立志是人生的起跑点，反映一个人的理想、胸怀、情趣和价值观，影响着一个人的奋斗目标及成功。在制订生涯规划时，首先要确立职业志向，这是启动职业生涯规划的关键，也是职业生涯中最重要的一点。明晰职业志向的方法有以下几种。

（1）当我老去的时候，我最希望人们怎样评价我？

（2）我最希望在哪个领域里有所成功和建树？

（3）假如不需要考虑金钱和时间，我最想从事的工作是什么？

回答以上三个问题之后，请写下你将来希望的生活方式，你将来要拥有的成功，将来要从事的主要行业。

我理想的生活方式：____。

我未来要创造的成功：____。

我将来要从事的主要行业：____。

设想你将来的职业名称：____。

（1）____。

（2）____。

（3）____。

（二）自我评估与定位

认知自我，是个人成熟度的反映。只有认识了自己，才能对自己的职业方向做出正确的选择，才能对自己的职业目标做出恰当设定，才能选定适合自己发展的职业生涯路径。自我评估的内容包括个人的兴趣、特长、性格、智力、知识、技能、职业价值观等。

1. 职业能力评估

参考第三章的能力探索，根据自己的职业能力特点，你认为适合自己的职业有：________

____。

2. 职业价值观评估

通过第四章价值澄清的探索，可以想象，对于未来的职业，你最看重的是：____________

____。

与这些价值观相对应，我未来想从事的职业是：____________________
____。

3. **性格类型**

根据第五章兴趣探索中的分析，在 MBTI 测试中，我最适合的职业是：____________
____。

4. **职业兴趣描述**

根据第五章第三节内容分析，同时根据你以往的学习和生活经历，写出你认为自己大致属于的职业兴趣类型(依照符合的程度排序)。

(1)____________________________________。

(2)____________________________________。

(3)____________________________________。

(4)____________________________________。

(三)职业生涯机会的评估

1. **职业外部环境**

对外部环境的了解，是我们适应并利用环境的前提。在制订个人的职业规划时，要分析环境的特点、环境的发展变化情况、自己与环境的关系、自己在这个环境中的地位、环境给自己提出的要求以及环境对自己有利的条件与不利的条件等。只有对这些环境因素充分了解，才能做到在复杂的环境中趋利避害，使自己的职业规划具有实际意义。宏观环境包括政治环境、社会环境、经济环境，微观环境则是行业环境、企业环境等。

请参阅前面的章节，并利用网络信息对当前及未来社会环境、行业环境、职业本身环境等进行分析，把握自己参加工作时的职业生涯机会。请完成生涯发展机会自评表，如表 6-1 所示。

表 6-1　生涯发展机会自评表

环境要素	目前情况	未来参加工作时的情况
经济环境分析		
人口环境分析		
科技环境分析		
政治与法律环境分析		
社会文化环境分析		
欲从事职业所处的行业分析		
欲从事职业本身环境分析		
其他情况分析		

2. **影响职业选择的其他因素分析**

尽管三百六十行，行行出状元，但是选择适合自己的职业，对个人的影响很大。有些人因为被动选择了职业方向，一直应付工作，对工作没有热情，导致职业与人生的发展道路昏

暗。职业方向的选择一定是在以上自我评估和职业机会评估的基础上，考虑了职业方向与个人性格、兴趣、特长、外部职业机会的匹配。

职业生涯规划是一个寻找内在与外在的协调过程，一般而言，当人的内在特点与职业特性越相一致，职业成功的可能性也就越大。如图 6-1 所示，其中内圈表示自己个人的内在世界，包括人格、兴趣、能力、价值观；外圈表示外在的职业世界，相应的是工作特质类型、职业分类、所需能力类型、职业报酬等。

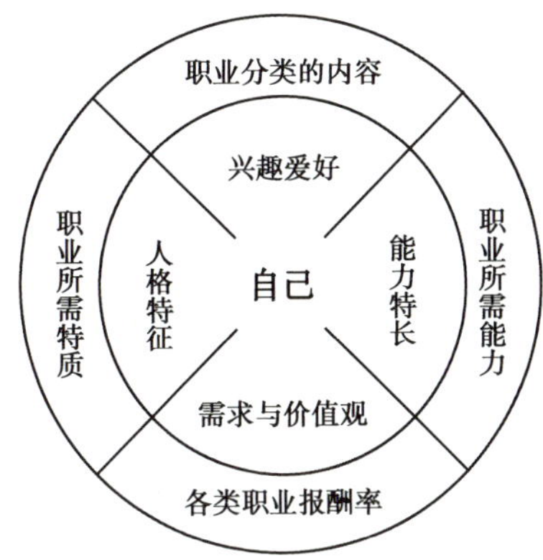

图 6-1　生涯要素内外协调图

影响职业选择的因素很复杂，包括大的外部环境，也包括微观环境、个人因素等，如表 6-2 所示。

表 6-2　影响职业选择的其他因素分析表

其他因素	与职业相关的影响	目前状况概况
性别	请谈谈对自己性别角色的看法，你所确定的职业前景与你所认同的性别角色相符吗？	
身心健康	1. 你的健康状况限制你进入哪些行业？ 2. 出于对自己健康的关心，你不想从事哪些职业？	
教育背景	1. 这些教育背景能实现你的职业目标吗？所具有的教育背景对你的职业有哪些帮助？ 2. 你还需要加强哪些方面的学历教育或培训？	
与职业相关的经历	1. 想想小时候的梦想，父母、亲戚对职业的看法。 2. 高考填报志愿的想法。 3. 大学生活中与职业相关的体验和实践，其中印象最深，或最成功，或值得骄傲，或对你最有意义的是什么？	
地理位置	1. 你的家庭所在地有哪些与职业发展相关的优势和劣势？ 2. 学校所在地城市有哪些与职业发展相关的优势和劣势？ 3. 未来理想工作地有哪些吸引你的特色？这些特色能促进你的职业发展吗？	
社会阶层	父母、亲戚所处的社会阶层能为你的职业带来哪些资源与帮助？	
家庭、家族背景	家庭、家族背景能为你的职业带来怎样的帮助？	

续表

其他因素	与职业相关的影响	目前状况概况
学校层级	1. 你所在的学校处于哪个层级？ 2. 有哪些可以利用的资源能帮助你的职业发展？	
专业情况	1. 你所在专业的毕业生历年的就业领域情况怎样？ 2. 有哪些可以用来促进专业发展的资源？	

四、职业生涯目标和路线规划

（一）职业生涯目标规划

没有目标，就没有动力。一个人职业生涯的成败，很大程度上取决于有无分理的职业目标。没有目标就如同驶入大海的孤舟，四野茫茫，没有方向，不知道自己走向何方。只有树立了目标，才能明确奋斗方向，犹如海洋中的灯塔，引导你避开险礁暗石，走向成功。

1. 职业生涯目标

职业生涯目标规划就是明确自己想成为什么样的人，担任什么职业角色。具体地讲，就是想在职业生涯中获得怎样的职位，获得怎样的职称，成为专家还是事务性工作者。

2. 职业生涯目标的层次

职业生涯目标大致可分为四个层次，如图 6-2 所示，第一个层次是愿景目标，是一个人内心永远的向往，例如，我要成为一个什么样的人。第二个层次是表现目标，例如我最终要达到的职位、职称等。第三个层次是长期目标，即 5 ~ 10 年的目标。第四个层次是行动目标，即短期可实现的目标。

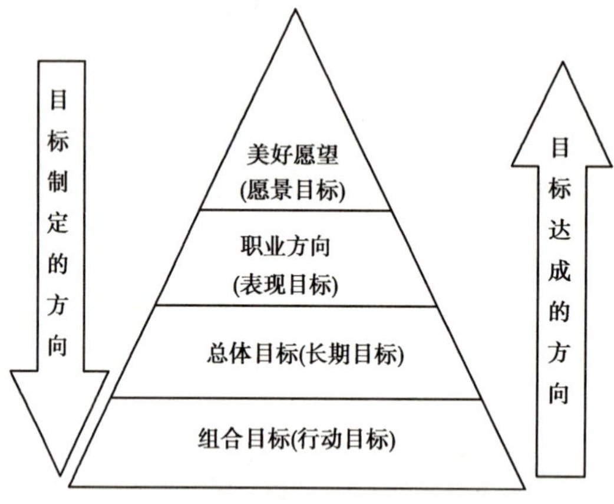

图 6-2　目标的四个层次示意图

目标的制订要以终为始，先确立愿景目标，再确立职业方向目标，后确立长期、短期目标。而目标的达成则是由近及远的，先达成近期的，后达成远期的。

3. 职业生涯目标分解

目标必须经过分解才能更加清晰和便于实现。各种职业目标间关系往往纷繁复杂，又甚至是相互矛盾的，因此，厘清各职业目标之间的关系，对其分解组合十分必要。目标分解简图如图 6-3 所示。

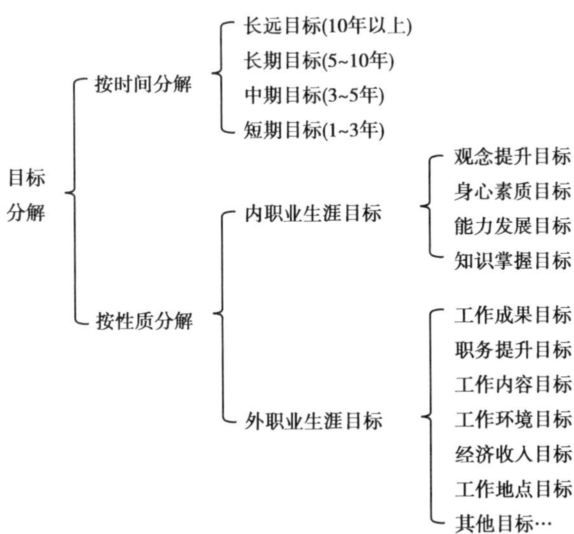

图 6-3　目标分解简图

目标组合是指找出目标间内在的逻辑关系，然后将各个目标按内在逻辑关系组合起来的过程。这有助于我们厘清不同目标的关系，并有步骤有计划地加以实施。职业生涯规划中要思考先完成什么目标，后完成什么目标，应以什么目标为主，以什么目标为辅。

4. **目标确立** ABC

一个有效的生涯目标需要符合 ABCDEFGM 八个条件：A 可行的（Achievable），B 可信的（Believable），C 可控的（Controllable），D 可界定的（Definable），E 明确的（Explicit），F 属于你自己的（ForYourself），G 促进成长的（Growth-facilitating），M 可量化的（Measurable）。

A 可行的：意思是说，就你的能力和特点而言，实现这个目标是现实的、可能的。如果你是一位 50 多岁、200 磅重、正过着安定生活的老人，但试图实现一个在两周之内用 4 分钟跑完一英里的计划，那么这个目标就是不可行的。

B 可信的：是指你真的相信自己能完成这个目标，对自己的能力非常有信心，相信自己能够在设立的时间内完成。成功者们常会通过设立目标来激励自己，但他们设立的目标再困难也不会困难到连自己都失去完成它的信心，或是连自己也不相信能完成的地步。

C 可控的：主要是指你对一些可能最终影响到你实现目标的因素的控制能力。因此，你用什么方式来表达自己的目标非常重要。如果你说“我的目标是在 XYZ 公司获得一份工作”，那么，你这种表达目标的方式就违反了可控性原则，因为这种表达方法忽略了被拒绝的可能性。而“我的目标是在下周三之前向 XYZ 公司申请一个职位”就是一个可以被接受的目标，因为你能控制相关的因素。依靠他人的帮助来实现自己的某一目标是有风险的，因为可能会忽略目标设立的“可控”原则。如果你的目标关系到他人，你就有必要邀请他们参加你的计划，以争取与他们合作。

D 可界定的：是指你的目标必须是以普通人都能理解的口头语言或书面语言表达。一个长期目标的用词必须仔细推敲，这样才有可能将它进一步分解为一系列的环节或短期目标。有时要表达一个目标非常困难，因为它需要你把抽象的感觉变为具体、清晰的陈述。

E 明确的：是指你只陈述某一特定的目标，并且在一段时间之内只集中于这一个目标。

同时这个指导原则也要求你非常慎重地遣词造句。你可以说你的目标是要装修房间。这很好,但是"装修"到底是什么意思呢?是刷漆、修缮、重新布局、买新家具、换墙纸、打扫卫生?是所有的一切,还是只是其中的一项或是别的什么事情呢?在一段时间内不能集中于一个目标的危险在于:你同时有了别的目标,结果在接近最后期限的时候,你发现自己一个也没完成。

F 属于你自己的:是指你制订的目标应该是自己真正想去做的事情,而不是别人强加给你的。当然,在你的生活中一定有一些事是你无论喜欢与否都必须去做的,但在你的生活中还有另外的很重要的一部分,那就是你自己选择的想要去完成的事情。如果你的老师指定你阅读 50 页的教材,你就不能把这个目标当作你自己的目标,除非阅读 50 页教材的这项任务是你自己有意安排的,无论老师是否指定你都要完成它。

G 促进成长的:这是指你的目标应该是对自己和他人均无伤害性或破坏性的。一个人可以设立在凌晨 1 点砸碎 10 家商店的玻璃窗的目标,而且这个目标可以满足目标设立原则中除此条件外的其他所有的原则。

M 可量化的:就是指你的目标尽量以一种能够用数字加以衡量的方式来表达,而尽量不要用宽泛的、一般的、模糊的或抽象的形式。只是说"我会更加努力地打好网球比赛"或是"我的目标是更好地利用时间"是远远不够的。你怎样衡量"更加努力"和"更好"呢?你需要用一种可以衡量的方式来表达自己的目标,例如"我的目标是在下个星期二晚上 11 点之前写完 11 页实验报告"。当到了星期二的时候,你就会知道是否实现了自己的目标,因为在设立目标的时候你使用了可以测量的单位。你要有一个可以衡量成功或者失败的标准,以此来准确评价自己的目标。然后你可以把当前的目标保持下去,或是对部分目标进行调整,如果你认为有必要,也可以把它彻底放弃。

5. 你的职业生涯目标

大学生可以依据表 6-3 所示确定自己的长期目标。

表 6-3　我的长期目标

时间		学习、工作目标
学年	大一	
学年	大二	
学年	大三	
学年	大四	
学年	业后第一年(大五)	
年	毕业后第二年	
年	毕业后第三年	

(二)职业路线规划

条条大路通罗马,但是我们必须选择自己的路径。在职业目标确定后,走哪一条路径,此时要做出选择。跨国公司人才培养体系中,常常提供员工职业发展的路径。如果自己所

在组织中没有现成的路径，就需要自己进行设计。例如，向管理方向发展还是向专业技术方向发展：是先走技术，再转向管理路径……由于发展路径不同，在职业发展中采用的步骤也不同。因此，在职业规划中，必须设计路径和选择路径。例如"V"字形职业路线规划如图6-4所示。

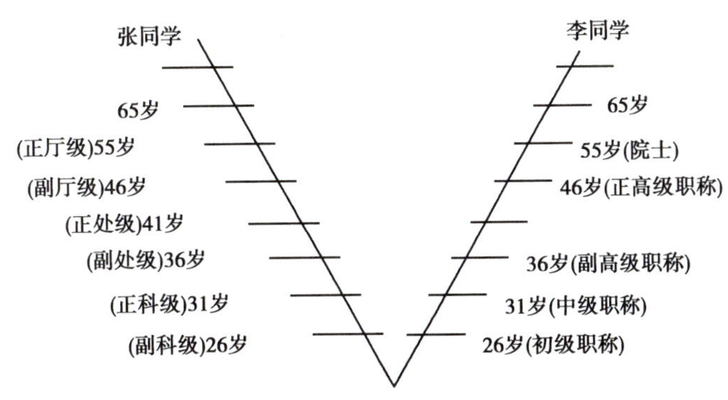

图6-4　职业规划路线示意图

在确定职业目标时，是向专业技术方向发展，还是向行政管理方向发展？不同的选择意味着不同的工作和生活方式。

不同的生涯路线还存在自由职业、自主创业等多种职业生涯形式，所以不同的年龄段设置及各年龄段要实现的目标可随自己的意愿表达。

五、制订行动计划与措施

确定职业目标和路径后，行动便成了关键环节。没有达到目标的行动，目标就难以实现，也就谈不上事业成功。这里所指的行动，在职业生涯中是指落实目标的具体措施，主要包括工作、训练、教育、轮岗等方面的措施。例如，为达到目标，在工作方面，你计划采取什么措施，提高你的工作效率；在业务素质方面，你计划学习哪些知识，掌握哪些技能，提高你的业务能力；在潜能开发方面，采取哪些措施开发你的潜能等，都要有具体的计划与明确的措施，并且这些计划要特别具体，以便于定时检查。

（一）大学不同时期的职业生涯规划

在校大学生职业生涯规划的实施也可分为四个阶段，由于时期不同，阶段不同，所以职业生涯规划确定的目标和主要内容也不同，具体如表6-4所示。

表6-4　大学生职业生涯规划任务表

时间	侧重方向	侧重目标	实施措施
一年级（试探期）	正确认识大学，认识自我，进行生涯剖析，制订职业目标	初步了解职业，特别是自己未来想从事的职业或自己所学专对口的职业，提高人际沟通能力	多和学长们交流，尤其是大四的学长，询问就业情况，多参加学校活动，增加交流技巧，为可能的转系、获得双学位、留学计划做好资料收集及课程准备，多利用学生手册，了解相关规定

续表

时间	侧重方向	侧重目标	实施措施
二年级（试探期）	夯实基础，拾遗补阙，进行生涯设计	应当考虑清楚未来是深造还是就业或自主创业，并以提高自身的基本素质为主	对目标进行细化和调整。通过参加学生会或社团等组织，锻炼自己的各种能力，同时检验自己的知识技能；可以开始尝试兼职、社会实践活动，最好能在课余时间（长时间）从事与自己未来职业或本专业有关的工作，提高自己的责任感、主动性和抗挫折能力，增强英语口语能力、计算机能力，通过英语和计算机相关证书考试，开始有选择地辅修其他专业的知识来充实自己
三年级（试探期）	拓展素质，科技创新，此时更多是思考专业成才	加强自身综合素质，培养职业目标所需要的各种能力；提高求职技能、搜集公司信息；做出考研还是就业的抉择	撰写专业学术文章时，可大胆提出自己的见解，锻炼自己独立解决问题的能力和创造力，参加和专业有关的暑期实践工作，和同学交流求职工作心得体会，学习写简历、求职信，了解收集工作信息的渠道，并积极尝试，例如校友网络，了解往年的求职情况；希望留学的学生可参加留学系列活动，准备 TOEFL、GRE，留意留学考试资讯
四年级（试探期）	择业、就业、创业	找工作、考研、出国	可对前 3 年的准备做一个总结：首先检验自己已经确立的职业目标是否明确，前 3 年准备是否充分；然后开始工作的申请，积极参加招聘活动；最后预习或模拟面试。了解用人单位资料信息，强化求职技巧，进行模拟面试等训练，尽可能地在做出充分准备的情况下实战演练

（二）目标与任务及规划

1. 目标与任务分析

经过前面的评估分析，可以判定一个职业方向（或目标）与自己的适合程度。现在请分析自己要达成这一职业理想，已经具备的条件和所欠缺的条件，明确提升的措施，如表 6-5 所示。

表 6-5　要素分析表

<table>
<tr><td rowspan="3">职业方向</td><td>职业志向（你最想做的）</td><td colspan="2"></td></tr>
<tr><td>职业要求</td><td colspan="2"></td></tr>
<tr><td>适合自己的职业</td><td colspan="2"></td></tr>
<tr><td>因素</td><td>个人具备的条件</td><td>个人所欠缺的条件</td><td>我的措施</td></tr>
<tr><td>学历</td><td></td><td></td><td></td></tr>
<tr><td>专业</td><td></td><td></td><td></td></tr>
<tr><td>能力专长</td><td></td><td></td><td></td></tr>
</table>

续表

职业方向	职业志向(你最想做的)	
	职业要求	
	适合自己的职业	
兴趣爱好		
社交能力		
身体素质		
性格特征		
相关经验		

2. 做出每年的基本规划

每学年末要总结一学年来的计划执行情况,然后修正、制定新的规划,如表6-6所示。

表6-6　学年规划表

时期	目标	措施	时限
第×学年	第一学期:	(1)	
		(2)	
		(3)	
	第二学期:	(1)	
		(2)	
		(3)	

六、定期评估与反馈

我们处在一个快速变化的时代,计划需要因变化而调整。影响职业生涯规划的诸多因素在不断变化,有的变化因素是可以预测的,而有的变化因素难以预测。在此状况下,要使职业生涯规划行之有效,就须不断对职业生涯规划进行评估与修订。其修订的内容包括:职业的重新选择、职业生涯路线的选择、人生目标的修正、实施措施与计划的变更等。这是一个螺旋式上升过程。

附 录

附录一 中华人民共和国劳动合同法

第一章 总则

第一条 【立法宗旨】为了完善劳动合同制度,明确劳动合同双方当事人的权利和义务,保护劳动者的合法权益,构建和发展和谐稳定的劳动关系,制定本法。

第二条 【适用范围】中华人民共和国境内的企业、个体经济组织、民办非企业单位等组织(以下称用人单位)与劳动者建立劳动关系,订立、履行、变更、解除或者终止劳动合同,适用本法。

国家机关、事业单位、社会团体和与其建立劳动关系的劳动者,订立、履行、变更、解除或者终止劳动合同,依照本法执行。

第三条 【基本原则】订立劳动合同,应当遵循合法、公平、平等自愿、协商一致、诚实信用的原则。

依法订立的劳动合同具有约束力,用人单位与劳动者应当履行劳动合同约定的义务。

第四条 【规章制度】用人单位应当依法建立和完善劳动规章制度,保障劳动者享有劳动权利、履行劳动义务。

用人单位在制定、修改或者决定有关劳动报酬、工作时间、休息休假、劳动安全卫生、保险福利、职工培训、劳动纪律以及劳动定额管理等直接涉及劳动者切身利益的规章制度或者重大事项时,应当经职工代表大会或者全体职工讨论,提出方案和意见,与工会或者职工代表平等协商确定。

在规章制度和重大事项决定实施过程中,工会或者职工认为不适当的,有权向用人单位提出,通过协商予以修改完善。

用人单位应当将直接涉及劳动者切身利益的规章制度和重大事项决定公示,或者告知劳动者。

第五条 【协调劳动关系三方机制】县级以上人民政府劳动行政部门会同工会和企业方面代表,建立健全协调劳动关系三方机制,共同研究解决有关劳动关系的重大问题。

第六条 【集体协商机制】工会应当帮助、指导劳动者与用人单位依法订立和履行劳动合同,并与用人单位建立集体协商机制,维护劳动者的合法权益。

第二章 劳动合同的订立

第七条 【劳动关系的建立】用人单位自用工之日起即与劳动者建立劳动关系。用人单位应当建立职工名册备查。

第八条 【用人单位的告知义务和劳动者的说明义务】用人单位招用劳动者时,应当如实告知劳动者工作内容、工作条件、工作地点、职业危害、安全生产状况、劳动报酬,以及劳动者要求了解的其他情况;用人单位有权了解劳动者与劳动合同直接相关的基本情况,劳动者应当如实说明。

第九条 【用人单位不得扣押劳动者证件和要求提供担保】用人单位招用劳动者,不得扣押劳动者的居民身份证和其他证件,不得要求劳动者提供担保或者以其他名义向劳动者收取财物。

第十条 【订立书面劳动合同】建立劳动关系,应当订立书面劳动合同。

已建立劳动关系,未同时订立书面劳动合同的,应当自用工之日起一个月内订立书面劳动合同。

用人单位与劳动者在用工前订立劳动合同的,劳动关系自用工之日起建立。

第十一条 【未订立书面劳动合同时劳动报酬不明确的解决】用人单位未在用工的同时订立书面劳动合同,与劳动者约定的劳动报酬不明确的,新招用的劳动者的劳动报酬按照集体合同规定的标准执行;没有集体合同或者集体合同未规定的,实行同工同酬。

第十二条 【劳动合同的种类】劳动合同分为固定期限劳动合同、无固定期限劳动合同和以完成一定工作任务为期限的劳动合同。

第十三条 【固定期限劳动合同】固定期限劳动合同,是指用人单位与劳动者约定合同终止时间的劳动合同。

用人单位与劳动者协商一致,可以订立固定期限劳动合同。

第十四条 【无固定期限劳动合同】无固定期限劳动合同,是指用人单位与劳动者约定无确定终止时间的劳动合同。

用人单位与劳动者协商一致,可以订立无固定期限劳动合同。有下列情形之一,劳动者提出或者同意续订、订立劳动合同的,除劳动者提出订立固定期限劳动合同外,应当订立无固定期限劳动合同:

(一)劳动者在该用人单位连续工作满十年的;

(二)用人单位初次实行劳动合同制度或者国有企业改制重新订立劳动合同时,劳动者在该用人单位连续工作满十年且距法定退休年龄不足十年的;

(三)连续订立二次固定期限劳动合同,且劳动者没有本法第三十九条和第四十条第一项、第二项规定的情形,续订劳动合同的。

用人单位自用工之日起满一年不与劳动者订立书面劳动合同的,视为用人单位与劳动者已订立无固定期限劳动合同。

第十五条 【以完成一定工作任务为期限的劳动合同】以完成一定工作任务为期限的劳动合同,是指用人单位与劳动者约定以某项工作的完成为合同期限的劳动合同。

用人单位与劳动者协商一致,可以订立以完成一定工作任务为期限的劳动合同。

第十六条 【劳动合同的生效】劳动合同由用人单位与劳动者协商一致，并经用人单位与劳动者在劳动合同文本上签字或者盖章生效。

劳动合同文本由用人单位和劳动者各执一份。

第十七条 【劳动合同的内容】劳动合同应当具备以下条款：

（一）用人单位的名称、住所和法定代表人或者主要负责人；

（二）劳动者的姓名、住址和居民身份证或者其他有效身份证件号码；

（三）劳动合同期限；

（四）工作内容和工作地点；

（五）工作时间和休息休假；

（六）劳动报酬；

（七）社会保险；

（八）劳动保护、劳动条件和职业危害防护；

（九）法律、法规规定应当纳入劳动合同的其他事项。

劳动合同除前款规定的必备条款外，用人单位与劳动者可以约定试用期、培训、保守秘密、补充保险和福利待遇等其他事项。

第十八条 【劳动合同对劳动报酬和劳动条件约定不明确的解决】劳动合同对劳动报酬和劳动条件等标准约定不明确，引发争议的，用人单位与劳动者可以重新协商；协商不成的，适用集体合同规定；没有集体合同或者集体合同未规定劳动报酬的，实行同工同酬；没有集体合同或者集体合同未规定劳动条件等标准的，适用国家有关规定。

第十九条 【试用期】劳动合同期限三个月以上不满一年的，试用期不得超过一个月；劳动合同期限一年以上不满三年的，试用期不得超过二个月；三年以上固定期限和无固定期限的劳动合同，试用期不得超过六个月。

同一用人单位与同一劳动者只能约定一次试用期。

以完成一定工作任务为期限的劳动合同或者劳动合同期限不满三个月的，不得约定试用期。

试用期包含在劳动合同期限内。劳动合同仅约定试用期的，试用期不成立，该期限为劳动合同期限。

第二十条 【试用期工资】劳动者在试用期的工资不得低于本单位相同岗位最低档工资或者劳动合同约定工资的百分之八十，并不得低于用人单位所在地的最低工资标准。

第二十一条 【试用期内解除劳动合同】在试用期中，除劳动者有本法第三十九条和第四十条第一项、第二项规定的情形外，用人单位不得解除劳动合同。用人单位在试用期解除劳动合同的，应当向劳动者说明理由。

第二十二条 【服务期】用人单位为劳动者提供专项培训费用，对其进行专业技术培训的，可以与该劳动者订立协议，约定服务期。

劳动者违反服务期约定的，应当按照约定向用人单位支付违约金。违约金的数额不得超过用人单位提供的培训费用。用人单位要求劳动者支付的违约金不得超过服务期尚未履行部分所应分摊的培训费用。

用人单位与劳动者约定服务期的，不影响按照正常的工资调整机制提高劳动者在服务期期间的劳动报酬。

第二十三条　【保密义务和竞业限制】用人单位与劳动者可以在劳动合同中约定保守用人单位的商业秘密和与知识产权相关的保密事项。

对负有保密义务的劳动者，用人单位可以在劳动合同或者保密协议中与劳动者约定竞业限制条款，并约定在解除或者终止劳动合同后，在竞业限制期限内按月给予劳动者经济补偿。劳动者违反竞业限制约定的，应当按照约定向用人单位支付违约金。

第二十四条　【竞业限制的范围和期限】竞业限制的人员限于用人单位的高级管理人员、高级技术人员和其他负有保密义务的人员。竞业限制的范围、地域、期限由用人单位与劳动者约定，竞业限制的约定不得违反法律、法规的规定。

在解除或者终止劳动合同后，前款规定的人员到与本单位生产或者经营同类产品、从事同类业务的有竞争关系的其他用人单位，或者自己开业生产或者经营同类产品、从事同类业务的竞业限制期限，不得超过二年。

第二十五条　【违约金】除本法第二十二条和第二十三条规定的情形外，用人单位不得与劳动者约定由劳动者承担违约金。

第二十六条　【劳动合同的无效】下列劳动合同无效或者部分无效：

（一）以欺诈、胁迫的手段或者乘人之危，使对方在违背真实意思的情况下订立或者变更劳动合同的；

（二）用人单位免除自己的法定责任、排除劳动者权利的；

（三）违反法律、行政法规强制性规定的。

对劳动合同的无效或者部分无效有争议的，由劳动争议仲裁机构或者人民法院确认。

第二十七条　【劳动合同部分无效】劳动合同部分无效，不影响其他部分效力的，其他部分仍然有效。

第二十八条　【劳动合同无效后劳动报酬的支付】劳动合同被确认无效，劳动者已付出劳动的，用人单位应当向劳动者支付劳动报酬。劳动报酬的数额，参照本单位相同或者相近岗位劳动者的劳动报酬确定。

第三章　劳动合同的履行和变更

第二十九条　【劳动合同的履行】用人单位与劳动者应当按照劳动合同的约定，全面履行各自的义务。

第三十条　【劳动报酬】用人单位应当按照劳动合同约定和国家规定，向劳动者及时足额支付劳动报酬。

用人单位拖欠或者未足额支付劳动报酬的，劳动者可以依法向当地人民法院申请支付令，人民法院应当依法发出支付令。

第三十一条　【加班】用人单位应当严格执行劳动定额标准，不得强迫或者变相强迫劳动者加班。用人单位安排加班的，应当按照国家有关规定向劳动者支付加班费。

第三十二条　【劳动者拒绝违章指挥、强令冒险作业】劳动者拒绝用人单位管理人员违章指挥、强令冒险作业的，不视为违反劳动合同。

劳动者对危害生命安全和身体健康的劳动条件，有权对用人单位提出批评、检举和控告。

第三十三条 【用人单位名称、法定代表人等的变更】用人单位变更名称、法定代表人、主要负责人或者投资人等事项，不影响劳动合同的履行。

第三十四条 【用人单位合并或者分立】用人单位发生合并或者分立等情况，原劳动合同继续有效，劳动合同由承继其权利和义务的用人单位继续履行。

第三十五条 【劳动合同的变更】用人单位与劳动者协商一致，可以变更劳动合同约定的内容。变更劳动合同，应当采用书面形式。

变更后的劳动合同文本由用人单位和劳动者各执一份。

第四章 劳动合同的解除和终止

第三十六条 【协商解除劳动合同】用人单位与劳动者协商一致，可以解除劳动合同。

第三十七条 【劳动者提前通知解除劳动合同】劳动者提前三十日以书面形式通知用人单位，可以解除劳动合同。劳动者在试用期内提前三日通知用人单位，可以解除劳动合同。

第三十八条 【劳动者单方解除劳动合同】用人单位有下列情形之一的，劳动者可以解除劳动合同：

（一）未按照劳动合同约定提供劳动保护或者劳动条件的；

（二）未及时足额支付劳动报酬的；

（三）未依法为劳动者缴纳社会保险费的；

（四）用人单位的规章制度违反法律、法规的规定，损害劳动者权益的；

（五）因本法第二十六条第一款规定的情形致使劳动合同无效的；

（六）法律、行政法规规定劳动者可以解除劳动合同的其他情形。

用人单位以暴力、威胁或者非法限制人身自由的手段强迫劳动者劳动的，或者用人单位违章指挥、强令冒险作业危及劳动者人身安全的，劳动者可以立即解除劳动合同，不需事先告知用人单位。

第三十九条 【用人单位单方解除劳动合同（过失性辞退）】劳动者有下列情形之一的，用人单位可以解除劳动合同：

（一）在试用期间被证明不符合录用条件的；

（二）严重违反用人单位的规章制度的；

（三）严重失职，营私舞弊，给用人单位造成重大损害的；

（四）劳动者同时与其他用人单位建立劳动关系，对完成本单位的工作任务造成严重影响，或者经用人单位提出，拒不改正的；

（五）因本法第二十六条第一款第一项规定的情形致使劳动合同无效的；

（六）被依法追究刑事责任的。

第四十条 【无过失性辞退】有下列情形之一的，用人单位提前三十日以书面形式通知劳动者本人或者额外支付劳动者一个月工资后，可以解除劳动合同：

（一）劳动者患病或者非因工负伤，在规定的医疗期满后不能从事原工作，也不能从事由用人单位另行安排的工作的；

（二）劳动者不能胜任工作，经过培训或者调整工作岗位，仍不能胜任工作的；

（三）劳动合同订立时所依据的客观情况发生重大变化，致使劳动合同无法履行，经用人单位与劳动者协商，未能就变更劳动合同内容达成协议的。

第四十一条 【经济性裁员】有下列情形之一，需要裁减人员二十人以上或者裁减不足二十人但占企业职工总数百分之十以上的，用人单位提前三十日向工会或者全体职工说明情况，听取工会或者职工的意见后，裁减人员方案经向劳动行政部门报告，可以裁减人员：

（一）依照企业破产法规定进行重整的；

（二）生产经营发生严重困难的；

（三）企业转产、重大技术革新或者经营方式调整，经变更劳动合同后，仍需裁减人员的；

（四）其他因劳动合同订立时所依据的客观经济情况发生重大变化，致使劳动合同无法履行的。

裁减人员时，应当优先留用下列人员：

（一）与本单位订立较长期限的固定期限劳动合同的；

（二）与本单位订立无固定期限劳动合同的；

（三）家庭无其他就业人员，有需要扶养的老人或者未成年人的。

用人单位依照本条第一款规定裁减人员，在六个月内重新招用人员的，应当通知被裁减的人员，并在同等条件下优先招用被裁减的人员。

第四十二条 【用人单位不得解除劳动合同的情形】劳动者有下列情形之一的，用人单位不得依照本法第四十条、第四十一条的规定解除劳动合同：

（一）从事接触职业病危害作业的劳动者未进行离岗前职业健康检查，或者疑似职业病病人在诊断或者医学观察期间的；

（二）在本单位患职业病或者因工负伤并被确认丧失或者部分丧失劳动能力的；

（三）患病或者非因工负伤，在规定的医疗期内的；

（四）女职工在孕期、产期、哺乳期的；

（五）在本单位连续工作满十五年，且距法定退休年龄不足五年的；

（六）法律、行政法规规定的其他情形。

第四十三条 【工会在劳动合同解除中的监督作用】用人单位单方解除劳动合同，应当事先将理由通知工会。用人单位违反法律、行政法规规定或者劳动合同约定的，工会有权要求用人单位纠正。用人单位应当研究工会的意见，并将处理结果书面通知工会。

第四十四条 【劳动合同的终止】有下列情形之一的，劳动合同终止：

（一）劳动合同期满的；

（二）劳动者开始依法享受基本养老保险待遇的；

（三）劳动者死亡，或者被人民法院宣告死亡或者宣告失踪的；

（四）用人单位被依法宣告破产的；

（五）用人单位被吊销营业执照、责令关闭、撤销或者用人单位决定提前解散的；

（六）法律、行政法规规定的其他情形。

第四十五条 【劳动合同的逾期终止】劳动合同期满，有本法第四十二条规定情形之一的，劳动合同应当续延至相应的情形消失时终止。但是，本法第四十二条第二项规定丧失或者部分丧失劳动能力劳动者的劳动合同的终止，按照国家有关工伤保险的规定执行。

第四十六条 【经济补偿】有下列情形之一的，用人单位应当向劳动者支付经济补偿：

（一）劳动者依照本法第三十八条规定解除劳动合同的；

（二）用人单位依照本法第三十六条规定向劳动者提出解除劳动合同并与劳动者协商一致解除劳动合同的；

（三）用人单位依照本法第四十条规定解除劳动合同的；

（四）用人单位依照本法第四十一条第一款规定解除劳动合同的；

（五）除用人单位维持或者提高劳动合同约定条件续订劳动合同，劳动者不同意续订的情形外，依照本法第四十四条第一项规定终止固定期限劳动合同的；

（六）依照本法第四十四条第四项、第五项规定终止劳动合同的；

（七）法律、行政法规规定的其他情形。

第四十七条 【经济补偿的计算】经济补偿按劳动者在本单位工作的年限，每满一年支付一个月工资的标准向劳动者支付。六个月以上不满一年的，按一年计算；不满六个月的，向劳动者支付半个月工资的经济补偿。

劳动者月工资高于用人单位所在直辖市、设区的市级人民政府公布的本地区上年度职工月平均工资三倍的，向其支付经济补偿的标准按职工月平均工资三倍的数额支付，向其支付经济补偿的年限最高不超过十二年。

本条所称月工资是指劳动者在劳动合同解除或者终止前十二个月的平均工资。

第四十八条 【违法解除或者终止劳动合同的法律后果】用人单位违反本法规定解除或者终止劳动合同，劳动者要求继续履行劳动合同的，用人单位应当继续履行；劳动者不要求继续履行劳动合同或者劳动合同已经不能继续履行的，用人单位应当依照本法第八十七条规定支付赔偿金。

第四十九条 【社会保险关系跨地区转移接续】国家采取措施，建立健全劳动者社会保险关系跨地区转移接续制度。

第五十条 【劳动合同解除或者终止后双方的义务】用人单位应当在解除或者终止劳动合同时出具解除或者终止劳动合同的证明，并在十五日内为劳动者办理档案和社会保险关系转移手续。

劳动者应当按照双方约定，办理工作交接。用人单位依照本法有关规定应当向劳动者支付经济补偿的，在办结工作交接时支付。

用人单位对已经解除或者终止的劳动合同的文本，至少保存二年备查。

第五章 特别规定

第一节 集体合同

第五十一条 【集体合同的订立和内容】企业职工一方与用人单位通过平等协商，可以就劳动报酬、工作时间、休息休假、劳动安全卫生、保险福利等事项订立集体合同。集体合同草案应当提交职工代表大会或者全体职工讨论通过。

集体合同由工会代表企业职工一方与用人单位订立；尚未建立工会的用人单位，由上级工会指导劳动者推举的代表与用人单位订立。

第五十二条 【专项集体合同】企业职工一方与用人单位可以订立劳动安全卫生、女职工权益保护、工资调整机制等专项集体合同。

第五十三条 【行业性集体合同、区域性集体合同】在县级以下区域内,建筑业、采矿业、餐饮服务业等行业可以由工会与企业方面代表订立行业性集体合同,或者订立区域性集体合同。

第五十四条 【集体合同的报送和生效】集体合同订立后,应当报送劳动行政部门;劳动行政部门自收到集体合同文本之日起十五日内未提出异议的,集体合同即行生效。

依法订立的集体合同对用人单位和劳动者具有约束力。行业性、区域性集体合同对当地本行业、本区域的用人单位和劳动者具有约束力。

第五十五条 【集体合同中劳动报酬、劳动条件等标准】集体合同中劳动报酬和劳动条件等标准不得低于当地人民政府规定的最低标准;用人单位与劳动者订立的劳动合同中劳动报酬和劳动条件等标准不得低于集体合同规定的标准。

第五十六条 【集体合同纠纷和法律救济】用人单位违反集体合同,侵犯职工劳动权益的,工会可以依法要求用人单位承担责任;因履行集体合同发生争议,经协商解决不成的,工会可以依法申请仲裁、提起诉讼。

第二节 劳务派遣

第五十七条 【经营劳务派遣业务应当具备下列条件】

(一)注册资本不得少于人民币二百万元;

(二)有与开展业务相适应的固定的经营场所和设施;

(三)有符合法律、行政法规规定的劳务派遣管理制度;

(四)法律、行政法规规定的其他条件。

经营劳务派遣业务,应当向劳动行政部门依法申请行政许可;经许可的,依法办理相应的公司登记。未经许可,任何单位和个人不得经营劳务派遣业务。

第五十八条 【劳务派遣单位、用工单位及劳动者的权利义务】劳务派遣单位是本法所称用人单位,应当履行用人单位对劳动者的义务。劳务派遣单位与被派遣劳动者订立的劳动合同,除应当载明本法第十七条规定的事项外,还应当载明被派遣劳动者的用工单位以及派遣期限、工作岗位等情况。

劳务派遣单位应当与被派遣劳动者订立二年以上的固定期限劳动合同,按月支付劳动报酬;被派遣劳动者在无工作期间,劳务派遣单位应当按照所在地人民政府规定的最低工资标准,向其按月支付报酬。

第五十九条 【劳务派遣协议】劳务派遣单位派遣劳动者应当与接受以劳务派遣形式用工的单位(以下称用工单位)订立劳务派遣协议。劳务派遣协议应当约定派遣岗位和人员数量、派遣期限、劳动报酬和社会保险费的数额与支付方式以及违反协议的责任。

用工单位应当根据工作岗位的实际需要与劳务派遣单位确定派遣期限,不得将连续用工期限分割订立数个短期劳务派遣协议。

第六十条 【劳务派遣单位的告知义务】劳务派遣单位应当将劳务派遣协议的内容告知

被派遣劳动者。

劳务派遣单位不得克扣用工单位按照劳务派遣协议支付给被派遣劳动者的劳动报酬。

劳务派遣单位和用工单位不得向被派遣劳动者收取费用。

第六十一条 【跨地区派遣劳动者的劳动报酬、劳动条件】劳务派遣单位跨地区派遣劳动者的,被派遣劳动者享有的劳动报酬和劳动条件,按照用工单位所在地的标准执行。

第六十二条 【用工单位的义务】用工单位应当履行下列义务:

(一)执行国家劳动标准,提供相应的劳动条件和劳动保护;

(二)告知被派遣劳动者的工作要求和劳动报酬;

(三)支付加班费、绩效奖金,提供与工作岗位相关的福利待遇;

(四)对在岗被派遣劳动者进行工作岗位所必需的培训;

(五)连续用工的,实行正常的工资调整机制。

用工单位不得将被派遣劳动者再派遣到其他用人单位。

第六十三条 【被派遣劳动者同工同酬】用工单位应当按照同工同酬原则,对被派遣劳动者与本单位同类岗位的劳动者实行相同的劳动报酬分配办法。用工单位无同类岗位劳动者的,参照用工单位所在地相同或者相近岗位劳动者的劳动报酬确定。

劳务派遣单位与被派遣劳动者订立的劳动合同和与用工单位订立的劳务派遣协议,载明或者约定的向被派遣劳动者支付的劳动报酬应当符合前款规定。

第六十四条 【被派遣劳动者参加或者组织工会】被派遣劳动者有权在劳务派遣单位或者用工单位依法参加或者组织工会,维护自身的合法权益。

第六十五条 【劳务派遣中解除劳动合同】被派遣劳动者可以依照本法第三十六条、第三十八条的规定与劳务派遣单位解除劳动合同。

被派遣劳动者有本法第三十九条和第四十条第一项、第二项规定情形的,用工单位可以将劳动者退回劳务派遣单位,劳务派遣单位依照本法有关规定,可以与劳动者解除劳动合同。

第六十六条 【劳务派遣的适用岗位】劳务派遣用工是补充形式,只能在临时性、辅助性或者替代性的工作岗位上实施。

前款规定的临时性工作岗位是指存续时间不超过六个月的岗位;辅助性工作岗位是指为主营业务岗位提供服务的非主营业务岗位;替代性工作岗位是指用工单位的劳动者因脱产学习、休假等原因无法工作的一定期间内,可以由其他劳动者替代工作的岗位。

用工单位应当严格控制劳务派遣用工数量,不得超过其用工总量的一定比例,具体比例由国务院劳动行政部门规定。

第六十七条 【用人单位不得自设劳务派遣单位】用人单位不得设立劳务派遣单位向本单位或者所属单位派遣劳动者。

第三节 非全日制用工

第六十八条 【非全日制用工的概念】非全日制用工,是指以小时计酬为主,劳动者在同一用人单位一般平均每日工作时间不超过四小时,每周工作时间累计不超过二十四小时的用工形式。

第六十九条 【非全日制用工的劳动合同】非全日制用工双方当事人可以订立口头协议。

从事非全日制用工的劳动者可以与一个或者一个以上用人单位订立劳动合同;但是,后订立的劳动合同不得影响先订立的劳动合同的履行。

第七十条 【非全日制用工不得约定试用期】非全日制用工双方当事人不得约定试用期。

第七十一条 【非全日制用工的终止用工】非全日制用工双方当事人任何一方都可以随时通知对方终止用工。终止用工,用人单位不向劳动者支付经济补偿。

第七十二条 【非全日制用工的劳动报酬】非全日制用工小时计酬标准不得低于用人单位所在地人民政府规定的最低小时工资标准。

非全日制用工劳动报酬结算支付周期最长不得超过十五日。

第六章 监督检查

第七十三条 【劳动合同制度的监督管理体制】国务院劳动行政部门负责全国劳动合同制度实施的监督管理。

县级以上地方人民政府劳动行政部门负责本行政区域内劳动合同制度实施的监督管理。

县级以上各级人民政府劳动行政部门在劳动合同制度实施的监督管理工作中,应当听取工会、企业方面代表以及有关行业主管部门的意见。

第七十四条 【劳动行政部门监督检查事项】县级以上地方人民政府劳动行政部门依法对下列实施劳动合同制度的情况进行监督检查:

(一)用人单位制定直接涉及劳动者切身利益的规章制度及其执行的情况;

(二)用人单位与劳动者订立和解除劳动合同的情况;

(三)劳务派遣单位和用工单位遵守劳务派遣有关规定的情况;

(四)用人单位遵守国家关于劳动者工作时间和休息休假规定的情况;

(五)用人单位支付劳动合同约定的劳动报酬和执行最低工资标准的情况;

(六)用人单位参加各项社会保险和缴纳社会保险费的情况;

(七)法律、法规规定的其他劳动监察事项。

第七十五条 【监督检查措施和依法行政、文明执法】县级以上地方人民政府劳动行政部门实施监督检查时,有权查阅与劳动合同、集体合同有关的材料,有权对劳动场所进行实地检查,用人单位和劳动者都应当如实提供有关情况和材料。

劳动行政部门的工作人员进行监督检查,应当出示证件,依法行使职权,文明执法。

第七十六条 【其他有关主管部门的监督管理】县级以上人民政府建设、卫生、安全生产监督管理等有关主管部门在各自职责范围内,对用人单位执行劳动合同制度的情况进行监督管理。

第七十七条 【工会监督检查的权利】劳动者合法权益受到侵害的,有权要求有关部门依法处理,或者依法申请仲裁、提起诉讼。

第七十八条 【劳动者权利救济途径】工会依法维护劳动者的合法权益,对用人单位履行劳动合同、集体合同的情况进行监督。用人单位违反劳动法律、法规和劳动合同、集体合同的，工会有权提出意见或者要求纠正；劳动者申请仲裁、提起诉讼的，工会依法给予支持和帮助。

第七十九条 【对违法行为的举报】任何组织或者个人对违反本法的行为都有权举报，县级以上人民政府劳动行政部门应当及时核实、处理，并对举报有功人员给予奖励。

第七章　法律责任

第八十条 【规章制度违法的法律责任】用人单位直接涉及劳动者切身利益的规章制度违反法律、法规规定的，由劳动行政部门责令改正，给予警告；给劳动者造成损害的，应当承担赔偿责任。

第八十一条 【缺乏必备条款、不提供劳动合同文本的法律责任】用人单位提供的劳动合同文本未载明本法规定的劳动合同必备条款或者用人单位未将劳动合同文本交付劳动者的，由劳动行政部门责令改正；给劳动者造成损害的，应当承担赔偿责任。

第八十二条 【不订立书面劳动合同的法律责任】用人单位自用工之日起超过一个月不满一年未与劳动者订立书面劳动合同的，应当向劳动者每月支付二倍的工资。

用人单位违反本法规定不与劳动者订立无固定期限劳动合同的，自应当订立无固定期限劳动合同之日起向劳动者每月支付二倍的工资。

第八十三条 【违法约定试用期的法律责任】用人单位违反本法规定与劳动者约定试用期的，由劳动行政部门责令改正；违法约定的试用期已经履行的，由用人单位以劳动者试用期满月工资为标准，按已经履行的超过法定试用期的期间向劳动者支付赔偿金。

第八十四条 【扣押劳动者身份等证件的法律责任】用人单位违反本法规定，扣押劳动者居民身份证等证件的，由劳动行政部门责令限期退还劳动者本人，并依照有关法律规定给予处罚。

用人单位违反本法规定，以担保或者其他名义向劳动者收取财物的，由劳动行政部门责令限期退还劳动者本人，并以每人五百元以上二千元以下的标准处以罚款；给劳动者造成损害的，应当承担赔偿责任。

劳动者依法解除或者终止劳动合同，用人单位扣押劳动者档案或者其他物品的，依照前款规定处罚。

第八十五条 【未依法支付劳动报酬、经济补偿等的法律责任】用人单位有下列情形之一的，由劳动行政部门责令限期支付劳动报酬、加班费或者经济补偿；劳动报酬低于当地最低工资标准的，应当支付其差额部分；逾期不支付的，责令用人单位按应付金额百分之五十以上百分之一百以下的标准向劳动者加付赔偿金：

（一）未按照劳动合同的约定或者国家规定及时足额支付劳动者劳动报酬的；

（二）低于当地最低工资标准支付劳动者工资的；

（三）安排加班不支付加班费的；

（四）解除或者终止劳动合同，未依照本法规定向劳动者支付经济补偿的。

第八十六条 【订立无效劳动合同的法律责任】劳动合同依照本法第二十六条规定被确认无效，给对方造成损害的，有过错的一方应当承担赔偿责任。

第八十七条　【违反解除或者终止劳动合同的法律责任】用人单位违反本法规定解除或者终止劳动合同的，应当依照本法第四十七条规定的经济补偿标准的二倍向劳动者支付赔偿金。

第八十八条　【侵害劳动者人身权益的法律责任】用人单位有下列情形之一的，依法给予行政处罚；构成犯罪的，依法追究刑事责任；给劳动者造成损害的，应当承担赔偿责任：

（一）以暴力、威胁或者非法限制人身自由的手段强迫劳动的；

（二）违章指挥或者强令冒险作业危及劳动者人身安全的；

（三）侮辱、体罚、殴打、非法搜查或者拘禁劳动者的；

（四）劳动条件恶劣、环境污染严重，给劳动者身心健康造成严重损害的。

第八十九条　【不出具解除、终止书面证明的法律责任】用人单位违反本法规定未向劳动者出具解除或者终止劳动合同的书面证明，由劳动行政部门责令改正；给劳动者造成损害的，应当承担赔偿责任。

第九十条　【劳动者的赔偿责任】劳动者违反本法规定解除劳动合同，或者违反劳动合同中约定的保密义务或者竞业限制，给用人单位造成损失的，应当承担赔偿责任。

第九十一条　【用人单位的连带赔偿责任】用人单位招用与其他用人单位尚未解除或者终止劳动合同的劳动者，给其他用人单位造成损失的，应当承担连带赔偿责任。

第九十二条　【劳务派遣单位的法律责任】违反本法规定，未经许可，擅自经营劳务派遣业务的，由劳动行政部门责令停止违法行为，没收违法所得，并处违法所得一倍以上五倍以下的罚款；没有违法所得的，可以处五万元以下的罚款。

劳务派遣单位、用工单位违反本法有关劳务派遣规定的，由劳动行政部门责令限期改正；逾期不改正的，以每人五千元以上一万元以下的标准处以罚款，对劳务派遣单位，吊销其劳务派遣业务经营许可证。用工单位给被派遣劳动者造成损害的，劳务派遣单位与用工单位承担连带赔偿责任。

第九十三条　【无营业执照经营单位的法律责任】对不具备合法经营资格的用人单位的违法犯罪行为，依法追究法律责任；劳动者已经付出劳动的，该单位或者其出资人应当依照本法有关规定向劳动者支付劳动报酬、经济补偿、赔偿金；给劳动者造成损害的，应当承担赔偿责任。

第九十四条　【个人承包经营者的连带赔偿责任】个人承包经营违反本法规定招用劳动者，给劳动者造成损害的，发包的组织与个人承包经营者承担连带赔偿责任。

第九十五条　【不履行法定职责、违法行使职权的法律责任】劳动行政部门和其他有关主管部门及其工作人员玩忽职守、不履行法定职责，或者违法行使职权，给劳动者或者用人单位造成损害的，应当承担赔偿责任；对直接负责的主管人员和其他直接责任人员，依法给予行政处分；构成犯罪的，依法追究刑事责任。

第八章　附则

第九十六条　【事业单位聘用制劳动合同的法律适用】事业单位与实行聘用制的工作人员订立、履行、变更、解除或者终止劳动合同，法律、行政法规或者国务院另有规定的，依照其规定；未作规定的，依照本法有关规定执行。

第九十七条 【过渡性条款】本法施行前已依法订立且在本法施行之日存续的劳动合同，继续履行；本法第十四条第二款第三项规定连续订立固定期限劳动合同的次数，自本法施行后续订固定期限劳动合同时开始计算。

本法施行前已建立劳动关系，尚未订立书面劳动合同的，应当自本法施行之日起一个月内订立。

本法施行之日存续的劳动合同在本法施行后解除或者终止，依照本法第四十六条规定应当支付经济补偿的，经济补偿年限自本法施行之日起计算；本法施行前按照当时有关规定，用人单位应当向劳动者支付经济补偿的，按照当时有关规定执行。

第九十八条 【施行时间】本法自 2008 年 1 月 1 日起施行。

附录二 求职简历范例

个 人 简 历

<table>
<tr><td>姓 名</td><td>张×</td><td>性 别</td><td>女</td><td>出生年月</td><td>×年×月×日</td><td rowspan="4">照片</td></tr>
<tr><td>民 族</td><td>汉族</td><td>身 高</td><td>160cm</td><td>政治面貌</td><td>共青团员</td></tr>
<tr><td>学 历</td><td>中专</td><td>籍 贯</td><td colspan="3">四川省×××区</td></tr>
<tr><td>专 业</td><td colspan="3">财务管理与计算机应用</td><td>健康状况</td><td>健康</td></tr>
<tr><td>毕业院校</td><td colspan="4">××财经学校</td><td>学制</td><td>三年</td></tr>
<tr><td>身份证号</td><td colspan="3">555555555555555555</td><td>联系电话</td><td colspan="2">18999999999</td></tr>
<tr><td>求职意向</td><td colspan="6">会计或文员相关工作</td></tr>
<tr><td>专业课程</td><td colspan="6">财务管理、成本会计、企业会计、基础会计、会计电算化、计算机应用、Word 文档、Excel、财经法规、经济法、出纳实务、推销实务、珠算与点钞、市场营销等。</td></tr>
<tr><td>个人荣誉或持有证书</td><td colspan="6">2019 年上期在军训中获得优秀学员；
2019 年上期取得××省计算机一级证书；
2019 年上学期获得××市三好学生荣誉；
2019 年下期取得××省计算机二级证书；
2020 年获得××市优秀学生干部荣誉；
2020 年上学期运动会女子 800 米长跑中荣获全校第一名；
2019—2020 年曾多次获得学校奖学金。</td></tr>
<tr><td>工作经历或社会实践情况</td><td colspan="6">2019 年在××市做导购卖庆和豆奶粉；
2019 年在×××超市做导购卖香飘飘奶茶；
2019 年暑假在×××做促销员卖饮料；
曾多次参加教育局组织的阅卷。</td></tr>
<tr><td>个人评价</td><td colspan="6">本人认真负责每一项工作，实事求是，注重团队精神，性格开朗，具有较强的临场应变能力，能承受挫折的打击并从中吸取工作经验与教训，从而不断地提高自身的工作能力。有较好的自我控制能力，对生活乐观向上、自信、对事责任心强，平时乐于助人，与人相处融洽，能吃苦耐劳，做事严谨，坚持原则。</td></tr>
</table>

照

片

基本信息

姓名：觅小知

籍贯：湖北武汉

出生日期：1999.02

政治面貌：中共党员

联系方式

1235612306

12356@qq.com

XG99999999999

掌握技能

专业技能类
已获得初级会计资格证、会计从业资格证

语言技能类
英语 CET4、CET6 证书、全国普通话二级甲等

计算机技能
全国计算机 SQL 二级证书、熟练操作 office 软件

PERSONAL RESUME

教育背景

2019.9 — 2022.9　湖北中医药大学 / 临床护理专业 / 本科
辅修中医按摩　中共党员，获得五四评优“优秀团干” 2 次
获得二等奖学金 3 次，专业成绩优秀

工作经历

2022.9　武汉华中科技大学协和医院
临床护士　分别在代谢内分泌科、风湿免疫科、呼吸内科、心血管内科、泌尿外科、血液肿瘤科见习。在多个科室轮转实习的过程中，了解医院基本的工作流程及基本操作方式。

2021.7 — 2022.9　武汉华中科技大学协和医院
实习护士　分别在代谢内分泌科、风湿免疫科、呼吸内科、心血管内科、泌尿外科、血液肿瘤科见习。在多个科室轮转实习的过程中，了解医院基本的工作流程及基本操作。

校内经历

2020.7 — 2021.9　获得湖北省“创青春”大学生创业计划大赛银奖
项目队长　能够制定短期目标，引导团队成员完成各项任务；
负责推广，内测期利用微博与讲座结合获得 310 名客户。

2020.7 — 2021.9　湖北中医药大学学生会
体育部部长　任期一年，带领部门 13 人；
组织管理系 100 余人篮球赛及学院运动会等活动。

荣誉奖励

通用技能证书：　英语四级证书、普通话二级甲等证书、机动车驾驶证
专业技能证书：　Adobe 认证设计师资质，WPS 年度最佳设计师
活动荣誉奖励：　2014 年湖北省创青春创业计划移动专项赛银奖

自我评价

良好的公共关系意识，善于沟通，具备活动策划和组织协调能力；良好的心态和责任感，吃苦耐劳，擅长管理时间，勇于面对变化和挑战；良好的学习能力，习惯制定切实可行的学习计划，勤于学习能不断提升自己。

参考文献

[1] 陈清义. 大学生职业生涯规划与就业指导[M]. 南京:东南大学出版社,2015.

[2] 孙永利,赵明宇,王晓玲. 大学生就业指导[M]. 北京:高等教育出版社,2014.

[3] 陈兰云,王凯. 大学生就业指导[M]. 北京:中国医药科技出版社,2015.

[4] 杨建平,蒙秀琼. 大学生就业与创业指导[M]. 北京:航空工业出版社,2015.

[5] 黄赤兵,黄永权. 大学生就业指导[M]. 2 版. 厦门:厦门大学出版社,2015.

[6] 杜学森. 大学生就业指导[M]. 2 版. 北京:北京理工大学出版社,2015.

[7] 林咏君,谭炯玲. 大学生就业指导与实训[M]. 北京:北京邮电大学出版社,2016.

[8] 蔡红建. 大学生就业指导工作研究[M]. 北京:北京交通大学出版社,2015.

[9] 吴伟伟,郭晓霞. 大学生就业指导[M]. 北京:经济科学出版社,2016.

[10] 曲振国. 大学生就业指导与职业生涯规划[M]. 北京:清华大学出版社,2021.

[11] 张立新,王晓典. 大学生就业指导[M]. 北京:高等教育出版社,2018.

[12] 陈雅洁,李琳. 大学生就业指导与职业生涯规划[M]. 西安:西北工业大学出版社,2018.

[13] 高富春,尹清杰. 大学生就业指导实务[M]. 上海:上海交通大学出版社,2017.

[14] 李建宁,邢敏. 大学生就业指导[M]. 北京:北京理工大学出版社,2017.

[15] 张命春. 大学生职业生涯规划与就业指导[M]. 武汉:华中科技大学出版社,2017.

[16] 吴捷,钱伟荣. 创业心理学[M]. 北京:北京师范大学出版社,2017.

[17] 范河明,杨丽敏. 大学生就业与创业指导[M]. 2 版. 北京:高等教育出版社,2017.